utb 5012

Eine Arbeitsgemeinschaft der Verlage

Brill | Schöningh – Fink · Paderborn
Brill | Vandenhoeck & Ruprecht · Göttingen – Böhlau · Wien · Köln
Verlag Barbara Budrich · Opladen · Toronto
facultas · Wien
Haupt Verlag · Bern
Verlag Julius Klinkhardt · Bad Heilbrunn
Mohr Siebeck · Tübingen
Narr Francke Attempto Verlag – expert verlag · Tübingen
Psychiatrie Verlag · Köln
Ernst Reinhardt Verlag · München
transcript Verlag · Bielefeld
Verlag Eugen Ulmer · Stuttgart
UVK Verlag · München
Waxmann · Münster · New York
wbv Publikation · Bielefeld
Wochenschau Verlag · Frankfurt am Main

Aiga von Hippel · Claudia Kulmus · Maria Stimm

Didaktik der Erwachsenen- und Weiterbildung

2., aktualisierte Auflage

BRILL | SCHÖNINGH

Die Autorinnen:
Aiga von Hippel ist seit 2013 Inhaberin des Lehrstuhls für Erwachsenenbildung/Weiterbildung am Institut für Erziehungswissenschaften der Humboldt-Universität zu Berlin. Sie studierte Pädagogik, Psychologie und Kommunikationswissenschaft an der Universität Twente und der LMU München, wo sie auch promovierte und habilitierte. Ein breiter Blick auf Didaktik – der auch Programmplanung mit einschließt – sowie die Verknüpfung mit Fragen der Professions- und Adressat*innenforschung zeichnen ihren Zugang zum Thema aus.

Claudia Kulmus ist Juniorprofessorin für Erwachsenenbildung an der Universität Hamburg. Sie studierte Diplom-Erziehungswissenschaft und Lateinamerikanistik in Bamberg, Hamburg und Bilbao und promovierte an der Humboldt-Universität zu Berlin mit der Arbeit „Altern und Lernen. Arbeit, Leib und Lebenszeit als Bedingungen des Lernens im Alter". Zu ihren Lehr- und Arbeitsschwerpunkten gehört die Entwicklung didaktischer Professionalität auf Meso- und Mikroebene.

Maria Stimm ist wissenschaftliche Mitarbeiterin im Arbeitsbereich Erwachsenenbildung/Weiterbildung am Institut für Pädagogik der Martin-Luther-Universität Halle-Wittenberg. Sie studierte Spanisch und Erziehungswissenschaften und promovierte im Rahmen ihres Promotionsstipendiums am interdisziplinären Department „Wissen – Kultur – Transformation" der Universität Rostock zur theoretischen und empirischen Erschließung von Lernkulturen. In ihrer Forschung setzt sie sich mit Fragen auf der mesodidaktischen Handlungsebene, auch an der Schnittstelle zur mikrodidaktischen Handlungsebene, auseinander.

Umschlagabbildung: Kelifamily/adobestock#115856568

Online-Angebote oder elektronische Ausgaben sind erhältlich unter **www.utb.de**

Bibliografische Information der Deutschen Nationalbibliothek

Die Deutsche Nationalbibliothek verzeichnet diese Publikation in der Deutschen Nationalbibliografie; detaillierte bibliografische Daten sind im Internet über http://dnb.d-nb.de abrufbar.

2., aktualisierte Auflage 2022

Internet: www.schoeningh.de

Printed in Germany.
Herstellung: Brill Deutschland GmbH, Paderborn
Einbandgestaltung: Atelier Reichert, Stuttgart

UTB-Band-Nr: 5012
ISBN 978-3-8252-5956-3
eISBN 978-3-8385-5956-8

Inhaltsverzeichnis

Abbildungsverzeichnis . . . 7
Tabellenverzeichnis . . . 7

1 Einleitung zum Thema ‚Didaktik der Erwachsenen- und Weiterbildung' . . . 9
1.1 Verortung im Handlungsfeld Erwachsenenbildung/Weiterbildung . . . 10
1.2 Verortung in der Wissenschaft zur Erwachsenenbildung . . . 12
1.3 Ziele und Struktur des Lehrbuches . . . 15
1.3.1 Ziele des Lehrbuches . . . 16
1.3.2 Struktur des Lehrbuches . . . 17

2 Begriffe und Ausdifferenzierungen zur Didaktik der Erwachsenen- und Weiterbildung . . . 19
2.1 Didaktisches Handeln als Vermittlung zwischen Lernenden und Inhalt sowie als antizipative Suchbewegung . . . 19
2.2 Didaktisches Handeln im Spannungsfeld unterschiedlicher Interessenlagen . . . 22
2.3 Didaktisches Handeln auf unterschiedlichen Handlungsebenen . . . 23
2.3.1 Didaktisches Handeln auf der Mesoebene: Programm- und Angebotsplanung . . . 28
2.3.2 Didaktisches Handeln auf der Mikroebene: Lehre . . . 32
Reflexionsaufgaben . . . 35
Kommentierte Literatur . . . 35

3 Theoretische Grundlagen zum Lernen . . . 37
3.1 Lerntheorien . . . 38
3.1.1 Stark individualisierende Lerntheorien . . . 39
3.1.2 Relationale Lerntheorien . . . 44
3.2 Erwachsenenpädagogische Akzente zum Thema Lernen . . . 51
Reflexionsaufgaben . . . 55
Kommentierte Literatur . . . 55

4 Didaktische Modelle . . . 57
4.1 Bildungstheoretische Didaktik . . . 58
4.2 Konstruktivistische Didaktik . . . 63
4.3 Kompetenzorientierte Didaktik . . . 66
4.4 Identitätstheoretische Didaktik . . . 71
4.5 Subjektorientierte Didaktik . . . 73
Reflexionsaufgaben . . . 77
Kommentierte Literatur . . . 77

5 Didaktische Prinzipien ... 79
5.1 Definitionen und Begründungen didaktischer Prinzipien ... 80
5.2 Vielfalt und Systematisierungen didaktischer Prinzipien ... 82
5.3 Zentrale didaktische Prinzipien der Erwachsenenbildung/ Weiterbildung auf meso- und mikrodidaktischer Ebene ... 86
5.3.1 Adressat*innen- und Zielgruppenorientierung ... 86
5.3.2 Teilnehmendenorientierung ... 89
5.3.3 Sach- oder Inhaltsorientierung ... 94
5.3.4 Handlungs- und Situationsorientierung ... 98
5.4 Didaktische Prinzipien im Kontext von professionellen Antinomien ... 102
Reflexionsaufgaben ... 104
Kommentierte Literatur ... 104

6 Ausblick für die mikrodidaktische Feinplanung: zum Zusammenhang von theoretischen Ansätzen, didaktischen Prinzipien und Methodenauswahl ... 105
6.1 Implikationen didaktischer Prinzipien für die Methodenauswahl ... 105
6.2 Zusammenführender Ausblick ... 112
Reflexionsaufgaben ... 114
Kommentierte Literatur ... 114

7 Literaturverzeichnis ... 115

8 Register ... 138

Abbildungsverzeichnis

Abbildung 1: Didaktisches Dreieck (geänderte Darstellung z.B. nach Faulstich & Zeuner 2010) 21
Abbildung 2: Mehrebenensystem der Weiterbildung (Schrader 2011, S. 103) 26
Abbildung 3: Modell der Wissensinseln (Gieseke 2003, S. 330, aktuelle Überarbeitung aus Fleige et al. 2022) 30
Abbildung 4: Analysefokus mit ausgewählten Studien in der Programmforschung (in Anlehnung an Fleige et al. 2019) . . . 31
Abbildung 5: Modell der Angebotsentwicklung (Schlutz 2006, S. 78) 110
Abbildung 6: Zusammenhänge zwischen Theorien, Modellen, Prinzipien und Methoden (eigene Darstellung) 112

Tabellenverzeichnis

Tabelle 1: Didaktische Handlungsebenen (eigene Darstellung) 24
Tabelle 2: Verlaufsplan ZIM-Modell (in Anlehnung an Kaiser 2007 erweiterte eigene Darstellung) 111

1 Einleitung zum Thema „Didaktik der Erwachsenen- und Weiterbildung“

Erwachsenenbildung/Weiterbildung zielt darauf ab, Erwachsene bei der Aneignung von für sie relevanten Inhalten und Themen zu unterstützen und dafür geeignete Wege zu finden. Dabei gibt es keine Rezepte, keinen ‚goldenen Schlüssel‘ zur Vermittlung von Inhalten und Themen. Vielmehr bedarf es des reflexionsfähigen Wissens, um entlang der Vielfalt an theoretischen Grundlagen und Prinzipien begründet und angemessen professionelle Handlungsstrategien entwickeln zu können. „In diesem Sinne zeichnet sich der wissenschaftlich (aus-) gebildete Berufspraktiker gegenüber den mit Bildungsprozessen befassten Alltagspraktikern durch Reflexionswissen aus, das ihm erlaubt, zu wissen, was er tut“ (Dewe 2002, S. 25). Zur Professionalität gehört somit auch die Fähigkeit, das eigene didaktische Handeln reflektieren zu können.

Zentrale Aufgabe von Erwachsenenbildner*innen ist die didaktische Gestaltung von Lern- und Bildungsgelegenheiten mit dem Ziel, individuelle Kompetenzen und persönliche Entwicklung, Mündigkeit und Emanzipation zu fördern sowie ökonomische Innovation, soziale Integration und kulturelle Partizipation zu ermöglichen (vgl. Tippelt & von Hippel 2018b). Die Frage nach der *Gestaltung* von Lern- und Bildungsgelegenheiten wird in der Erziehungswissenschaft und zum Teil auch in der Erwachsenenbildung meist unter ‚Didaktik‘ geführt. Darunter können in einer engen Fassung Modelle oder Konzepte des Lehrens gefasst werden, in einer weiteren Fassung aber auch die Reflexion erwachsenenpädagogischen Handelns und, noch weiter gefasst, empirische Analysen zum Lehren und Lernen. Ein *empirischer* Blick auf Lehr- oder auf Lernprozesse wird allerdings eher unter dem Begriff ‚Lehr-Lernforschung‘ oder ‚Kursforschung‘ verhandelt. Der empirische Blick wird daher in der Regel nicht unter dem Didaktik-Begriff diskutiert, sondern zum Teil sogar in Abgrenzung davon.

Denn Didaktik im erwachsenenpädagogischen, aber auch im pädagogischen Sprachgebrauch generell meint Handlungen, aber eben auch Überlegungen sowie Reflexionen dazu, wie Lernen bestmöglich unterstützt werden kann, und ist daher zunächst vor allem auf programmatischer Ebene angesiedelt. Didaktisches Handeln findet dabei in unterschiedlichen Kontexten statt, ob nun in öffentlich geförderten, partikularen, privat-kommerziellen und betrieblichen Erwachsenen-/Weiterbildungseinrichtungen oder inhaltsspezifischer in der beruflichen, politischen, kulturellen und allgemeinen Erwachsenenbildung.

Didaktisches Handeln bezieht sich demnach insbesondere auf die Gestaltung von formal und nonformal organisierten Angeboten (im Gegensatz zu informellem Lernen),[1] allerdings lässt sich auch eine Entgrenzung der Didaktik außerhalb von institutionalisierten Kontexten feststellen (vgl. auch Pachner 2018). Nicht immer wird dabei das didaktische Handeln auch als solches wahrgenommen und bezeichnet: Gerade in Einrichtungen, deren Hauptzweck nicht Erwachsenenbildung/Weiterbildung ist (sogenannte beigeordnete Bildung, vgl. Gieseke & Heuer 2011; von Hippel & Stimm 2020), findet didaktisches Handeln oft eher implizit statt. Typische Beispiele für Orte beigeordneter Bildung sind etwa Museen oder Theater, aber auch in Stadtteilzentren oder Freizeiteinrichtungen wird Lernen über explizite Vermittlungsangebote, die ergänzend zum Hauptzweck angeboten werden, mitgefördert.[2] Der Hauptzweck solcher Orte wäre hingegen, Objekte zu sammeln und auszustellen, Begegnungen und Gemeinschaftserfahrungen zu ermöglichen oder Freizeit zu gestalten.

Didaktik beinhaltet, egal wo didaktisches Handeln stattfindet, immer eine Gestaltungsperspektive und damit auch theoretische und normative Setzungen (siehe Kapitel 3 und Kapitel 4). Über Didaktik wird somit eine spezifische Perspektive auf Erwachsenenbildung/Weiterbildung eingenommen. Für einen einführenden inhaltlichen Zugang zum Thema wird daher Didaktik zunächst im Handlungsfeld und in der Wissenschaft der Erwachsenenbildung verortet und so auch die Erläuterung zur Struktur des Lehrbuches vorbereitet. Auf dieser Grundlage werden dann Ziele und Aufbau des Lehrbuches dargestellt.

1.1 Verortung im Handlungsfeld Erwachsenenbildung/Weiterbildung

Das berufliche *Handlungsfeld* von Erwachsenenbildner*innen ist durch eine Vielzahl an Aufgaben, Tätigkeiten und Rollenprofilen geprägt, die sich zum Teil sehr unterscheiden und auf den ersten Blick wenig miteinander zu tun zu haben scheinen. Die Vielzahl an Tätigkeiten und Rollenprofilen zeigt sich auch an der Vielzahl an Bezeichnungen von Erwachsenenbildner*innen/Weiterbildner*innen: Sie arbeiten als ‚Lehrende', ‚Dozent*innen' oder ‚Coaches', als ‚Trainer*innen' oder ‚Teamer*innen', als ‚Planende' oder ‚hauptamtliche pädagogische Mitarbeitende' (HPM), als ‚Personalentwickler*innen' oder ‚(Lern-)Berater*innen'. Die Bezeichnungen variieren je nach Aufgabenfeld, nach institutioneller Einbindung und individueller Selbstbezeichnung.

Die Unterstützung von Lernen als Kernaufgabe von Erwachsenenbildner*innen ist dabei nicht auf einen Tätigkeitsbereich wie etwa ‚Lehren' begrenzt, sondern entsprechend der Heterogenität des Bereichs ‚Erwachsenenbildung/Weiterbildung' vielfältig.

1 Entlang (bildungs-)politischer Dokumente können formale Angebote über einen offiziell anerkannten Abschluss und teilweise festgelegte Curricula, nonformale Angebote über weniger allgemein anerkannte Zertifizierung beschrieben werden. Beide Angebotsformen finden sich in Einrichtungen der Erwachsenenbildung/Weiterbildung. Die Zuordnung und Definition ist je nach Literatur, auch international geringfügig unterschiedlich.

2 Auch die betriebliche Weiterbildung kann als beigeordnete Bildung bezeichnet werden, da der Hauptzweck z.B. eines Einzelhandelsunternehmens nicht Bildung ist.

Grundlegend lassen sich jedoch typische Tätigkeiten von Erwachsenenbildner*-innen begrifflich und auch empirisch abbilden. Dazu gehören etwa Leitung und Management, Öffentlichkeitsarbeit, Weiterbildungsbedarfsanalyse und Programmplanung, Kursplanung und -durchführung, Evaluation sowie Beratung (vgl. Faulstich & Zeuner 2010, S. 24; Kraft 2018). Bündeln lassen sich die aufgezählten Tätigkeiten zu den Kerntätigkeiten ‚Leiten', ‚Planen', ‚Lehren' und ‚Beraten' (Faulstich & Zeuner 2008). Hinter den jeweiligen Tätigkeitsbereichen stehen jeweils auch unterschiedlich akzentuierte Kompetenzanforderungen an die professionell Handelnden (vgl. z.B. das GRETA-Kompetenzmodell für Lehrende, Lencer & Strauch 2016; vgl. medienpädagogisches Kompetenzmodell für Lehrende, Bolten & Rott 2018; vgl. KomPla-Kompetenzmodell für Planende, von Hippel 2019).

Entsprechend den verschiedenen Tätigkeitsbereichen lassen sich spezifische Rollenprofile identifizieren, die für Erwachsenen-/Weiterbildungseinrichtungen wie folgt differenziert werden können (vgl. Nittel 2000, S. 186-187):

- die hauptberuflichen Leiter*innen einer Bildungseinrichtung
- die hauptberuflich tätigen pädagogischen Mitarbeiter*innen mit disponierenden und planenden Aufgaben auf der makro- und mesodidaktischen Handlungsebene
- die hauptberuflich tätigen Lehrenden mit Aufgaben insbesondere auf der mikrodidaktischen Handlungsebene
- die ehrenamtlich oder nebenberuflich tätigen Lehrenden mit ähnlichen Aufgaben wie die hauptberuflich tätigen Lehrenden

Dabei findet sich bei allen Rollenprofilen auch eine Entgrenzung der Tätigkeiten, da z.B. Planende auch Kurse durchführen und Lehrende in Bezug auf ihre eigenen Angebote auch planend tätig sind. In beiden Rollenprofilen kann außerdem Beratung eine mitlaufende Aufgabe sein, sei es als begleitende Lernberatung in einem Kurs oder als Beratung über passende Angebote durch Planende. Ebenso können die aufgezählten Rollenprofile auch in Personalunion ausgeführt werden und je nach Bereich unterschiedlich benannt werden, im Kern beinhalten sie dennoch ähnliche Tätigkeitsschwerpunkte.

Grundlegend gemeinsam ist jedoch allen Rollenprofilen, dass die zentrale Aufgabe und Legitimation der Tätigkeit darin besteht, Lernen Erwachsener zu ermöglichen, also eine im weitesten Sinn didaktische Aufgabe. Auch Verwaltungsmitarbeiter*innen sind dann in didaktisches Handeln eingebunden, wenn sie organisatorisch und beratend die didaktische Gestaltung unterstützen. An den Volkshochschulen beispielsweise gibt es hierzu die organisatorisch-pädagogischen Mitarbeiter*innen (vgl. von Hippel & Tippelt 2009; von Hippel 2010).

1.2 Verortung in der Wissenschaft zur Erwachsenenbildung

Neben dieser Verortung von didaktischem Handeln im Handlungsfeld der Erwachsenenbildung/Weiterbildung lässt sich das Thema ‚Didaktik' auch auf seine Verortung in der *wissenschaftlichen Disziplin* ‚Erwachsenenbildung' hin befragen. Didaktik stellt dabei keine eindeutig abgrenzbare und auch keine reine Forschungsrichtung innerhalb der Erwachsenenbildungswissenschaft dar, sondern ist vielmehr als zentrale Querschnittsaufgabe immer mitzudenken.

Erwachsenenbildungswissenschaft analysiert theoretisch und empirisch Lern- und Bildungsprozesse im Erwachsenenalter, das mit mehreren Jahrzehnten die längste Zeitspanne des lebenslangen, lebensbegleitenden Lernens ausmacht. Betrachtet werden dabei – national wie international vergleichend – individuelle Lern- und Bildungsprozesse sowie ihre professionelle didaktische Unterstützung und ihre organisationale Einbettung. Eingeordnet werden können didaktische Forschungsfragen in die Forschungsstränge der Erwachsenenbildung/Weiterbildung, wie sie von Zeuner und Faulstich (2009) und Gieseke (2013) und ähnlich auch schon von Arnold et. al. (2000) systematisiert wurden.

Werden die Fragestellungen und Forschungsergebnisse, die in den Forschungssträngen behandelt werden, genauer betrachtet, zeigt sich, dass didaktische Fragen in unterschiedlichem Umfang immer auch eine Rolle spielen:

- In der Lehr- und Lernforschung geht es um die Beschreibung und Erklärung von Lehr- und Lernprozessen und dabei zentral um die didaktische Gestaltung von institutionalisierten Lehr-Lernsituationen. Demnach wird vor allem auf die *mikro*didaktische Gestaltung abgehoben, das heißt auf die Lehre, im Unterschied zum *meso*didaktischen Gestalten, welches die planend-konzeptionelle Arbeit meint (nähere Erläuterungen zu den Begriffen mikro-, meso- und makrodidaktisch vgl. Abschnitt 2.3). Die Entwicklung des Forschungsstrangs konzentriert sich daher auf Lehr- und Interaktionsforschung, nur randständig wird Lernforschung thematisiert (Ludwig 2012b).[3] In der *Interaktionsforschung* wird neben Partizipation und Partizipationsmöglichkeiten bezogen auf das Handeln bzw. Mithandeln im spezifischen Lehrangebot (u.a. Siebert & Gerl 1975; Kejcz et al. 1979-1981), auch der Zusammenhang von

3 Außerhalb der Fokussierung auf das Lehren und Lernen können ergänzend regelmäßige quantitative Erhebungen zur Beteiligung an Erwachsenenbildung/Weiterbildung in institutionell gerahmten Formaten aufgeführt werden (Volkshochschulstatistik, früher Berichtssystem Weiterbildung, jetzt Adult Education Survey) (siehe Spiegelstrich zu Adressat*innen- und Teilnehmendenforschung). Sie bilden quantitativ die Teilnahme an Erwachsenenbildung/Weiterbildung ab, thematisieren aber keine Lernhandlungen oder Lernprozesse. Aktuelle quantitative Erhebungen versuchen auch, Lernen außerhalb institutionell gerahmter Kontexte zu fassen. Hinzu kommen regelmäßige repräsentative quantitative Erhebungen des Lernens im Betrieb und am Arbeitsplatz im Sinne eines institutionellen Angebots (Weiterbildungserhebung des Instituts der deutschen Wirtschaft Köln, Continuing Vocational Training Survey, IAB-Betriebspanel).

Interaktion und eingebrachtem Wissen in das Lehrangebot (u.a. Nolda 1996; Holm 2003; Herrle 2007) aufgegriffen. *Lehrforschung* konzentriert sich auf das Handeln der Lehrenden und ihre eingebrachten didaktischen Konzepte. Einen spezifischen Aspekt der Lehrforschung arbeiten qualitative Studien heraus, die die Wirkung didaktischer Konzepte im Lehrangebot (u.a. Schüßler 1998) oder die Verschränkung von Alltagspraxis und Struktur des Lehrangebots (u.a. Kade 1985) thematisieren. Das professionelle didaktische Handeln von Lehrenden und seine Förderung macht einen wichtigen Forschungsschwerpunkt mit unterschiedlichen Akzentsetzungen aus (Haberzeth 2010; Schrader 2010b; Stanik 2016b; Schrader & Schöb 2016). *Lernforschung* fokussiert das Lernhandeln der Lernenden. Somit erarbeitet die Lernforschung Aussagen zu Lernstrategien vor dem Hintergrund von Biografie und Identität (Faulstich & Bracker 2015), aber auch Lernerfahrungen (Schiersmann 2006) und Widerstände im Kontext von Lernen (u.a. Grotlüschen 2003; Faulstich & Grell 2005; Grell 2006) sowie Lerntypen (Schrader 2008). Auch wenn der Kern der Lernforschung in der Fokussierung von Lernen unter den Bedingungen von Lehre liegt, da die in der Lehrveranstaltung stattfindenden sozialen Prozesse beobachtbar erscheinen, ist die Lernforschung gegenüber der Lehrforschung nicht auf institutionalisierte Zusammenhänge beschränkt. Das Lernen außerhalb institutionell gerahmter Kontexte umfasst zum einen Forschung zum selbstorganisierten Lernen (Kade 2001; Kraft 2001) sowie zum anderen Forschung zu informellen Lernformaten (Molzberger 2007; Dinkelaker 2008; Egetenmeyer 2008), die jedoch jeweils auch als Ergänzung zu den in Einrichtungen verorteten Lehrangeboten verstanden werden können. Hinzu kommt die Biografieforschung mit der Akzentsetzung auf Lernen aus biografischer Perspektive (Alheit & Dausien 1985; Kade & Seitter 1996; Ecarius 2008) sowie das Lernen im Lebenszusammenhang (Ludwig 2000), in welchem auch institutionalisierte Lehrformate eine Rolle spielen (Weis 2005; Ludwig 2010).

– In der (Weiter-)Bildungsberatungsforschung werden Forschungsergebnisse für die personenbezogene Beratung oder organisationsbezogene Beratung diskutiert. Empirische Ergebnisse für die personenbezogene Beratung behandeln einerseits die Systematisierung von Beratungstypen (Gieseke et al. 2004), die Erarbeitung von Strukturmodellen (de Cuvry et al. 2009) oder die Erschließung der institutionellen Strukturen und Kontexte (u.a. Arnold et al. 2009; Stanik 2016a). Andererseits rücken in den letzten Jahren zunehmend Detailanalysen, die verstärkt Momente des Beratungsprozesses erschließen, in den Fokus. Thematisiert werden hier die im Beratungsprozess eingebrachten Fragen (Müller 2005), Emotionen (Schreyögg 2015), aber auch das Interaktionsverhältnis zwischen Ratsuchenden und Beratenden vor dem Hintergrund von Wissen (Enoch 2011) oder Entscheidungen (Gieseke & Stimm 2016). In der organisationsbezogenen Beratung werden spezifische organisationale Strukturen für Beratung erforscht (u.a. Meisel & Feld 2009; Göhlich et al. 2010).

Ergänzt werden können empirische Auseinandersetzungen zu themenspezifischen (u.a. Maier-Gutheil 2009; Käpplinger et. al. 2013) oder zielgruppenspezifischen (u.a. Ostendorf 2005; Mayer 2011) Beratungsangeboten, die zum einen die ausgewählten Beratungseinrichtungen in einen gesellschaftspolitischen Kontext einbetten und zum anderen auf das professionelle Handeln im Beratungsprozess abheben. Die Forschungsergebnisse bieten aufgrund ihrer Fokussierung daher Bezugspunkte auf *makro*-, *meso*- oder *mikro*didaktischer Ebene an.

- In der Adressat*innen-, Teilnehmenden- und Zielgruppenforschung sowie Biografieforschung geht es u.a. um Fragen nach Lernbegründungen, Bildungsvorstellungen und sozialer Lage, nach Zeit für Lernen und Lernhaltungen, nach Einflussfaktoren auf das Weiterbildungsverhalten, Gründe für (Nicht-)Teilnahme an oder Drop-out in Lehrveranstaltungen sowie individuelle Weiterbildungserfahrungen und -bedürfnisse. Die Ergebnisse sind äußerst relevant für die *meso*-, aber auch für die *mikro*didaktische Gestaltung.
- In der Programm(planungs)forschung wird u.a. nach steuernden Einflüssen auf das Handeln der Programmplaner*innen gefragt. Über Programmanalysen wird identifiziert, was in der Erwachsenenbildung/Weiterbildung (in einer Region) für die Bevölkerung angeboten wird, welche Schwerpunkte dabei gesetzt werden und für wen genau etwas warum angeboten wird. Programme werden dabei als das gesellschaftliche Angebot für lebenslanges Lernen im Erwachsenenalter analysiert. Hier wird *meso*didaktisches (als planendes, konzeptionell pädagogisches) Handeln und das Ergebnis dieses Handelns in Form von Programmen untersucht.
- In der Professionsforschung werden Fragen u.a. nach dem professionellen Selbstverständnis der Erwachsenenbildner*innen, den professionellen Handlungskompetenzen, aber auch zu Ausbildung und Verbleib der Erwachsenenbildner*innen untersucht. In diesem Forschungsstrang wird didaktisches Handeln als professionelles Handeln analysiert.
- In der Organisationsforschung geht es um die Darstellung und Analyse spezifischer Einrichtungen und ihrer Entwicklung vor dem Hintergrund ihrer historischen, sozialen und politischen Genese, z.B. bezogen auf Volkshochschulen, Heimvolkshochschulen und Einrichtungen in kirchlicher oder gewerkschaftlicher Trägerschaft, oder um Systematisierungen der Weiterbildungslandschaft. Hinzu kommen Fragen u.a. zum organisationalen Lernen, zu Netzwerken, Management und Marketing. Ergebnisse der Organisationsforschung können etwas zum Rahmen von didaktischem Handeln aussagen.

Dass in all diesen Forschungssträngen didaktische Fragen von Bedeutung sein können, jeweils unter dem Gesichtspunkt, welche Konsequenzen sich aus Forschungsergebnissen für die Gestaltung von Lerngelegenheiten ergeben könnten, liegt auch an den Spezifika des Handlungsfeldes ‚Erwachsenenbildung/Weiterbildung': Es ist im Unterschied zu anderen pädagogischen Handlungsfeldern, wie etwa dem Schulbereich oder der beruflichen Ausbildung, unter anderem dadurch gekennzeichnet, dass in weiten Teilen keine festen, staatlich vorgegebenen Curricula[4] existieren und insbesondere die allgemeine Weiterbildung auf freiwilliger Teilnahme[5] beruht. Stattdessen müssen auf makro- und mesodidaktischer Ebene kontinuierlich Bildungsprogramme und -angebote unter Berücksichtigung der unterschiedlichen Interessen einflussnehmender Akteur*innen geplant werden. Das heißt im Umkehrschluss, dass einerseits im Unterschied zum Schul- oder Ausbildungsbereich die mesodidaktische Ebene der Programmplanung eine zentrale Rolle spielt. Andererseits muss aufgrund der Freiwilligkeit und der größtenteils nicht vorgegebenen Curricula in der Erwachsenenbildung/Weiterbildung die didaktische Auswahl von Themen und Inhalten noch stärker in Verbindung mit den anzusprechenden Adressat*innen, ihren Interessen, Erfahrungen und Kompetenzen gedacht werden. Diese Aushandlungsprozesse prägen entscheidend die mikrodidaktische Handlungsebene, somit die Lehr- und Lernprozesse.

1.3 Ziele und Struktur des Lehrbuches

Insgesamt sprechen wir in diesem Lehrbuch über didaktisches Handeln in der bisher kurz dargestellten Breite, das heißt auf den verschiedenen Ebenen im Handlungsfeld Erwachsenenbildung/Weiterbildung, fokussieren aber stärker das mikrodidaktische Handeln (für das mesodidaktische Handeln verweisen wir auf das Lehrbuch zur Programmplanung, Fleige et al. 2019).

Das Spezifikum der vorliegenden Ausführungen ist dabei die Verknüpfung der Diskussionen zu Lerntheorien, didaktischen Modellen, didaktischen Prinzipien und zur Methodenauswahl. Diese vier Aspekte und ihre Ausdifferenzierungen werden häufig eher getrennt voneinander verhandelt. Folgend geht es nun vielmehr um deren Zusammenführung. Gleichzeitig eignet sich das Lehrbuch, die einzelnen Diskussionsstränge und deren Zusammenführung als relativ gebün-

4 Es gibt insgesamt in der Erwachsenenbildung/Weiterbildung weniger administrative Vorgaben für Beteiligung, Ziele und Inhalte (vgl. Schrader & Ioannidou 2010). Curriculare Ansätze finden sich in der Erwachsenenbildung vor allem im Bereich der beruflichen Weiterbildung und auch im Bereich des Fremdsprachenlernens (vgl. Arnold et al. 2011, S. 99).

5 Diese Freiwilligkeit ist allerdings durchaus auch kritisch zu betrachten: Es gibt Bereiche der Erwachsenenbildung/Weiterbildung, in denen eine Nichtteilnahme real sanktioniert wird, Beispiele dazu finden sich in der betrieblichen Weiterbildung und in von der Arbeitsagentur finanzierten beruflichen Weiterbildungsangeboten (vgl. Ott 2009). Zudem besteht in manchen Berufen eine Weiterbildungspflicht, z.B. für Berufskraftfahrer*innen, Ärztinnen und Ärzte. Nicht zuletzt vor dem Hintergrund, dass die Notwendigkeit lebenslangen Lernens zu einer gesellschaftlichen ‚lebenslänglichen' Anforderung geworden ist, der sich kaum jemand entziehen kann, ist die Freiwilligkeit daher zumindest kritisch zu betrachten. Weiterbildung wird als selbstverständliche Notwendigkeit angesehen, Nichtlernen hingegen ist begründungspflichtig geworden.

delte thematische Einführung ‚eingebettet' zu lesen, das heißt, neben anderen umfangreichen Publikationen zu einzelnen Themenbereichen (wie z.B. ausführlichen Darstellungen zu einzelnen didaktischen Modellen, zu verschiedenen Lerntheorien oder zu Methodenübersichten).

1.3.1 Ziele des Lehrbuches

Zentrales Ziel des vorliegenden Lehrbuches zur Didaktik in der Erwachsenenbildung/Weiterbildung ist es, Studierenden sowie in der Erwachsenenbildung/Weiterbildung Tätigen Grundwissen in einem Bereich zu vermitteln, der als Kernthema und professionelle Kernaufgabe der Erwachsenenbildung/Weiterbildung bezeichnet werden kann, aber keineswegs als breit angelegtes Thema die entsprechende Aufmerksamkeit erfährt, wenn Einführungs- oder Lehrbücher systematisch betrachtet werden.

Neben den Artikeln zu Didaktik in wissenschaftlichen Zeitschriften und den Kapiteln in Handbüchern, Wörterbüchern oder Einführungsbüchern (u.a. Faulstich & Zeuner 2008; Arnold et al. 2010; Tippelt & von Hippel 2018a; Fuhr et al. 2010) lassen sich folgende Typen der verschiedenen aktuellen Einführungen zur Didaktik (mit Fokus auf mikrodidaktischem Handeln) in der Erwachsenenbildung/Weiterbildung ausmachen:

- *Methodenbücher*, die einzelne Methoden nach verschiedenen Kategorien konkret vorstellen (z.B. „Kurs- und Seminarmethoden" (Kaiser 2007; Knoll 2007); Methoden für die Online-Lehre (Adam et al. 2021; Waldherr & Walter 2021; Rupp 2022); „ Anfangssituationen" (Witt 2015; Geißler 2016); „Methoden für die Bildungsarbeit" (Siebert 2006b); „Erfolgreiche Kurse und Seminare: Professionelles Lernen mit Erwachsenen" (Weidenmann 2011)). Die Methoden sind je nach Buch in Kontexte eingebettet oder nicht. Ihre Zielgruppe sind Lehrende in der Erwachsenenbildung/Weiterbildung.
- *Einführungen in die lehrende Tätigkeit*, die Kapitel zu den Lehrenden selbst, zum Lernen, zu den Teilnehmenden, zu Didaktik und Methodik, teilweise auch zu Planung und Management sowie zur Organisation der eigenen Lehrendentätigkeit enthalten (z.B. „Lehren an der VHS – Ein Leitfaden für Kursleitende" (Nuissl & Siebert 2013); „Dozentenleitfaden – Erwachsenenpädagogische Grundlagen für die berufliche Weiterbildung" (Arnold et al. 2011)).
- *übergreifende Didaktik-Einführungen und grundlegende wissenschaftliche Auseinandersetzungen*, die verschiedene Elemente beinhalten (z.B. Siebert 2000; Kaiser & Kaiser 1998; Kaiser 1985; Raapke & Schulenberg 1985; Tietgens 1992a).

Das vorliegende Lehrbuch kann dem heterogenen Typ der übergreifenden Einführungen zugeordnet werden. Es ersetzt keine Einführung in die lehrende Tätigkeit und keine Methodenbücher, vielmehr soll es eine Verbindung zwischen

Lerntheorien, didaktischen Modellen, didaktischen Prinzipien und der Methodenauswahl herstellen. Bezüge werden auch zu empirischen Ergebnissen erarbeitet. Diese Form der Zusammenführungen von Lerntheorien, didaktischen Modellen und Prinzipien sind bisher rar (u.a. Siebert 2012a, hier werden zwar didaktische Modelle und Prinzipien beschrieben, aber wenig aufeinander bezogen). Demnach schließt das vorliegende Lehrbuch einen Teil dieser Lücke.

Die vorliegende Zusammenführung stützt zudem erwachsenenpädagogisches Fachwissen mit dem Fokus auf didaktischem Handeln.[6] Vor dem Hintergrund des erwachsenenpädagogischen Fachwissens erhält dann ebenso die eingangs geforderte Reflexionsfähigkeit, also die Fähigkeit, das eigene professionelle, hier didaktische, Handeln reflexiv begründen zu können, eine zentrale Bedeutung. Diese Reflexionsfähigkeit bezieht sich auch darauf, über die je eigenen Annahmen zum didaktischen Handeln zu reflektieren. Denn im didaktischen Handeln zeigen sich auch immer individuelle und gesellschaftliche Auslegungen von Lernen und Bildung sowie Auslegungen der Frage danach, was Erwachsene als Lernende im Sinne von anthropologischen Grundlagen ausmacht. Ebenso beinhalten Bildungsangebote und -programme Vorstellungen über Bildungsziele und entsprechend Bildungsinhalte sowie über angemessene Mittel und Wege zur Förderung des Lernens und der Bildung von Erwachsenen, über die die professionell Handelnden reflexiv Klarheit gewinnen sollten. Durch ein ausgeprägtes, theoretisch fundiertes und erwachsenenpädagogisches Reflexionsvermögen kann die dringend erforderliche Argumentationsfähigkeit von Lehrenden und Planenden gegenüber anderen Akteur*innen, seien es Lehrende, Planende, Politiker*innen oder Auftraggebende entwickelt und gestärkt werden.

1.3.2 Struktur des Lehrbuches

Nach einer überblicksartigen Einführung in die Begriffe ‚Didaktik' sowie ‚didaktische Handlungsebenen' wird in Kapitel 2 didaktisches Handeln auf den unterschiedlichen Handlungsebenen konkretisiert (mit den Schwerpunkten Programm- sowie Angebotsplanung auf der Ebene der Fachbereiche (Abschnitt 2.3.1) und der Lehr-Lernsituationen (Abschnitt 2.3.2)). In Kapitel 3 werden lerntheoretische Theorien und Ansätze (u.a. Behaviorismus, Konstruktivismus, subjektwis-

6 Ganz grundlegend lässt sich das Professionswissen von Erwachsenenbildner*innen in inhaltlich-themenspezifisches, also lehrinhaltsbezogenes (domänenspezifisches) Fachwissen, fachdidaktisches Wissen sowie erwachsenenpädagogisches Fachwissen unterscheiden (vgl. Marx et al. 2014). Als verdeutlichendes Beispiel: Eine Dozentin für Englisch an Volkshochschulen braucht also domänenspezifisches Wissen (Englisch), fachdidaktisches Wissen (wie Englisch fachgerecht aufbereitet wird) und erwachsenenpädagogisches Fachwissen (Wissen um erwachsenenentsprechende didaktische und methodische Gestaltung, Beratung, Umgang mit Heterogenität, Teilnehmendenorientierung etc.).

senschaftliche Lerntheorie, biografischer Ansatz), die einen zentralen Hintergrund und Bezugspunkt für didaktische Überlegungen bilden, zusammenfassend vorgestellt. In Kapitel 4 werden dann fünf einschlägige didaktische Modelle thematisiert und dabei jeweils die lern- oder bildungstheoretischen Hintergründe sowie typische Verwendungssituationen mitreflektiert. In Kapitel 5 werden in der Erwachsenenbildung verbreitete, aber selten systematisch begründete didaktische Prinzipien dargestellt und auf ihre theoretischen Hintergründe und Bezüge hin befragt. Kapitel 6 führt dann die vorherigen Differenzierungen zwischen Lerntheorien, didaktischen Modellen und didaktischen Prinzipien wieder zusammen, indem mögliche Zusammenhänge und Implikationen für die Methodenauswahl diskutiert werden.

2 Begriffe und Ausdifferenzierungen zur Didaktik der Erwachsenen- und Weiterbildung

Ziele dieses Kapitels
Didaktik in einem breiten Verständnis bezieht sich auf verschiedene didaktische Handlungsebenen und auf die gesamte Theorie und Praxis der Unterstützung von Lernen. Dieses Kapitel bietet eine Annäherung an Didaktik in diesem breiten Verständnis an. Zentrale Begriffe und Konzepte sind dafür: didaktische Entscheidungen, didaktisches Dreieck und Methodik, Lehren und Lernen sowie didaktische Handlungsebenen. Die Begriffe und Konzepte beschreiben je unterschiedliche Perspektiven und Dimensionen des Begriffs ‚Didaktik'. Es soll deutlich werden, dass sie zwar in einem Zusammenhang stehen, sich aber nicht zwingend direkt beeinflussen und je nach Kontext unterschiedliche Begriffe und auch Handlungslogiken in den Vordergrund rücken. Dabei fließen ergänzend auch empirische Perspektiven ein. Es gibt jedoch nicht den einen Forschungsstrang (vgl. auch Abschnitt 1.2), sondern vielfältige empirische Zugänge, die die Komplexität didaktischen Handelns abbilden. Mit dem Einbezug empirischer Forschung in dieses Kapitel werden somit nicht nur Möglichkeiten der Anschlussforschung und der Verknüpfung zwischen den Forschungssträngen deutlich, sondern auch die praktische Relevanz von Wissen um Modelle für die Programm- und Angebotsplanung sowie von Wissen über Lernen für die didaktische Planung.
Ziel des vorliegenden Kapitels ist es, Begriffe zur Verfügung zu stellen, die die Grundlage für Argumentationen und Begründung des Handelns sein können, und gleichzeitig auf Konzepte und Theorien zu verweisen, die im Zusammenhang mit Didaktik Relevanz entfalten.

2.1 Didaktisches Handeln als Vermittlung zwischen Lernenden und Inhalt sowie als antizipative Suchbewegung

Es gibt unterschiedliche Zugänge zum Thema ‚Didaktik'. Verschiedene Autor*-innen aus unterschiedlichen Theoriezusammenhängen legen das Thema jeweils unterschiedlich aus und arbeiten mit unterschiedlichen Begriffen. Dabei beinhaltet Didaktik immer eine Gestaltungsperspektive, in die sowohl theoretische Annahmen – etwa zu Lernen und Bildung – als auch normative Setzungen und Zielvorstellungen – z.B. darüber, was einen ‚gebildeten' Menschen ausmacht oder was gesellschaftlich als wertvolle Bildungsziele erachtet werden – einfließen können. Zunehmend wird auch versucht, über empirische Untersuchungen zum Thema ‚Lernen‘ oder ‚Lehren‘ Hinweise für didaktisches Handeln zu gewinnen (vgl. Abschnitt 1.2).

‚Didaktik‘ stammt aus dem Griechischen und bedeutet als Verb ‚didáskein‘ sowohl ‚unterrichten‘ oder ‚lehren‘ als auch ‚belehrt werden‘ oder ‚lernen‘ (vgl. Arnold 2010b; auch Schlutz 2006). Diese doppelte Wortbedeutung ist ein Grund dafür, dass es manchmal zu Begriffsvermischungen kommen kann, dass nämlich Lernen und Lehren vermeintlich als sich zwingend bedingende Prozesse oder gar als ein- und derselbe Prozess gesehen werden. Dabei sind Lernen und Lehren aber unterschiedliche Handlungsformen und folgen unterschiedlichen Handlungslogiken, auch wenn sie in einer Situation (z.B. einer Unterrichts- oder Lehr-Lernsituation) aufeinandertreffen können. Analytisch relevant ist, dass Lehren und Lernen jeweils anderen Handlungslogiken folgen, anders theoretisch begründet und empirisch untersucht werden und zudem unabhängig voneinander bestehen können (vgl. Abschnitt 2.3.1).

Didaktik ist – kurz gesagt – die Reflexion der Gestaltung von Lehren zur Unterstützung von Lernen. Umfassender heißt das: „Didaktik ist die Reflexion der Entwürfe von Interventionsstrategien. Dabei geht es um die Vermittlung von Lerngegenständen. Diese werden mit Vermittlung durch die Lehrenden in den Bedeutungszusammenhang der Lernenden aufgenommen. Dabei werden Lernsituation und institutionelle, soziale, politische und ökonomische Rahmenbedingungen analysiert und interpretiert. Auf diesen Grundlagen werden, bezogen auf Intentionen [...] und Themen [...] angemessene Lernarrangements mit Hilfe von Methoden und Medien konzipiert. Ausgangspunkt aller didaktischen Theorien sind die Lernenden. Daran schließt sich das zentrale didaktische Problem an, wie die Lehrenden – im weitesten Sinn – handeln können, um deren Aneignungsprozesse zu unterstützen“ (Faulstich & Zeuner 2006, S. 51).

Didaktik ist damit der weitere Begriff im Vergleich zum Lehren, er umfasst auch die Gestaltung von Lernarrangements, die ohne Lehre im engeren Sinn auskommen (vgl. etwa den konstruktivistischen Begriff der „Ermöglichungsdidaktik“, Abschnitt 4.2) und meint somit zusammenführend die gedankliche Vor- und auch Nachbereitung von Lernprozessen unter Bezugnahme auf das zu Vermittelnde und die Voraussetzungen der Lernenden (vgl. Tietgens 1992a, S. 9-10). Hauptaufgabe didaktischen Handelns ist es, „die Distanz zwischen Thematik und Adressaten zu überbrücken, zwischen Lerngegenstand und Lernendem zu vermitteln“ (Faulstich 2002, S. 7).

Dieses Verhältnis zwischen Lerngegenstand, Lernenden und Lehrenden als den didaktisch Handelnden findet sich pointiert in der bekannten grafischen *Darstellung des didaktischen Dreiecks* (Abbildung 1), welches ursprünglich mit seinen Komponenten Schüler*in, Lehrer*in und Stoff von Herbart Anfang des 19. Jahrhunderts beschrieben und u.a. von Klafki weiter ausgeführt wurde (vgl. auch Kapitel 4).

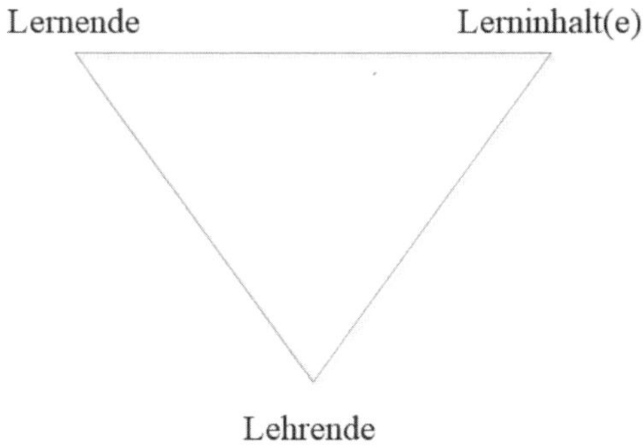

Abbildung 1: Didaktisches Dreieck (geänderte Darstellung z.B. nach Faulstich & Zeuner 2010)

Es zeigt die (zunächst von Distanz geprägte) Beziehung zwischen Lernenden und Lerninhalten: Ohne diese Distanz gäbe es gar nichts zu lernen. Es bezieht jedoch auch die Rolle der Lehrenden mit ein (vgl. Siebert 2000). Lehrende sind dazu da, die Lernenden bei der Distanzüberbrückung, also bei der Aneignung von Inhalten zu unterstützen und damit zwischen Lernenden und Inhalten zu vermitteln. Dies tun sie unter anderem über Methoden, für deren Auswahl sie maßgeblich (mit-) verantwortlich sind. *Methoden* stellen damit einen Teilbereich der Didaktik dar, die sich auf das *Wie* des Lehrens beziehen (griechisch ‚méthodos' als der Weg, etwas zu erreichen). Hierbei geht es um die konkrete, theoretisch begründete Gestaltung von Lehrprozessen (vgl. Schüßler 2010). Dabei gibt es bei der Methodenauswahl nicht ‚richtige' oder ‚falsche' Methoden, sondern es geht um die Angemessenheit einer Methode[7] für eine Lehr-Lernsituation (vgl. Faulstich & Zeuner 2010, S. 40).

Siebert (2000) führt nun die Eckpunkte des didaktischen Dreiecks weiter: Es geht nicht nur um die Vermittlung zwischen Lernenden und Inhalten durch Lehrende, sondern um die je eigenen und unterschiedlichen Logiken: Der Lerninhalt hat eine gewisse Eigenlogik, die in der Struktur des Inhalts oder der Sache liegt und die unabhängig von den Interessen der Lernenden oder den methodischen Aufbereitungen der Lehrenden besteht. Siebert (2000) spricht hier von der *Sachlogik* des Inhalts (Kenntnis der Thematik und des Fachlichen). Auf der Seite des Lernenden spricht er von der *Psychologik*, die jeweils individuelle Voraussetzungen des Lernenden und jeweils individuelle Lern- und Motivationsstrukturen beinhaltet. Hier wird das zentrale didaktische Spannungsfeld (und das antinomische Verhältnis) zwischen Lernenden- und Inhaltsorientierung sichtbar (siehe mehr dazu in Kapitel 5).

7 Auch wenn eine klare Trennung zwischen Lehrmethoden und Lernmethoden theoretisch umstritten ist (vgl. Schüßler 2010), können Lehrmethoden als Methoden der Vermittlung und Intervention der Lehrenden von Lernmethoden als von Lernenden eingesetzte Methoden zur Wissenserschließung und Aneignung des Lerninhalts unterschieden werden.

Das didaktische Dreieck bringt somit die zentralen Herausforderungen didaktischen Handelns auf den Punkt: Es geht um die Beziehung zwischen Lernenden und Inhalten. Die Distanzüberbrückung zwischen Lernenden und Inhalten soll durch Lehrende unterstützt werden. Zentraler Prozess bleibt aber die Aneignung zwischen Lernenden und Inhalten.

Damit ist das didaktische Dreieck zunächst vorwiegend auf der mikrodidaktischen Ebene verortet, hat jedoch auch für die mesodidaktische Ebene eine orientierende Funktion, da auch in der Programmplanung Themen und Inhalte in Verbindung mit und Antizipation von Adressat*innen und Zielgruppen, also potenziellen Lernenden, geplant werden. Die Reflexion von Planungs- und Lernsituationen erfordert aus didaktischer Perspektive daher immer eine Form der Antizipation (Siebert 2000, S. 4). Didaktik beinhaltet somit nicht nur das Tun in der direkten pädagogischen Interaktion, sondern immer auch die Vorbereitung, Analyse und Reflexion derselben. *Didaktisches Handeln* kann damit auch als „Suchbewegung" (Tietgens 1992a) beschrieben werden, in der es gilt, Bedürfnisse und Erwartungen der Adressat*innen und Teilnehmenden zu antizipieren, zu identifizieren und gleichzeitig Interesse für unterschiedliche Themen zu wecken. Die Adressat*innen wiederum suchen ihrerseits nach einem für sie angemessenen Angebot. Die Suchbewegungen finden also auf beiden Seiten statt, bei den Lehrenden oder Planenden und bei den Lernenden.

Mit diesem Antizipationsgedanken wird deutlich, dass didaktisches Handeln immer von einer gewissen Offenheit, aber auch von Unsicherheiten geprägt ist und nicht rezepthaft oder standardisiert durchgeführt werden kann. Es beinhaltet vielmehr eine Reihe von Entscheidungen über Ziele, Intentionen, Themen und Methoden (vgl. Faulstich & Zeuner 2006; Reischmann 2005), die je nach Situation, Rahmenbedingungen, Zielgruppe, Thema etc. unterschiedlich zu treffen sind. Didaktische Entscheidungen wirken sich damit auch auf Struktur, Umfang und Qualität der Bildungsangebote aus.

2.2 Didaktisches Handeln im Spannungsfeld unterschiedlicher Interessenlagen

Pädagogische Bereiche wie Schule und Erwachsenenbildung erbringen auch für andere gesellschaftliche Segmente (z.B. Arbeitsmarkt, Politik) ‚Leistungen', indem sie etwa Qualifizierungen ermöglichen oder über politische Bildungsangebote das demokratische Grundverständnis absichern. Sie erfüllen demnach für Gesellschaft und Individuen unterschiedliche Aufgaben und sind damit heterogenen Interessenslagen ausgesetzt. Für die Schule formuliert Klafki: „Unterschiedliche Interessen stecken in dem, was wir als Lehrer tun, ohnehin immer darinnen. Wenn dem so ist, dann muß dieser Tatbestand ausdrücklich in die Planung miteinbezogen werden" (2007, S. 274).

Sowohl Lehre als auch Programmplanung sind deshalb durch die Notwendigkeit gekennzeichnet, *Entscheidungen* in Bezug auf Ziele, Themen, Zielgruppen,

Dozent*innen usw. zu treffen und dabei gleichzeitig widersprüchliche Anforderungen mitbedenken und respektieren zu müssen. Dieses Moment von Entscheidung vor dem Hintergrund unterschiedlicher Interessenlagen wird in didaktischen Überlegungen zwar mitreflektiert, aber sehr viel deutlicher noch in Professionstheorien theoretisch erarbeitet und ausdifferenziert. Professionstheorien arbeiten Entscheidungssituationen als widersprüchliche, *antinomische Handlungsanforderungen* aus und stellen damit einen Mehrwert für die Reflexion über didaktisches Handeln dar (vgl. von Hippel 2011; weitere Ausführungen dazu auch in Abschnitt 5.4). Sie zeigen deutlicher und differenzierter auf, dass Entscheidungssituationen durch Unsicherheit(en) geprägt und daher oft konflikthaft sind. Gleichzeitig schärfen sie das Bewusstsein dafür, dass didaktische Entscheidungen in der Erwachsenenbildung/Weiterbildung aufgrund der verschiedenen Handlungsebenen und Interesselagen nicht isoliert getroffen werden können, sondern von einer Vielzahl von Rahmenbedingungen und unterschiedlichen Anforderungen geprägt und bedingt sind.

2.3 Didaktisches Handeln auf unterschiedlichen Handlungsebenen

Dass didaktisches Handeln nicht nur auf einer Ebene erfolgt und nicht allein auf die Vermittlung zwischen Sachlogik und Psychologik begrenzt ist, sondern dass verschiedene Ebenen das didaktische Handeln rahmen und beinhalten, wird vor allem über *Mehrebenenmodelle* analytisch und empirisch gezeigt. Mehrebenenmodelle zeigen Bedingungsfaktoren und Abhängigkeiten der didaktischen Gestaltung auf. Vor allem zwei Mehrebenenmodelle wurden und werden in der Erwachsenenbildung breit rezipiert: Dies ist zum einen das Modell der didaktischen Handlungsebenen, wie sie von Flechsig und Haller (1975) für die Schule eingebracht und in der Erwachsenenbildung adaptiert wurden (vgl. z.B. Tietgens 1992b; Siebert 2000; Weinberg 2000). Zum anderen handelt es sich um das Mehrebenenmodell von Schrader (2011).

Tabelle 1 zeigt das Modell von Flechsig und Haller (1975) und seine Adaption für die Erwachsenenbildung/Weiterbildung, indem fünf Ebenen didaktischen Handelns unterschieden werden.

Tabelle 1: Didaktische Handlungsebenen (eigene Darstellung)

für den Schulbereich (nach Flechsig & Haller 1975, S. 14)		**übertragen auf die Erwachsenenbildung/ Weiterbildung (nach Siebert 1982, 2000; Tietgens 1992b)**
institutionelle, ökonomische, personelle und konzeptionelle Rahmenbedingungen	A-Ebene	implizite didaktische Entscheidungen der Bildungs-, Sozial- und Wirtschaftspolitik
übergreifende Lehrplan- und Schulkonzepte	B-Ebene	Selbst- und Aufgabenverständnis von Einrichtungen und Verbänden der Erwachsenenbildung/Weiterbildung; Institutionsdidaktik
Lernbereiche und Unterrichtskonzepte	C-Ebene	Programmplanung und Programmkoordination für Teilbereiche der Einrichtung
Unterrichtseinheiten	D-Ebene	Planung einzelner Lernbereiche; Veranstaltungsdidaktik
Lehr-Lernsituationen	E-Ebene	Vorbereitung, Durchführung und Auswertung einzelner Bildungsmaßnahmen; Verfahrensdidaktik

Die Ebenen können auch in Makro- (A- und B-Ebene), Meso- (C-Ebene, auch D-Ebene) und Mikroebene (E-Ebene) unterteilt werden.[8] Die Programm- und Angebotsplanung wird klassischerweise als mesodidaktisches Handeln, die Lehr-Lerninteraktionsebene als mikrodidaktisches Handeln bezeichnet. Auf den unterschiedlichen Ebenen geht es um Fragen der erwachsenenpädagogischen Didaktik und insbesondere auf der meso- und mikrodidaktischen Ebene auch um fachdidaktische Fragen. Das Ergebnis des Programmplanungshandelns ist das Programm einer Erwachse-

8 Die Zuordnung der didaktischen Handlungsebenen erfolgt je nach Definition, Ausdifferenzierung, Verwendungszusammenhang und empirischem Feld unterschiedlich, abhängig davon, ob z.B. der Bezugspunkt ‚Didaktik' oder die gesamte Systemebene der Erwachsenenbildung ist (vgl. Reich-Claassen & von Hippel 2018; vgl. auch unterschiedlich in Faulstich & Zeuner 2010). Ist der Bezugspunkt ‚Didaktik', wird teilweise nur zwischen Makrodidaktik, die dann auch die Mesodidaktik umfasst, und Mikrodidaktik unterschieden. Teilweise wird Mesodidaktik auch nur auf die Angebotsplanung bezogen (und nicht auch auf die Programmplanung) (Raapke & Schulenberg 1985). Wird die Systemebene der Erwachsenenbildung allgemein einbezogen, erfolgt meist die Ausdifferenzierung in alle drei Ebenen (Makro- (Systemebene), Meso- (Organisationenebene) und Mikroebene (Interaktionsebene)). Der Unterschied der Zuordnung besteht also vor allem darin, ob die Makrodidaktik der Organisationenebene zugerechnet wird oder nicht und ob auf Organisationenebene noch einmal zwischen Makro- und Mesoebene unterschieden wird. Wir bezeichnen in diesem Buch die Programm- und Angebotsplanung als mesodidaktisches Handeln in Anlehnung an eine Mesoebene als Organisationenebene der Erwachsenenbildung/Weiterbildung.

nen-/Weiterbildungseinrichtung,[9] die dann tatsächlich durchgeführten Kurse das Ergebnis des lehrenden Handelns.

Weiterbildungsberatung wiederum liegt quer zu den didaktischen Handlungsebenen, und findet insbesondere auf der Meso- und Mikroebene statt. So auf der Mesoebene beispielsweise als Orientierungsberatung und im Spezifischen als Kursberatung sowie Einstufungsberatung für konkrete Kurse, auf der Mikroebene beispielsweise als Lernberatung (u.a. Kemper & Klein 1998; Pätzold 2004; Rohs 2004; Klein & Reutter 2005; Ludwig 2012a). Sie verweist direkt auf die mikrodidaktische Handlungsebene, da vor allem Dozent*innen hier Beratungsfunktionen im Lehrprozess übernehmen (von Hippel & Tippelt 2009) und diese Beratungsform somit häufig expliziter Bestandteil ihrer alltäglichen Arbeit ist. Ganz grundlegend kann Weiterbildungsberatung in die täglichen Aufgaben der Weiterbildner*innen integriert werden oder als separiertes Tätigkeitsfeld stattfinden (Gieseke et al. 2004). In einer breit angelegten Definition wird Weiterbildungsberatung als didaktisches Handeln eingeordnet, da sie Lernen und Lehren unterstützt. Wir vertiefen das Thema ‚Weiterbildungsberatung' hier nicht, da wir den Fokus auf die gestaltenden Elemente im meso- und mikrodidaktischen Bereich legen. Dazu zählt auch die im Kontext von Auseinandersetzungen rund um ‚Digitalisierung' aktuell zunehmende Diskussion im Blick zu behalten. Die Auseinandersetzungen beziehen sich zwar vorwiegend auf die mikrodidaktische Handlungsebene und hier vor allem den Einsatz von digitalen Medien (Haberzeth & Sgier 2019; zur Interaktion im Online-Raum, Dinkelaker 2021), entfalten aber auch für die anderen didaktischen Handlungsebenen Relevanz (Kerres & Buntins 2020; Bernhard-Skala et al. 2021). Anschlussmöglichkeiten auf mikrodidaktischer Handlungsebene lassen sich zur Mediendidaktik herstellen, die sich auf das Lehren und Lernen mit Medien – nicht nur digitalen Medien – als Gegenstandsbereich bezieht (Kerres 2012; Pietraß 2020). Letztlich sind die didaktischen Handlungsebenen vor dem Hintergrund von ‚Digitalisierung' in ihren Wechselwirkungen und Zusammenhängen zu denken.

Das Modell von Schrader (2011), in dem sich Interaktions-, Organisations- und Systemebene (Abbildung 2) trennen lassen, beruht analytisch auf Theorieperspektiven von Governance- und neo-institutionalistischen Ansätzen. Daher eignet es sich besonders für die Analyse der Einbettung von Erwachsenen-/Weiterbildungseinrichtungen und des pädagogischen Handelns in verschiedene Strukturen.

Deutlich wird entlang des Mehrebenensystems (Schrader 2011), dass didaktische Entscheidungen auf beispielsweise der nationalen Ebene auch die Entscheidungsspielräume auf organisationaler Ebene rahmen und unter Umständen auch begrenzen. Daraus ist abzuleiten, dass die Realität der innenliegenden Ebene eigentlich auch immer bei Entscheidungen auf darüberliegenden Ebenen

9 Programmforschung analysiert die Weiterbildungsprogramme (vgl. weiterführend zur Programmforschung Fleige et al. 2019).

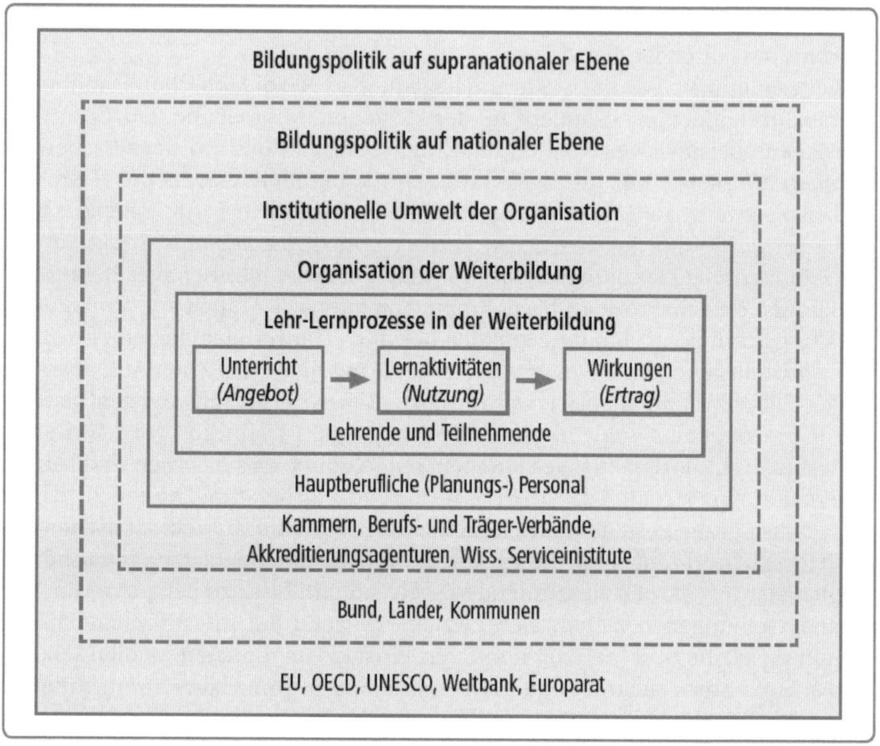

Abbildung 2: Mehrebenensystem der Weiterbildung (Schrader 2011, S. 103)

mitbedacht werden sollte. Gleichzeitig gilt es, auf den innenliegenden, im engeren Sinne, didaktischen Ebenen die Rahmenbedingungen mit zu reflektieren und ihre Begrenzungen und Spielräume zu kennen und ggf. zu erweitern bzw. auszunutzen.

Eine analytische, aber ebenfalls die Ebenen des didaktischen Handelns integrierende Beschreibungsperspektive kann durch *Lernkulturen* eingebracht werden. Diese Beschreibungsperspektive ermöglicht es, Lernen über die mikrodidaktische Ebene hinaus innerhalb einer spezifischen Einrichtung in Verbindung mit Ausprägungen auf der meso- und makrodidaktischen Handlungsebene zu betrachten, aber auch außerhalb einrichtungsspezifischer Lehr-Lernkontexte. Als Analysemoment zeigen Lernkulturen auf, wie die Handlungsebenen, welche sich als didaktische Handlungsebenen auf Mikro-, Meso- und Makroebene jeweils ausgestalten (Tietgens 1992b), zusammen- und ineinanderwirken (Fleige & Robak 2018).

Was jedoch alles unter ‚Lernkultur' gefasst wird, unterliegt den Kontextbedingungen eines umfangreichen Betrachtungsfeldes (Weinberg 1999). Aktuell lässt sich folgende Grundlage, die auf die didaktischen Handlungsebenen Bezug nimmt, anführen:

„Lernkulturen bündeln die in den Erwachsenen-/Weiterbildungsorganisationen vollzogenen Praktiken und die Formen der Realisierung des Programms über die Erarbeitung und Bündelung von Angeboten vor dem Hintergrund von deren Kulturabhängigkeit. Lernkulturen klammern das konzeptionelle planerische Handeln und die in der Organisation dazu geführten Diskurse. Sie sind das Scharnier der Realisierung von Programmen zwischen Planenden, Organisation, Kursleitenden und Teilnehmenden und nehmen dabei deren Auslegungen von Kultur auf" (Fleige et al. 2019 in Anlehnung an Fleige 2016, S. 295).

Grundlegend sind Lernkulturen somit „keine isolierten Konstrukte", sondern das Ergebnis verschiedenster Aushandlungsprozesse zwischen und in den didaktischen Handlungsebenen, in denen (professionell) Handelnde und Lernende unterschiedliche Positionen einnehmen (Fleige & Robak 2018, S. 624). Dabei wird die jeweilige Lernkultur – eingebettet in den gesellschaftlich-historischen Kontext – gestaltet, individuell rekonstruiert und ausgehandelt (vgl. Fleige 2011). Zusammengedacht werden daher vor dem Hintergrund von Deutungsmustern, Werten, Beziehungsstrukturen und Praktiken Lernen und Partizipieren sowie Leiten, Disponieren, Planen und Lehren mit Blick auf eine Erwachsenen-/Weiterbildungseinrichtung (vgl. Fleige 2011). Dabei unterliegen Lernkulturen als gestaltbare Konstrukte offenen Prozessen und sind mit einer hohen Dynamik versehen. Diese Beweglichkeit der Lernkultur ist durch ein lebendiges Spannungsverhältnis zwischen Programm, Angeboten und Teilnehmenden charakterisiert (vgl. Fleige et al. 2019).

Deutlich wird, dass die jeweilige Lernkultur als Beschreibungsperspektive einen offenen, dynamischen Prozess zwischen und innerhalb der Ebenen didaktischen Handelns analytisch im Moment handhabbar macht. Mehrebenenmodelle eignen sich dazu, didaktisches Handeln nicht nur theoretisch und unter einer Gestaltungsperspektive zu diskutieren, sondern weiter auszudifferenzieren und empirisch zu untersuchen, wie didaktisches Handeln auf den jeweiligen Ebenen tatsächlich stattfindet und ausgestaltet wird. Dabei wird jedoch gegenüber der Analyseperspektive ‚Lernkultur' häufig auf nur eine Handlungsebene fokussiert.

Vor allem die Mesoebene der Planung (von Programmen und Angeboten) und die mikrodidaktische Ebene sind Ebenen, auf denen Didaktik in einem engeren Sinn stattfindet. Während die makrodidaktische Ebene vor allem als Rahmung didaktischen Handelns relevant ist (z.B. die bildungspolitische(n) Ebene(n) in beiden Mehrebenenmodellen), werden auf der meso- und mikrodidaktischen Ebene im engeren Sinn didaktische Entscheidungen getroffen. Auf diesen Ebenen findet also im Kern pädagogisches Handeln statt.[10]

10 Wir gehen nicht auf Weiterbildungsmanagement an der Schnittstelle von makro- und mesodidaktischem Handeln ein (vgl. dazu Fleige et al. 2019). „Programmplanung ist der pädagogische Kern des Handelns in den Weiterbildungsinstitutionen, (...). Es steht für die konzeptionelle pädagogische Philosophie einer Institution, während das Bildungsmanagement das Profil einer

2.3.1 Didaktisches Handeln auf der Mesoebene: Programm- und Angebotsplanung

Programmplanung und Programmkoordination als didaktische Handlungsebene verweisen auf das „Erwachsenenbildungsspezifische“ (Tietgens 1992a, S. 13), nämlich auf die Arbeit der hauptamtlich pädagogischen Mitarbeiter*innen mit disponierenden, planenden Aufgaben. Programm- und Angebotsentwicklung[11] sind somit Teil des didaktischen Handelns professionell Planender in Erwachsenen-/Weiterbildungseinrichtungen.

Diese Handlungsebene verdeutlicht dabei sowohl die ‚Vermittlungsposition‘ der hauptberuflich pädagogischen Mitarbeiter*innen zwischen den verschiedenen Handlungsebenen als auch deren unterschiedliche Einflüsse auf didaktische Entscheidungen. Da sie zwischen den verschiedenen Handlungsebenen vermitteln müssen, wird ihr Aufgabenbereich in der Literatur immer wieder als von Spannungsfeldern gekennzeichnet beschrieben. „Die Programmplanung stellt das Bindeglied zwischen dem Lehren und Lernen von Erwachsenen einerseits und bildungspolitischen, betriebswirtschaftlichen und institutionellen Entscheidungen andererseits dar. Der für die Programmplanung verantwortliche Mitarbeiter muß deshalb sowohl mit den Teilnehmern und Kursleitern als auch mit dem Verwaltungspersonal, den Politikern und ‚Beiräten‘ zusammenarbeiten können“ (Siebert 1982, S. 101). Das Programmplanungshandeln ist damit gekennzeichnet durch Spielräume und Einengungen, Abhängigkeiten und Paradoxien (vgl. Nittel 1990; vgl. auch Abschnitt 2.2).

Die Aufgaben der Planenden sind vor allem der Mesodidaktik (z.T. auch der Makrodidaktik) zuzurechnen. Gleichzeitig benötigen Planende auch gewisse mikrodidaktische Kenntnisse, um zwischen Angeboten und Adressat*innen vermitteln zu können. Diese Tätigkeit ist daher gekennzeichnet durch eine Antizipation der für die Planung von Lernprozessen wichtigen Bedingungsfaktoren (gesellschaftlicher Bedarf und Bedürfnisse der Adressat*innen sowie pädagogischer Auftrag und Organisationsziele), durch ein Begründen der aus der Entscheidung gezogenen Konsequenzen sowie durch das Sichern der Arbeitsgänge zur Durchführung des Geplanten (vgl. Tietgens 1992a). Da Programmplanungshandeln als Vermittlung zwischen verschiedenen Bedingungsfaktoren geschieht, ist das Programmangebot einer Erwachsenen-/Weiterbildungseinrichtung somit „die Scharnierstelle zwischen Institution, Öffentlichkeit und Individuum“ (Gieseke & Opelt 2002, S. 2). Dazu kommen weitere Faktoren wie finanzielle Ressourcen, lokale Strukturen (Kooperation, Konkurrenz, Sozialstruktur), personelle Ressourcen (Kompetenz der

Institution in der Weiterbildungslandschaft verdeutlichen soll“ (Gieseke 2003, S. 193). Empirisch wird diese Schnittstelle vor allem in die Programmplanungsforschung miteinbezogen.

11 Der Begriff der Angebotsplanung wird häufig synonym zu dem der Programmplanung verwendet, stellt allerdings eher eine Unterform bzw. einen Teilprozess der Programmplanung dar, der sich auf die Planung einzelner Angebote bezieht (vgl. ausführlich in Fleige et al. 2019).

Lehrkräfte, Schwerpunkte und Präferenzen des Personals), Erwartungen von Verbänden, Beiräten und anderen Gremien sowie die Tradition einer Einrichtung (vgl. Siebert 2000; weiterführend zu den Bedingungsfaktoren und ihren Begründungskontexten vgl. Fleige et al. 2022). Darüber hinaus haben auch die jeweiligen Bezugswissenschaften[12], das Kollegium sowie die eigenen Interessen und Handlungsmuster (vgl. Gieseke 1989) einen Einfluss auf die didaktische Gestaltung.

Hiermit wird das Spannungsfeld umrissen, in dem Programmplanung stattfindet. Es geht dann um die aktive Auseinandersetzung mit institutionellen Erwartungsstrukturen, bei der eine Balance hergestellt werden muss zwischen unterschiedlichen und z.T. divergierenden Ansprüchen. Diese Abstimmungsprozesse im Programmplanungshandeln werden von Gieseke (2008) als Angleichungshandeln definiert: „Angleichungshandeln verweist auf inhaltliche und konzeptionelle Abstimmungsprozesse, die einerseits in der Region mit verschiedenen Gruppen und Institutionen stattfinden, sich andererseits aber auch bei der Vorbereitung der Angebotsentwicklung mit den Dozent/inn/en und Kursleiter/inne/n realisiert" (Gieseke 2006, S. 72). Planungshandeln ist somit Angleichungshandeln, da in der Erwachsenenbildung nicht „Lehrpläne, sondern Anforderungen beantwortet werden sollen" (Gieseke 2008, S. 133).

Die aufgezeigten Auseinandersetzungen zum Programmplanungshandeln als Angleichungshandeln im Spannungsfeld resultieren in *Programmplanungsmodellen*. Sie veranschaulichen komplexe Zusammenhänge und nehmen eine Vermittlungsrolle zwischen Theorien und der Entwicklung von Konzepten für konkretes pädagogisches Handeln in der Praxis ein. Daher sind Programmplanungsmodelle für Forschung und Praxis mit unterschiedlichen Schwerpunkten relevant (vgl. ausführlich zu den Programmplanungsmodellen von Hippel 2017).

Modelle der Programmplanung lassen sich allgemein zwei verschiedenen Perspektiven oder Interpretationsarten zuordnen. Auf der einen Seite sind dies Modelle, bei denen Programmplanung als ein zyklischer und/oder linearer Handlungsablauf definiert wird, auf der anderen Seite wird Programmplanung als eine interaktive, in verschiedene Kontexte eingebettete und auf Aushandlung basierende Handlung verstanden. Sowohl in der Forschung als auch in der Praxis ist es sinnvoll, beide Perspektiven zu berücksichtigen. Eine weitere Unterscheidung der Programmplanungsmodelle lässt sich darin sehen, zu welchen Ebenen (Makro-, Meso-, Mikroebene) der Erwachsenenbildung/Weiterbildung Bezüge sichtbar sind (vgl. von Hippel 2017). Immer geht es bei den Modellen jedoch um didaktische Entscheidungsprozesse.

Planungsmodelle, die einen übergreifenden Fokus aufweisen, schließen verschiedene Ebenen des pädagogischen Handelns in der Erwachsenenbildung/Weiterbildung ein (u.a. Siebert 1982; Tietgens 1992b; Gieseke et al. 2009; Fleige 2011; Schrader 2011). Programmplanung ist dann Teil davon. Die Fokussierung der me-

12 In der Erwachsenenbildung sind dies neben der Erziehungswissenschaft verschiedene fachlich-domänenspezifische Zugänge.

sodidaktischen Ebene umschließt Programmplanungsmodelle, die den strukturellen, professionellen Handlungskern des Programmplanungshandelns analysieren (vgl. Tietgens 1982; Gieseke 2000; von Hippel 2011). Sie betonen die Spannungsfelder in und zwischen denen sich Programmplanung bewegt. Des Weiteren werden unter diesem Fokus Programmplanungsmodelle subsumiert, die Deutungs- und Interpretationszuweisungen fokussieren (vgl. Cervero & Wilson 1994; Dollhausen 2008; von Hippel & Röbel 2016). Die Planungsmodelle auf der mikrodidaktischen Ebene weisen alle mehr oder weniger eine Schnittstelle zur konkreten Angebotsplanung und zur mikrodidaktischen Planung auf (u.a. Siebert 2000; Sork 2000; Weinberg 2000; Schlutz 2006; Tippelt et al. 2008; Caffarella & Daffron 2013).

Die verschiedenen Programmplanungsmodelle verdeutlichen unterschiedliche Fragestellungen der und Perspektiven auf Programmplanung. Aufgrund der überschaubaren Anzahl an umfassenden Studien zum Programmplanungshandeln (Gieseke 2000), spiegelt sich dieser Forschungsstrang somit über die empirisch fundierte (Weiter-)Entwicklung von Programmplanungsmodellen wider, die über ihre empirische Unterlegung eine Schnittstelle für die Programmplanung zwischen Forschung und Praxis ausbilden.

Exemplarisch wird das Modell der Wissensinseln (vgl. Gieseke 2006; Überarbeitung Fleige et al. 2022) in Abbildung 3 aufgeführt, da in diesem Modell deutlich wird, dass in jedem Aufgabenbereich der Programmplanung, hier beschrieben als Wissensinseln, didaktische Entscheidungen notwendig sind, und dass für diese didaktischen Entscheidungen spezifische erwachsenenpädagogische Kenntnisse und auch Kenntnisse aus anderen Disziplinen nötig sind. Aus dieser Perspektive eines breiten Didaktik-Begriffs wird deutlich, dass beispielsweise auch die zielgruppenorientierte Auswahl von Räumen und Zeiten didaktische Entscheidungen und keine rein organisatorischen Abläufe sind (vgl. Fleige et al. 2019).

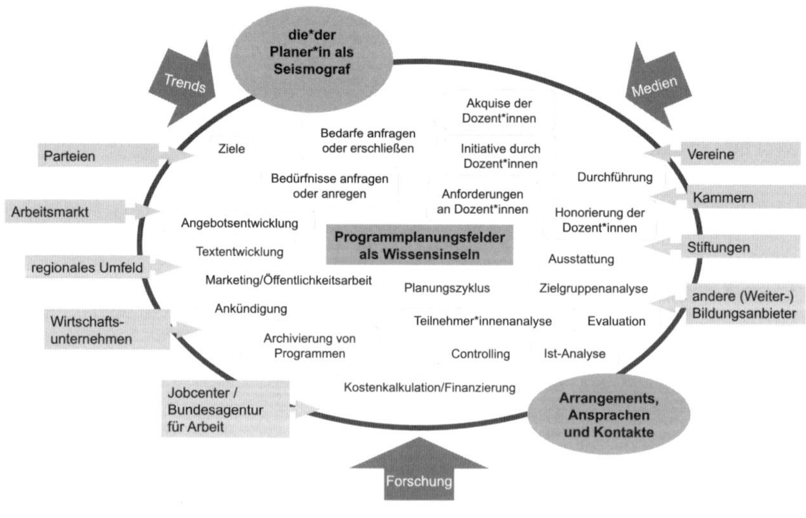

Abbildung 3: Modell der Wissensinseln (Gieseke 2003, S. 330; aktuelle Überarbeitung aus Fleige et al. 2022)

Neben dem Programmplanungshandeln sind auch die Programme als Ergebnisse des Programmplanungshandelns Ausdruck eines (einrichtungs-)spezifischen Lern- und Bildungsverständnisses, so dass daher auch Programme als Ergebnis des Programmplanungshandelns analysiert werden. Es gibt nur wenige Studien, die die Erforschung von Programmplanungshandeln und Programmen miteinander verschränken (Gieseke & Gorecki 2000; Heuer & Robak 2000; Robak et al. 2015a; von Hippel & Röbel 2016; Fleige et al. 2022).

Programme sind bildungstheoretisch gedeutet Ausdruck gesellschaftlicher Prozesse und unter bildungswissenschaftlicher Einordnung Ausdruck des mesodidaktischen Planungshandelns (Fleige et al. 2019). Hier werden zugrunde liegende Lehr- und Lernkonzepte über Inhalte, Strukturen und Organisation der Angebote einer erwachsenenpädagogischen Einrichtung sichtbar. Daraus ergibt sich, dass *Programmanalysen* nach verschiedenen Gesichtspunkten systematisiert und typisiert werden, so dass vielfältige und ausdifferenzierte Zugänge vorliegen (Käpplinger 2008, 2011; Schrader & Ioannidou 2010). Eine Systematisierung dieses Forschungsstrangs wäre dann über die Forschungsmethoden (qualitativ, quantitativ, triangulativ), über den Forschungsansatz im Querschnitt oder Längsschnitt, über die genutzten Auswertungsmaterialen (Text, Bild), über Aussagen zu der jeweiligen didaktischen Handlungsebenen der Erwachsenenbildung/Weiterbildung oder über den Analysefokus möglich. Abbildung 4 schlüsselt verschiedene Analysefoki entlang der Benennung von zentralen Studien auf, wobei sich auch Überschneidungen finden (für eine Bibliographie zu Programmanalysen siehe die Internetseite der Expert*innengruppe Programmforschung am Deutschen Institut für Erwachsenenbildung – Leibniz-Zentrum für Lebenslanges Lernen).

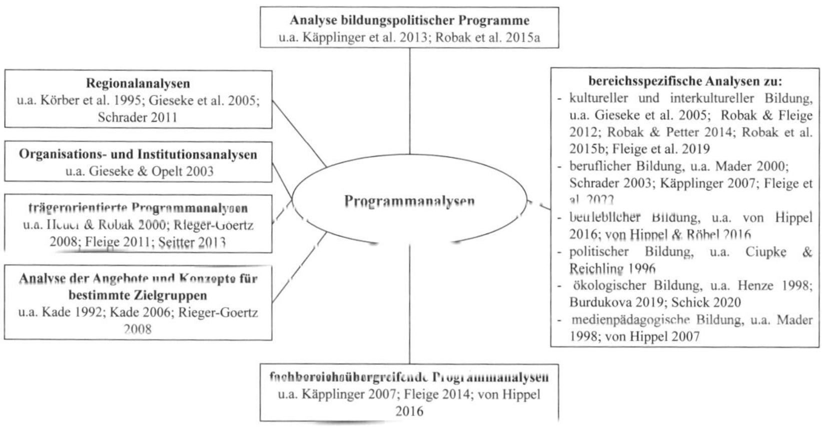

Abbildung 4: Analysefokus mit ausgewählten Studien in der Programmforschung (in Anlehnung an Fleige et al. 2019)

Insgesamt ermöglichen Programmanalysen, anders als selbst die ausdifferenziertesten Statistiken, eine fragestellungsgeleitete Erschließung des Feldes der Erwachsenenbildung/Weiterbildung bzw. bestimmter Teilbereiche im Quer- und Längsschnitt. Statistische Auswertungen können ergänzend und komplementär Aussagen zu Programmen, Programmentwicklungen und Programmrealisierungen machen (vgl. Fleige und Reichart 2014).

Deutlich wird, dass sich die beiden Forschungsstränge (Programmplanungsforschung und Programmforschung) auf mesodidaktischer Ebene ergänzen und sich jeweils in der unterschiedlichen Akzentsetzung über die Forschungsergebnisse ein spezifisches Lern- und Bildungsverständnis herausarbeiten lässt. Über die Planung nimmt dieses Einfluss auf die Angebotsgestaltung der jeweiligen Einrichtung. Gleichzeitig kann die Forschung auf dieser Handlungsebene über die jeweilige Forschungsfrage Verbindungslinien und Zusammenhänge zur makrodidaktischen Handlungsebene herstellen.

Zusammenfassend lässt sich sagen, dass das mesodidaktische Planungshandeln zuständig ist für das Lernarrangement einer Einrichtung und die inhaltlich-konzeptionelle Basis für deren Lernkultur legt. Zu den didaktischen Handlungsfeldern auf der Mesoebene (mit Bezügen und Abstimmungen zur Mikro- und Makroebene), bei denen didaktische Entscheidungen im Planungsprozess getroffen werden müssen, gehören: Auswahl und Strukturierung der Themen, Auswahl und Ansprache von Zielgruppen, Entwicklung von Zielen, Erhebung von Bildungsbedarf, Bedürfniserschließung, Werbung und Marketing, Profilbildung, Gestaltung von Kooperationen, Finanzierung, Kostenkalkulation, Auswahl der Lehrenden, Auswahl von Orten und Zeiten, Ankündigungen, Evaluation (vgl. Abbildung 3).

Erwachsenenpädagogisch didaktisches Handeln ist demnach durch „Intermediarität“ (Brödel & Bremer 2002) gekennzeichnet, also durch die Vermittlung unterschiedlicher Erwartungen. Erwachsenen-/Weiterbildungseinrichtungen – wie andere Bildungseinrichtungen auch – sind dabei auch abhängig von den Lernressourcen, die die Teilnehmenden mitbringen und einsetzen können.

2.3.2 Didaktisches Handeln auf der Mikroebene: Lehre

Das mikrodidaktische Handeln in der Lehre meint die direkte Interaktion der Lehrenden und Lernenden in einem Angebot der Erwachsenenbildung/Weiterbildung (ob nun im Seminar, Vortrag oder in anderen Veranstaltungsformaten). Es meint zudem die konkrete Durchführung der Veranstaltung. Je nach begrifflicher Definition wird die Vorbereitung und Planung sowie Nachbereitung und Evaluation eines konkreten Angebots ebenfalls als mikrodidaktisches Handeln bezeichnet (oder als Angebotsplanung dem mesodidaktischen Handeln zugerechnet). Ebenso wie das mesodidaktische Handeln ist auch das mikrodidaktische Handeln durch didaktische Entscheidungen geprägt.

Ist mit dem mikrodidaktischen Handeln auch die Vorbereitung eines konkreten Angebots gemeint, dann gehört dazu im Vorfeld die Auswahl von Inhalten, Lehr- und Lernzielen, Medien und Methoden sowie Sozialformen ebenso wie in der Kursgestaltung während der Durchführung erneute Entscheidungen zu Medien und Methoden, zur Gestaltung der Gruppendynamik, Vorbereitung des Raumes und Zeitgestaltung etc. erfolgen.

Beim *Lehren* geht es um die pädagogische Gestaltung und Strukturierung von Lernumgebungen. Auch wenn die Eigenleistung der Lernenden hervorgehoben wird, ergibt sich die Qualität des Lernens aus Anregungen und Begleitung (vgl. Dinkelaker 2015), welche sich auch in Lehrangeboten wiederfinden. Lehren steht dann in Abhängigkeit zu Theorien und Konzepten des Lernens. Dabei hat sich das Verständnis von Lehren verschoben: Es wird nicht mehr von den Inhalten der Lehre aus argumentiert, sondern der Fokus liegt auf den Lernenden (vgl. Pachner 2018). Grundlegend meint Lehren „alle Formen von Lernhilfen, bei denen Personen in institutionalisierter Form mithilfe direkter sprachlicher Kommunikation über eine längere Zeitspanne hinweg bei der Aneignung, Reflexion oder Umorganisation von Wissen und bei der Ausbildung eines wissensbasierten Könnens unterstützt werden" (Fuhr et al. 2015, S. 93).

Lehren impliziert demnach eine Absicht, die Absicht zu lehren. Dennoch besteht kein Bedingungsverhältnis zwischen Lehren und Lernen. Dieses als Lehr-Lernkurzschluss (vgl. Holzkamp 2004), ähnlich auch der ‚Nürnberger Trichter', beschriebene Bedingungsverhältnis meint ein Zusammenfallen von Lehren und Lernen. Gemeint ist dann, dass Lehren automatisch Lernen hervorruft, Lernen ist jedoch „keineswegs die selbstverständliche Kehrseite des Lehrens" (Reinmann-Rothmeier et al. 1997), „Lehren und Lernen sind zwei gekoppelte, aber selbständige, selbstreferentielle Prozesse" (Siebert 1994, S. 44). Die Vermittlungsaktivitäten der Lehrenden müssen demnach nicht mit den Aneignungsaktivitäten und Lernaktivitäten der Teilnehmenden zusammenfallen (Dinkelaker 2015). Lernen kann daher auch „nicht erzeugt und gewährleistet, sondern allenfalls angeregt, unterstützt und ermöglicht werden" (Schüßler 2010, S. 454). Es handelt sich beim Lehren somit vielmehr um die Beschreibung der intendierten Lehrhandlung einer Lehrperson. Lehren kann dann im didaktischen Verständnis mit der Vermittlung verknüpft werden (vgl. Abschnitt 2.1). Es geht darum, zwischen Lernenden und Lerngegenstand unter dem Anspruch einer erweiterten individuellen Weltverfügung zu vermitteln (Haberzeth 2010). Diese Vermittlung gehört zu den zentralen Herausforderungen (erwachsenen-)pädagogischen Handelns, weil ihr Gelingen nicht rezeptartig oder nach festgelegten Regeln erfolgen kann.

Vor dem Hintergrund dieser Perspektive des Kapitels, dass der Kern didaktischen Handelns vor allem auf der Mikro- und Mesoebene liegt, kann nun nochmal an das bereits beschriebene didaktische Dreieck erinnert werden und an die zentrale Herausforderung didaktischen Handelns: Es geht im didaktischen Handeln darum, Lernenden den Zugang zu Inhalten über die Vermittlung zwischen Psychologik der Lernenden und Sachlogik des Inhalts durch die erwachsenenpädagogisch Handelnden (und im engeren Sinn auf der mikrodidaktischen Ebene: die Lehrenden) zu ermöglichen. Hierzu bedarf es sowohl einer gründlichen Kenntnis der Struktur des Inhalts, der Sachlogik, als auch gleichzeitig der Antizipation von Teilnehmendeninteressen und -voraussetzungen. Gerade in Letzterem finden sich neben empirisch fundiertem Wissen über Adressat*innen und Teilnehmende auch Annahmen über menschliches Lernen. Diese können auf der Ebene subjektiver Theorien angesiedelt sein, das heißt, Vorstellungen der Individuen zu Lernen, die zunächst erfahrungsbasiert sind: „Jedes Individuum hat die Erlebnisse, die sich bei seinem Lernen einstellten, in ihm eigene bedeutungshaltige Erfahrungen übersetzt (...) und sie anschließend zu ihm eigenen Deutungsschemata verdichtet" (Kaiser 2011, S. 96). Idealerweise sind diese aber bei Lehrenden bzw. Erwachsenenbildner*innen generell auch mitgeprägt durch wissenschaftliches Wissen zu Lernen, also durch die Kenntnis verschiedener Theorien zum menschlichen Lernen. Sowohl subjektive Theorien als auch wissenschaftliches Wissen prägen die Gestaltung von Lernumgebungen mit und müssen daher reflektiert werden (siehe dazu Kapitel 3 bis 5).

Reflexionsaufgaben

(1) Sie sprechen mit Kolleg*innen über Didaktik. Ihre Kolleg*innen vertreten die Ansicht, dass sich Didaktik auf die Methodenauswahl bezieht. Was könnten Sie antworten und in die Diskussion einbringen? Welche Argumente können Sie für Ihre Position anführen?
(2) Wie würden Sie die Begriffe Didaktik, Lernen und Lehren zusammenbringen und voneinander abgrenzen?
(3) Wie würden Sie Ihre eigene subjektive Theorie zum Lehren und zur inhaltlichen Vermittlung beschreiben?
(4) Was bedeutet didaktisches Handeln auf den verschiedenen didaktischen Ebenen z.B. nach Tietgens (1992)?

Kommentierte Literatur

Dinkelaker, J. & Hippel, A. v. (Hrsg.) (2015). *Erwachsenenbildung in Grundbegriffen.* Stuttgart: W. Kohlhammer.

Einführung in Grundbegriffe der Erwachsenenbildung/Weiterbildung mit unterschiedlichen Perspektiven

Faulstich, P. & Zeuner C. (2008). *Erwachsenenbildung. Eine handlungsorientierte Einführung in Theorie, Didaktik und Adressaten.* Weinheim und München: Juventa Verlag.

vertiefende Vermittlung von Kompetenzen für Tätigkeiten im Handlungsfeld ‚Erwachsenenbildung/Weiterbildung'

Flechsig, K.-H. & Haller, H.-D. (1975). *Einführung in didaktisches Handeln.* Stuttgart: Klett.

grundlegende Einführung in die didaktischen Handlungsebenen

Nuissl, E. & Siebert, H. (2013). *Lehren an der Volkshochschule. Ein Leitfaden für Kursleitende.* Bielefeld: W. Bertelsmann Verlag.

praxisorientierter Überblick zu verschiedenen Themen, die Lehrende betreffen (Didaktik, Methodik, Evaluation, Zielgruppen, Regelungen der Lehrtätigkeit etc.)

Siebert, H. (2000). *Didaktisches Handeln in der Erwachsenenbildung. Didaktik aus konstruktivistischer Sicht.* Neuwied: Verlag.

Einführung in die Begriffe rund um Didaktik in der Erwachsenenbildung/ Weiterbildung

Fleige, M., Gieseke, W., Hippel, A. von, Käpplinger, B. & Robak, S. (Hrsg.) (2019). *Programm- und Angebotsentwicklung in der Erwachsenenbildung/Weiterbildung.* Bielefeld: wbv.

Lehrbuch zur Programmplanung, Programm- und Programmplanungsforschung.

3 Theoretische Grundlagen zum Lernen

Ziele dieses Kapitels

Die Lernenden stellen zusammen mit Lehrenden und Inhalten die zentralen Bezugspunkte didaktischen Handelns dar. Es geht darum, Lernen und Bildung zu unterstützen. In pädagogischer bzw. bildungswissenschaftlicher Perspektive ist damit die Aneignung von Inhalten gemeint, oder theoretischer: die Aneignung von Welt. Didaktisches Handeln ist daher sowohl theoretisch als auch praktisch mitbestimmt von Annahmen über Lern- bzw. Bildungsprozesse. Es gibt eine Reihe unterschiedlicher Ansätze zum Thema ‚Lernen', jedoch meist psychologischer Herkunft. Allerdings werden Lerntheorien seit jeher auch in der Erziehungswissenschaft und der Erwachsenenbildung rezipiert und auf ihre Tragfähigkeit für pädagogische Fragestellungen befragt.

Für dieses Lehrbuch ist die Frage nach pädagogisch tragfähigen Lerntheorien deshalb relevant, weil Lernen und/oder Bildung in pädagogischer Perspektive nicht ohne den Inhaltsaspekt auskommen, der wiederum für didaktisches Handeln und auch für theoretische Konzeptionen und Theorien didaktischen Handelns zentral ist, in nicht-pädagogischen Lerntheorien aber vergleichsweise wenig oder gar nicht systematisch beachtet wird. In pädagogischen Ansätzen geht es dagegen immer um die Frage, wie Menschen sich die Welt aneignen und ihr Verhältnis zur Welt und zu sich selbst gestalten können – und wie eben Erwachsenenbildung/Weiterbildung über didaktisches Handeln hierbei unterstützen kann.

Ziel des Kapitels ist es daher, diese theoretischen Ansätze vorzustellen und in ihren Gemeinsamkeiten und Unterschieden reflektierbar zu machen. Dies ist vor allem vor dem Hintergrund relevant, da Erwachsenenbildner*innen bei methodischen Entscheidungen häufig implizit einer didaktischen Annahme sowie eigenen subjektiven Theorien über Lehren und Lernen folgen, die sich durch eigene Lern- und Berufserfahrungen verfestigen (auch David 2018), idealerweise aber durch professionelles erwachsenenpädagogisches (speziell didaktisches) Fachwissen fundiert sind und entsprechend auch immer wieder hinterfragt werden können. Die Bedeutungszuschreibungen von Erwachsenenbildner*innen an didaktisches Handeln, Lernen und Bildung bleiben handlungsleitend für das didaktische Handeln selbst (vgl. Schründer-Lenzen 1997; König 2002). Es geht somit um komplexe Deutungssysteme der*des Einzelnen. Daher ist es grundlegend für Planende, Lehrende wie Beratende, sich mit Lerntheorien zu beschäftigen und über die eigenen Annahmen zu reflektieren.

3.1 Lerntheorien

‚Lernen' ist einerseits ein allgegenwärtiges Konzept geworden, das nicht nur in wissenschaftlichen Diskursen verhandelt wird, sondern auch in der Alltagssprache. So eingängig der Begriff erscheint, so umstritten ist er in wissenschaftlichen Diskursen (vgl. Abschnitt 3.1.1 und Abschnitt 3.1.2). ‚Lernen' ist demnach kein eindeutiger Begriff, sondern wird aus unterschiedlichen Perspektiven unterschiedlich analysiert und konzipiert und daher in unterschiedlichsten Disziplinen verhandelt. Immer geht es dabei aber darum, Lernprozesse als Aneignungsprozesse des Subjekts zu begreifen, ggf. auch zu erklären. Daraus ergeben sich zugleich Konsequenzen für eine Lernunterstützung durch z.B. Lehrende. Hier setzen dann Fragen zum didaktischen Handeln an.

In der Pädagogik konkurriert der Begriff zudem mit dem Begriff der Bildung, der für erziehungswissenschaftliche Diskurse der zentralere Begriff ist. So kommt etwa die Einführung in die Erziehungswissenschaft von Koller (2017) gänzlich ohne den Lernbegriff aus und konzentriert sich stattdessen auf die Begriffe ‚Sozialisation', ‚Erziehung' und ‚Bildung'. Das Verhältnis von Lernen und Bildung ist ein durchaus umstrittenes, gerade in jüngerer Zeit hat die Diskussion darum zumindest in der Erwachsenenbildungswissenschaft wieder an Fahrt aufgenommen (vgl. Faulstich 2014a). Dabei gibt es unterschiedliche Ansätze, etwa Lernen und Bildung eher als graduelle Unterschiede zu begreifen (vgl. Ludwig 2014) oder auch als tatsächlich qualitativ zu unterscheidende Prozesse (vgl. Nohl 2016). Ludwig (2014) betont die unterschiedliche disziplinäre und historische Herkunft der beiden Begriffe. ‚Lernen' scheint als Begriff und Konzept vor allem dann zumindest behelfsweise nutzbar zu sein, wenn es um den immer schwierigen Versuch eines empirischen Zugangs zu (allgemein gesprochen) Bildungsprozessen geht. Gemeinsam ist den lern- und bildungstheoretischen Ansätzen pädagogischer Herkunft, dass sie um dieses Verhältnis von Lernen zu Bildung ringen und dass zugleich die Anschlussfähigkeit von Lernen an den Bildungsbegriff und damit auch die Inhaltlichkeit von Lernen als zentrales Qualitätsmerkmal pädagogischer Lerntheorien gefasst wird (vgl. Faulstich 2014b).

Der begriffliche Zweiklang von Lernen und Bildung wird ergänzt um ‚Kompetenzen', die in der bildungswissenschaftlichen Diskussion an Gewicht gewonnen haben und zumindest in den Anfängen der Kompetenzdebatte durchaus im Verhältnis zu Lernen und Bildung diskutiert wurden (vgl. Report 49/2002; mit zunehmender Diskussion geht es eher um die ‚Messung' und Bilanzierung von Kompetenzen und Qualifikationen, das Verhältnis zu Lernen und Bildung wird nicht mehr problematisiert, vgl. Report 1/2013 und 3/2014).

Alle drei Begriffe (Lernen, Bildung, Kompetenz) wurden für theoretische didaktische Überlegungen relevant, und zwar je nach theoretischem Hintergrund und konkretem Handlungsfeld der Autor*innen (u.a. wird etwa im Kontext beruflicher Bildung und Didaktik stärker der Kompetenz-Begriff genutzt, während in allgemeinbildenden Kontexten eher der Bildungsbegriff verwendet wird, vgl. auch Kapitel 4).

Lerntheorien werden in der erziehungswissenschaftlichen Literatur durchaus gründlich rezipiert (z.B. Faulstich 2013; Meyer-Drawe 2015). Dabei ist in wissenschaftlichen Diskursen über Lernen die pädagogische Perspektive noch wenig ausgearbeitet, dominant sind vielmehr (neuro-)psychologische Zugänge (vgl. Göhlich 2012). Diese sind aber als Orientierung für (erwachsenen-)pädagogische Theoriebildung und Handlungsreflexion nur bedingt geeignet, da sie häufig die Besonderheiten menschlichen Lernens außer Acht lassen (vgl. Faulstich 2013). Dazu gehören u.a. die Beziehung zum Lerngegenstand, der Beitrag des Lernens zur Menschwerdung oder der dialogische Modus des Lernens (vgl. Göhlich 2012). Verwiesen werden kann hier auf das didaktische Dreieck (vgl. Abschnitt 2.1), welches verdeutlicht, dass es eben nicht nur um die Vermittlung zwischen Lernenden und Inhalten durch Lehrende, sondern um die je eigenen und unterschiedlichen Logiken dieser Eckpunkte geht. Zentral ist dabei die Beziehung zwischen Lernenden und Inhalten, die im Sinne einer Distanzüberbrückung durch Lehrende unterstützt wird.

Es gilt daher, für pädagogische Überlegungen tragfähige Lerntheorien zu entwickeln und zu nutzen. Fruchtbar erweisen sich Ansätze, die sich interdisziplinär dem Lernen zuwenden (insbesondere Fuchs 2007). (Erwachsenen-)Pädagogische Zugänge verbinden Verhaltens- und Bewusstseinsänderungen mit Aneignung von Welt und Inhalten mit Blick auf die Verortung des Subjekts in konkreten gesellschaftlichen und historischen Kontexten.

3.1.1 Stark individualisierende Lerntheorien

Behaviorismus, Kognitivismus, Konstruktivismus und neuropsychologische Auseinandersetzungen können als Lerntheorien bezeichnet werden, die eine stark individualisierende Perspektive einnehmen. Teilweise beziehen sich diese Theorien aufeinander, teilweise grenzen sie sich auch voneinander ab. Sie sind aber vor allem auch vor dem historischen Hintergrund ihrer Entstehung zu lesen. In einer Systematisierung hat Faulstich (2013) diese Theorien und Ansätze auch als ‚reduktionistisch' gekennzeichnet und von ‚relationalen' Lerntheorien unterschieden.

Die Kennzeichnung als ‚reduktionistisch' meint, dass nur Teilaspekte des Lernens theoretisiert werden bzw., dass sie letztlich ein in hohem Maße individualisierender Zugang eint. Dies betrifft nicht nur klassische psychologische Lerntheorien, sondern auch den radikal-konstruktivistischen Ansatz. Inhalte des Lernens, also die pädagogisch so relevante Weltaneignung, werden hier ebenso wenig systematisch in die Theoriebildung einbezogen wie die gesellschaftliche und historische Eingebundenheit von Menschen (vgl. Faulstich 2013). Die Bedeutsamkeit des Lerngegenstandes, die für Bildung relevant ist, wird systematisch ausgeklammert, um für empirische Studien und laborexperimentelle Designs Vergleichbarkeit zu schaffen. Relationale Lerntheorien eint dagegen in dieser Systematik, dass sie die Inhaltsebene des Lernens einbeziehen und zugleich das Subjekt als gesellschaftliches Subjekt denken. Sie setzen die Selbstbestimmungsmöglichkeit des Menschen als anthropologische Grundvoraussetzung und als Bildungsziel voraus – eine für Bildungsfragen letztlich notwendige Perspektive – ohne die soziale Einbindung und Begrenzung zu verneinen (vgl. Faulstich 2013; Wittpoth 1994).

Aus behavioristischer Perspektive meint Lernen die Veränderung von Verhalten. Der Ansatz wurde vor allem von John Broadus Watson begründet. Im bereits 1913 veröffentlichten Aufsatz ‚Psychology as the Behaviorist Views It' entfaltet er programmatisch die grundlegende behavioristische Position. Die Psychologie wird hier den Naturwissenschaften zugeordnet: „Psychologie, wie sie der Behaviorist sieht, ist ein vollkommen objektiver, experimenteller Zweig der Naturwissenschaften. Ihr theoretisches Ziel ist die Vorhersage und Kontrolle von Verhalten" (Watson 1913, S. 158). Formuliert wird damit eine „Theorie, die menschliches Verhalten als naturwissenschaftlich untersuchbar und erklärbar ansieht" (Göhlich & Zirfas 2007, S. 19) und dabei auf die Betrachtung von emotionalen sowie innerpsychischen Elementen verzichtet. Der *Behaviorismus* zielt entsprechend auch methodisch darauf ab, beobachtbares Verhalten vorherzusagen, zu erfassen und zu kontrollieren. Dieses Verhalten wird ausgelöst durch einen Reiz. Der Schritt zwischen Reiz und Reaktion – auch als Blackbox bezeichnet – wird jedoch ignoriert. Lernen wird damit nur als Reaktion auf einen Reiz und damit als extrinsisch motiviert bzw. ausgelöst denkbar. Diese extrinsische Motivation im Sinne eines Reizes wird über klassische Konditionierung (u.a. Pawlow mit dem berühmten ‚Pawlowschen Hund') empirisch gefasst. Es geht dabei um Verknüpfung zweier inhaltlich unabhängiger Reize (beim Pawlowschen Hund sind das Glocke und Futter) durch temporale und räumliche Gleichzeitigkeit, so dass inhaltlich nicht verbundene Reize und Reaktionen miteinander assoziiert werden. Dieser Zusammenhang ist dabei für die Lernenden nicht zu durchschauen, weil er willkürlich durch den experimentellen Charakter der Versuchsanordnung geschaffen ist.

Weiterführend schließen sich die Auseinandersetzungen zu operantem Konditionieren (u.a. Skinner) an, welches davon ausgeht, dass das Verhalten an Konsequenzen gebunden wird. Über gezielt eingesetzte Konsequenzen (in Form von Belohnungen und Bestrafungen) kann so ein gewünschtes Verhalten verstärkt oder ein unerwünschtes Verhalten ‚gelöscht' werden. Lernen wird dann verstanden als Instrument oder Mittel, das die entsprechende Konsequenz hervorruft. Ähnlich wie beim klassischen Konditionieren ist kein inhaltlicher, sachlicher Zusammenhang zwischen Verhalten und Konsequenz (z.B. Schokolade als Belohnung für Vokabellernen) erforderlich.

Dem Lernen wird somit ein passiver, deterministischer, universaler und instruktionalistischer Charakter zugeschrieben (vgl. Faulstich 2008, S. 37). Kausale und physikalische Impulse werden als Auslöser von Lernen und zur Erklärung desselben herangezogen. Demnach ist Lernen in diesem Verständnis nur als von außen verursacht denkbar, nicht als innerer Prozess, der durch individuelle Handlungsmotive ausgelöst wird, und steht mit dieser Verursachung in einem Kausalitätszusammenhang. Ausgeblendet bleibt damit auch die Frage, um welche Lerninhalte es geht, so dass Inhalte keinen eigenständigen Stellenwert in dieser theoretischen Konzeption besitzen.

An die Auseinandersetzungen im Behaviorismus lassen sich aktuelle *neuropsychologische Ansätze* anschließen, die in den letzten Jahren verstärkt diskutiert wurden. Es wird hier letztlich ebenso auf beobachtbares Verhalten rekurriert, wenn auch auf neuronaler Ebene. Über bildgebende Verfahren werden Reaktionen des Gehirns auf externe Reize visualisiert und interpretiert. Diese Visualisierungen lassen jedoch das komplexe Wechselspiel zwischen Interpretation und Konstruktion außer Acht, denn der Sinn des Lernens und die Psyche können über Visualisierungen nicht sichtbar gemacht werden. Sie bilden vielmehr Veränderungen und Übertragungsstärke von Synapsen zwischen Neuronen ab, somit also Aktivitäten im Gehirn, mit denen keine Aussagen getroffen werden, was passiert, sondern nur, wo etwas passiert. Physikalische, chemische und physiologische Prozesse im Gehirn werden miteinander verknüpft, so dass eher „Strukturen und Prozesse zwischen Atomen und Molekülen" (Faulstich 2013, S. 57) beschrieben werden. Tatsächlich besteht dann die Gefahr, dass behavioristische Ansätze reaktiviert werden. Deutlich machen die neuropsychologischen Ansätze jedoch die neuronale Plastizität des Gehirns (u.a. Baltes & Kliegel 1988), die die These einer ausgeprägten Lernfähigkeit des Menschen bis in das hohe Alter untermauern.

Die Kritik aus pädagogischer Perspektive bündelt sich vor allem in folgenden Punkten (vgl. Faulstich 2008; Terhart 2009): Wenn alles Lernen Veränderung ist, wird Lernen als menschliche Aktivität uferlos. Zudem wird nicht geklärt, warum eine Veränderung eintritt, wenn Lernen als Verhalten angenommen wird, dass von außen beobachtbar ist. Dadurch werden spezifische Charakteristika des Lernens ausgeblendet. Es handelt sich vielmehr um eine Lehrtheorie, die Wenn-dann-Kausalitäten beschreibt und Lernen als einen von außen herstellbaren Prozess begreift und damit Lehre letztlich als gezielte Verhaltensmanipulation konstruiert.

Eine Erweiterung erfährt die verhaltenswissenschaftliche Perspektive durch kognitivistische Ansätze. Im *Kognitivismus* wird versucht, die Blackbox zu füllen. Das vorrangige Interesse gilt daher den Fragen, „wie Informationen aufgenommen, wie sie verarbeitet und strukturiert werden, wie Gedächtnis funktioniert, wie Motivation entsteht und wie Problemlösungsstrategien entwickelt werden" (Faulstich-Wieland & Faulstich 2010, S. 36). Lernen wird entsprechend als Informationsverarbeitung (die dazugehörige Metapher ist der Computer) verstanden. Eine zentrale Annahme ist daneben, dass es objektives Wissen gibt, das durch Lernen aufgenommen und verarbeitet wird.

Es wird von einer Wechselwirkung dieses externen Angebots mit der internen individuellen Struktur ausgegangen, wobei das Hauptgewicht der Betrachtungen bei der*dem Lernenden, nicht bei den Informationen liegt. Damit wird die Rolle der*des Lernenden zumindest als aktive Rolle angesehen. Unter Rückgriff auf

Piaget wird die Wechselwirkung anhand zweier komplementärer und gleichzeitig gegenläufiger funktionaler Prozesse beschrieben, die die kognitive Anpassung des Individuums an die Umwelt ermöglichen: Assimilation erfasst die kognitive Integration von Umwelteinflüssen, Akkommodation wiederum verweist auf die Modifikation der Interpretation der Umwelt durch diese Einflüsse. Durch die*den Einzelne*n wird ein Gleichgewicht dieser beiden Prozesse angestrebt. Damit wird das Reiz-Reaktion-Schema in eine Umwelt eingebettet, mit der die Lernenden in Beziehung stehen.

Noch innerhalb des Kognitivismus gibt es das etwas weiter gefasste Konzept des Modelllernens (Bandura). Hier wird nicht mehr so stark auf das Gedächtnis als Lernorgan fokussiert, sondern es geht darum, ein beobachtetes und (vom Individuum selbst) gewünschtes Verhalten nachzuahmen, also am Modell zu lernen. Damit wird Lernen von Verhalten unterschieden und es wird eine Art intrinsische Motivation denkbar. Denn die Frage, was warum wie gelernt und dann ggf. auch als Verhalten gezeigt wird, erlaubt erst die Idee einer intrinsischen Motivation des Lernens – wenngleich auch dieser Ansatz, so wieder die Kritik aus pädagogischer Perspektive, nicht fassen kann, warum von Individuen welches Wissen oder welche beobachtete Handlung „verändert, umgeformt, angepasst, verdrängt oder vergessen“, aber auch nachgeahmt wird (Faulstich 2013, S 43). Individuelle, emotional geprägte Relevanzsetzungen und Auswahlmechanismen bleiben unbeachtet. Dennoch wird hier stärker als in streng behavioristischen Ansätzen die aktive Rolle der Lernenden betont (vgl. Ludwig 2018).

Zentrale Grundlagen kognitivistischer Lerntheorien sind auch in jüngere, konstruktivistische Ansätze eingegangen, wurden dabei aber entscheidend verändert. Der fundamentale Unterschied ist, dass im Kognitivismus die Verarbeitung von von außen aufgenommenen (objektiven) Informationen als Wahrnehmen, Erkennen und Lernen begriffen wird. Im *Konstruktivismus* dagegen wird der Mensch als informationell geschlossenes System konzipiert. Informationen können daher nicht im engeren Sinn ‚aufgenommen‘, sondern nur selbst erzeugt werden (Autopoiese und Selbstreferenzialität). Aus Sicht des Konstruktivismus ist Lernen daher nicht als Erkenntnis der Wirklichkeit, sondern nur als individuelle, biografisch geprägte Wirklichkeitskonstruktion zu verstehen.

Vor allem *radikal-konstruktivistische* Denkmodelle erweisen sich dabei als radikal individualistisch. Als einer der Hauptvertreter ist Ernst von Glasersfeld zu nennen, der sich gegen einen traditionellen Erkenntnisbegriff abgrenzt. In diesem sei Wissen die „Widerspiegelung [...] einer vom Erlebenden unabhängigen, bereits rational strukturierten Welt“ (von Glasersfeld 1998, S. 503) und damit objektiv vorhanden. Stattdessen soll Wissen nun „unter allen Umständen als interne Konstruktion eines aktiven, denkenden Subjekts“ (von Galsersfeld 1998, S. 503) begriffen werden. Diese Überlegung ist nicht neu, wird aber durch den radikalen Konstruktivismus unter anderem auf ein (neuro-)biologisches Fundament gestellt und damit vermeintlich belegt (vgl. von Glasersfeld 1997). Weitere theoretische Rückbezüge finden sich in systemtheoretischen, kybernetischen, erkenntnistheoretischen und eben auch kognitionspsychologischen Theorien (vgl. von Glasersfeld 1998).

Ausgangspunkt ist die These von der Selbstreferenzialität und Autopoiese des Gehirns, das selbstorganisiert sowie strukturell geschlossen ist, sich aus Erfahrungen, Erinnerungen und Erlebnissen zusammensetzt und Information bzw. Sinn nur im Anschluss an sich selbst erzeugt. Wissen wird also allein vom denkenden Subjekt aufgebaut und kann weder durch die Sinnesorgane noch durch Kommunikation aufgenommen werden (von Glasersfeld 1997, S. 96). Statt Wahrheit oder einer objektiven Struktur der Sache, wie sie etwa in Klafkis bildungstheoretischem Ansatz (vgl. Abschnitt 4.1) stark gemacht wird und als Kriterium für den Wert der zu vermittelnden Sache fungiert, wird das Kriterium der ‚Viabilität' eingeführt, das als Brauchbarkeit oder Nützlichkeit der subjektiven Konstruktion definiert ist. Wissen als subjektive Konstruktion hat nicht den Zweck, eine vom Wissenden unabhängige Welt zu repräsentieren, sondern „dient dem Organismus dazu, so zu handeln und zu denken, dass er mit der Lebenswelt nicht in Konflikt kommt" (von Glasersfeld 1997, S. 96). Es geht hier um eine individuelle Passung, so dass die verhaltenswissenschaftliche Perspektive und die kognitivistische Perspektive umgedreht werden: „Die Welt (nicht mehr das Ich) wird zur black-box. Lernen wird nicht von außen angestoßen, sondern von innen" (Faulstich 2013, S. 51). Ein gesellschaftliches Subjekt ist in dieser radikalen theoretischen Konstruktion im Grunde gar nicht erst denkbar.

Rezeptionen des konstruktivistischen Ansatzes finden sich in der Erwachsenenbildung/Weiterbildung verstärkt ab den 1990er Jahren (vgl. Arnold & Siebert 1995; Siebert 1994, 1998). Um deren Bedeutung für die Erwachsenenbildung/Weiterbildung zu erschließen, ist es notwendig, zwischen sozial-konstruktivistischen und radikal-konstruktivistischen Positionen zu unterscheiden (vgl. Schüßler 2012). Sozial-konstruktivistische Positionen verweisen auf Interaktions- und Kommunikationsprozesse als Grundlage für Wahrnehmung und Erkenntnis. So entstehen Vorstellungen über die Welt im sozialen Diskurs. Obwohl diese Annahmen konträr zum radikalen Konstruktivismus stehen, betonen sie jeweils „die Deutungsabhängigkeit der Erfahrungsverarbeitung und die Konstruktion der subjektiven Wirklichkeit" (Schüßler 2012, S. 76). Schüßler (2012) verweist daher auf ein Zusammendenken der sozial-konstruktivistischen und radikal-konstruktivistischen Positionen.

In den Auseinandersetzungen innerhalb der Erwachsenenbildungswissenschaft finden sich vor allem Bezüge auf einen *moderaten Konstruktivismus*, der vor allem die Selbsttätigkeit im Lernen (u.a. Gerstenmeier, Mandl, Reinmann), also die aktive Rolle der Lernenden hin zur motivationalen Selbststeuerung, betont. Äußere Reize werden aktiv und selbsttätig verarbeitet, sie treten somit in ein Wechselverhältnis mit den inneren individuellen Strukturen. Lernen ist dann gegeben, wenn eine Veränderung der inneren individuellen Strukturen stattfindet. Da die eine Welt außerhalb des Individuums „nur als je eigene Welt für das betreffende Individuum erkennbar und von Interesse ist" (Göhlich & Zirfas 2007,

S. 26), entstehen Sozialität, Gemeinschaft und Solidarität erst in der Ko-Konstruktion der Wirklichkeit. Trotz der Betonung der Eigentätigkeit des Subjekts ist auch den moderaten Rezeptionen die radikale Individualisierung inhärent. Diesen werden über relationale Lerntheorien und Ansätze nun Versuche entgegengesetzt, die den Weltbezug – genau das, was den Kern pädagogischer Lern- und Bildungstheorien ausmacht – einbeziehen.

So unterschiedlich diese stark individualisierenden theoretischen Ansätze im Detail also sind und so unterschiedlich intensiv sie auch in der Erwachsenenbildungswissenschaft rezipiert wurden und werden, so sehr eint sie doch ein stark individualisierender Zugang, in welchem die Bedeutung von Inhalten des Lernens und damit von Weltaneignung nicht systematisch in die Theorieentwicklung einbezogen wird. Zugleich wird die gesellschaftliche und historische Eingebundenheit und das biografische Geworden-Sein von Menschen, das wiederum für Lernen und für Lerninteressen ganz entscheidend ist, gar nicht oder nicht ausreichend betrachtet (vgl. Faulstich 2013).

3.1.2 Relationale Lerntheorien

Eine andere Blickrichtung nehmen dagegen diejenigen Theorien ein, die als ‚relational' charakterisiert werden (Faulstich 2013). Sie zeichnen sich vor allem dadurch aus, dass sie Menschen als handelnde Wesen begreifen und Lernen als Möglichkeit der Weltaneignung und Weltverfügung verstehen. Sie denken das Subjekt nicht nur als gesellschaftliches Subjekt, sondern beziehen auch die Inhaltsebene des Lernens mit ein und setzen gleichzeitig die Selbstbestimmungsmöglichkeit des Menschen als anthropologische Grundvoraussetzung und als Bildungsziel voraus – eine für Bildungsfragen letztlich notwendige Perspektive –, ohne die soziale Einbindung und Begrenzung zu verneinen (vgl. Faulstich 2013, S. 63). Zu den so systematisierten relationalen Lerntheorien gehören phänomenologische und bildungstheoretische Lerntheorien, biografische Ansätze und subjektwissenschaftliche Lerntheorien, aber auch ein international, vor allem im angloamerikanischen Raum referierter Ansatz kann hier verortet werden.

Die *phänomenologische Lerntheorie* rekurriert zentral auf Erfahrungen, die nicht nur die sinnliche Wahrnehmung meinen, sondern „die erschließende Kraft von Deuten und Verstehen" sowie den „Rückbezug auf Leiblichkeit" beinhalten (Faulstich 2013, S. 64). Erfahrungen werden demnach in ihren temporalen, leiblichen, sinnlichen und weltlichen Dimensionen gefasst (vgl. Brinkmann et al. 2015). Gleichzeitig wird der Mensch als leibhaftiges, aktives und denkendes Wesen charakterisiert (Faulstich 2013, S. 69). Im lernenden In-der-Welt-Sein wird dann die Konfrontation zwischen Vorwissen, Möglichkeiten und Erfahrungen hervorgehoben. Erfahrungen sind dadurch charakterisiert, dass Neues, Unvorhergesehenes und Unbewusstes, welches nun in das Bewusstsein eintritt, erfahren wird. Die Verbindung von Lernen und Erfahrungen meint, dass Lernen von etwas Neuem nur aufgrund der schon vorhandenen Strukturen möglich ist, denn jede Erfahrung beinhaltet Vorwissen, welches wiederum Erwartungen und Antizipationen an das Neue besitzt. Somit ist der Ausgangspunkt des Lernens in der Phänomenologie durch Vorwissen zu einem Sachverhalt gekennzeichnet. Dieses Vorwissen wird dann im Prozess der Erkenntnis, welcher sich auf den Sachverhalt bezieht, thematisiert. Meyer-Drawe (1982) beschreibt diesen Prozess als Konfrontation zwischen dem Vorwissen und der neuen Sichtweise, Lernen wird zum Umlernen. Umlernen meint dann in dem hier verstandenen Sinne, dass Vorwissen verändert wird und sogar bisher leitendes Vorwissen negiert werden kann. Nur vor dem Hintergrund des Vorwissens ist dabei eine Veränderung möglich, weil Unbekanntes sich vorrangig am Bekannten zeigt und Bekanntes sich in Teilen als unbekannt erweist. Meyer-Drawe (1996) unterscheidet in diesem Zusammenhang ein (Um-)Lernen erster Ordnung, durch die Eröffnung eines neuen Handlungshorizontes verbunden mit hoher Fragilität, und das Lernen zweiter Ordnung, das Dazu-/Weiterlernen. Lernen ist jedoch immer ein Lernen aus Erfahrung. Gleichzeitig stützt die Kopplung des Lernbegriffs an Erfahrung als inneren Prozess die Annahme, dass die Grundlage für Lernen in der Lebenswelt zu suchen ist. Die Lebenswelt beeinflusst demnach das Subjekt, durch Reflexionen ist es jedoch möglich, über sie hinauszugehen.

Marotzki (1990) differenziert im *bildungstheoretischen Ansatz* und auch mit empirischem Zugang zu Bildungsprozessen weiterführend zwischen Lernen als prozessuale Aufnahme von Fertigkeiten und Wissensbestandteilen in verschiedenen Kontexten und Bildung als Veränderung dieser Kontexte. Bildung ist somit die Transformation des Welt- und Selbstverhältnisses des Subjektes, die als Reaktion auf soziokulturelle Herausforderungen zu verstehen ist und bei der sich Neues herausbildet (vgl. Koller 2016). Thematisiert wird also die Veränderung des Verhältnisses vom Subjekt zu sich selbst, zu Mitmenschen und zur Umwelt. In diesem theoretischen Ansatz werden daher zum einen das Verhältnis von Subjekt und Welt, zum anderen aber auch die gesellschaftliche Bedingtheit von Bildungsprozessen integriert (vgl. Koller 2017). „Bildungsprozesse werden [somit] als Transformationen aufgefasst, die nicht nur einzelne Aspekte des Wissens oder Könnens einer Person betreffen, sondern deren gesamtes Welt- und Selbstverhältnis, d.h. die grundlegenden Muster oder Figuren, kraft derer ein Mensch sich zur Welt, zu anderen und zu sich selber verhält" (Koller 2016, S. 149). Mit dem Begreifen von Lernen als Möglichkeit, sich mehr von ‚der Welt' mit ihren ganz konkreten Bedingungen und von sich selbst zugänglich zu machen, kann dieser Lernbegriff angeschlossen werden an den charakterisierten Bildungsbegriff, der jedoch daraufhin befragt werden muss, ob jede Transformation des Selbst- und Weltverhältnisses als Bildung begriffen werden kann. Folgende Kriterien bieten hier Anhaltspunkte: Bildung sollte eine „Steigerung der Reflexivität und Komplexität des Welt- und Selbstbezugs" evozieren (Koller 2016, S. 155), durch Bildungsprozesse sollte die „Offenheit für weitere Transformationen" gewahrt werden (Koller 2016, S. 156) und Bildung sollte stets im Sinne einer rationalen und demokratischen Kommunikationskultur „dem Widerstreit gerecht werden" (Koller 2016, S. 159).

Kritik an phänomenologisch fundierten Ansätzen richtet sich darauf, dass das dort so wichtige Weltverhältnis ein theoretisches bleibt, weil konkrete historisch-gesellschaftliche Bedingungen nicht erfasst werden und damit ein Begriff von Praxis fehlt, der letztlich auch Handeln als Gestaltung von Welt überhaupt erst denkbar macht. Weltaneignung bleibt damit in der Theoriekonzeption letztlich im Denken eingeschlossen, der Weltbezug bleibt abstrakt (vgl. Faulstich 2013, S. 70). Für die bildungstheoretischen Ansätze wird dies in der Schärfe nicht konstatiert, da hier die soziale Eingebundenheit sehr wohl explizit thematisiert wird (vgl. Koller 2016).

Am konkretesten wird der Weltbezug aber in der *subjektwissenschaftlichen Lerntheorie* ausgearbeitet. Das Subjekt wird in einem sozialen Kontext konzipiert, der durch kapitalistische Gesellschaftsstrukturen und sozial ungleiche Lebensbedingungen geprägt ist. Diese konkrete Gesellschaftlichkeit der*des Einzelnen wird in die theoretischen Überlegungen zum Lernen einbezogen und Lernen daher als Erweiterung der Verfügung über solche ungleichen Lebensbedingungen gefasst. Ausgangspunkt der Überlegungen ist, dass Lernen in Lebensinteressen eingebunden ist und dass das Subjekt diesen eigenen Interessen nicht bewusst zuwiderhandelt (vgl. Holzkamp 1995, S. 27). Das heißt, um Lernen – zunächst analytisch – begreifen zu können, gilt es, diese jeweils subjektiven Lebensinteressen zu begreifen. Lebensinteressen entstehen aber nicht im luftleeren Raum und sind dem Subjekt nicht abstrakt als ‚Welt' gegeben, sondern sind vielmehr gerahmt durch die Möglichkeit, über individuell relevante Lebensbedingungen in gegebenen gesellschaftlichen Verhältnissen, die jedoch durch soziale Ungleichheit und den ungleichen Zugang zu Ressourcen jedweder Art gekennzeichnet sind, zu verfügen (vgl. Holzkamp 1995, S. 189). „Mit diesem Standpunkt stehe ich nicht neutral in der Welt, sondern verhalte mich zu ihr als ein sinnlich-körperliches, bedürftiges, interessiertes Subjekt" (Holzkamp 1995, S. 21). Im Fokus steht somit das in der Welt handelnde und damit auch lernende Subjekt.

Handlungsgründe sind immer an das Subjekt gebunden und spiegeln Lebensbedingungen wider, die aktiv gestaltet werden können. Handlungsmöglichkeiten werden erkannt. Sie verweisen auf Wünsche und Interessen, die einerseits auf die Erweiterung der subjektiv empfundenen gesellschaftlichen Verfügungsmöglichkeiten und damit die Erweiterung der eigenen Weltverfügung abzielen sowie anderseits Beeinträchtigungen und Bedrohungen abwenden wollen. Das Subjekt entwickelt sich in den sozialen Kontext hinein, der verschiedene materielle und immaterielle Handlungsmöglichkeiten verfügbar macht, die jedoch im Zusammenhang mit dem jeweiligen konkreten Lebenskontext stehen.

Hier wird die Verortung dieser Theorie in der kritischen Psychologie und zugleich die Anschlussfähigkeit an pädagogische Positionen deutlich, da das Subjekt immer schon als vergesellschaftetes und gesellschaftlich bedingtes Subjekt verstanden wird. Darin ist dann auch eine gesellschaftskritische Perspektive angelegt, wenn davon ausgegangen wird, dass es eben gesellschaftliche (z.B. kapitalistische) Verhältnisse sind, die die Verfügung über Lebensbedingungen beschränken und über die es lernend Aufschluss zu gewinnen gilt. Hierin liegt die inhaltliche Bedeutsamkeit von Lerngegenständen. Der Lerngegenstand ist demnach immer gesellschaftlich eingebunden und Lernen kann dann auch ermöglichen, die gesellschaftlichen Verhältnisse zu gestalten.

Dabei bezieht die subjektwissenschaftliche Grundlegung das Lernen auf eine ‚Handlungsproblematik'. Das ist eine aus dem routinisierten Handlungsvollzug ausgegliederte Problemsituation, in der das Subjekt ‚gute' Gründe hat, in bestimmter Art und Weise zu handeln, sie*er aber nicht über die nötigen Handlungsressourcen dafür verfügt. Dadurch kommt es zu einer ‚Diskrepanzerfahrung' zwischen der individuellen Intention und den individuellen Kompetenzen. Die Handlungsproblematik kann zu einer ‚Lernproblematik' werden, muss es aber nicht, da auch alternative Bewältigungshandlungen gefunden werden können. Entscheidend für Lernen ist, dass das Subjekt in dem Handlungsproblem für sich ein Lernproblem erkennt. Dann zielt Lernen nämlich auf die selbstbestimmte Überwindung der Diskrepanz, es geht um eine Verbesserung der Handlungsvoraussetzungen bzw. eine erweiterte Handlungsfähigkeit. Eine solche ‚Lernschleife' charakterisiert das Austreten aus der ursprünglichen Handlung und kennzeichnet ein Innehalten sowie das Herstellen von Distanz gegenüber dem Handlungsproblem. Hier werden Reflexionen über eigene Intentionen und Kompetenzen, über Lerngegenstände und Lerninteressen sowie über die eigene Position im gesellschaftlichen Gefüge und Begrenzungen der Weltverfügung möglich.

Mit dem Fokus auf Diskrepanzen und ihrer Bewältigung wird eine qualitative Unterscheidung von Lernen entlang eines Kontinuums zwischen *expansiv* und *defensiv* möglich. Diese qualitative Unterscheidung bietet ein analytisches Instrumentarium, um Lernen als Handlung und seine Einbindung in konkrete gesellschaftliche Verhältnisse zu erfassen. Das Kontinuum kennzeichnet den Grad der Selbstbestimmung im Umgang mit Lernproblematiken. Eine defensive Lernhandlung zielt auf die Abwehr von Bedrohung oder Sanktionierung, etwa angesichts von Fremdanforderungen durch u.a. Vorgesetzte oder Arbeitsagenturen. Das Subjekt sieht selbst keine inhaltlich ‚guten' Gründe zu lernen, sondern reagiert notgedrungen auf äußere Anforderungen, um Nachteile zu vermeiden. Erst die Auseinandersetzung mit der Situation und den Verfügungsbegrenzungen sowie das Entwickeln von Handlungsspielräumen durch Lernen macht expansives Lernen möglich. Eine expansive Lernhandlung zielt auf die Gewinnung von Handlungsmöglichkeiten, nur dann kann Lernen auch zu einer Veränderung des Selbst- und Weltverhältnisses führen.

Holzkamp (1995) fragt also über die Lernhandlung nach Lernbegründungen, statt danach, wie Lernen hergestellt werden kann. Lernen wird dann durch die Aufschlüsselung der zugrundliegenden subjektiven Begründungen, somit durch die Einnahme des Subjektstandpunktes, verstehbar. Der Subjektstandpunkt macht deutlich, dass es sich um eine Perspektive auf die und von der Welt von einem bestimmten Standpunkt aus handelt. Holzkamp bezeichnet Subjekte als Intentionalitätszentren mit standpunktgebundener Perspektive, die damit also nicht neutral in der Welt stehen, sondern sich zu ihr als sinnlich-körperliche, bedürftige und interessierte Subjekte verhalten und zugleich darum wissen, dass Andere eine andere Perspektive, einen anderen Standpunkt haben. Darüber entsteht eine Reziprozität, die ein gegenseitiges Aufeinander-bezogen-Sein beinhaltet. Das Subjekt findet sich also in einem gesellschaftlichen Möglichkeitsraum wieder, ist aber auch Teil der Reproduktion und Produktion gesellschaftlicher Lebenszusammenhänge. Die Klärung von Handlungsgründen ist dann ein subjektiver Aushandlungsprozess. Daher sind Handlungsgründe nicht immer für andere vernünftig oder verständlich. Gleichzeitig macht Holzkamp (1995) damit deutlich, dass es keinen unmittelbaren Zusammenhang zwischen Lehren und Lernen gibt. Diese als Lehr-Lernkurzschluss bezeichnete Annahme ist eine Illusion. Lernen ist vielmehr durch eine Intentionalität gekennzeichnet, über die die Besonderheiten des Lernens gegenüber anderen Handlungsformen herausgestellt wird.

Einen Fokus auf die biografische Gewordenheit, weniger auf konkrete historisch-gesellschaftliche Bedingungen des Lernens, legen *biografische Ansätze*, die vor allem Lernen als biografischen Prozess begreifen. Die Biografie ist gedacht als eine Zusammensetzung „vielfältiger Erfahrungen, die in einem lebenslangen Prozeß erworben werden und unser Handeln und unsere Lebensgeschichte beeinflussen“ (Braun 1996, S. 109). Damit sind wiederum Anschlüsse an bildungstheoretische Ansätze bzw. an den Bildungsbegriff gegeben, für den die prozesshafte und unabschließbare Selbst- und Weltverständigung zentral ist. Ein prozessualer Lernbegriff beschreibt einen „ganzheitliche[n] (Lebens-)Erfahrungsprozess“ (Göhlich & Zirfas 2007, S. 56), in dem Erfahrungen, Wissen und Handlungsstrukturen im lebensgeschichtlichen Zusammenhang transformiert werden.

Hintergrund der biografieorientierten Überlegungen sind unter anderem Thesen wie die der zunehmenden Individualisierung (vgl. Beck 1986), in der Menschen einem erhöhten biografischen Entscheidungsdruck ausgesetzt sind, die der Auflösung von Normallebensläufen, die eine Häufung von Statuspassagen und Übergänge im Lebenslauf in den Blick nimmt, sowie die der Entstehung von Patchwork-Identitäten (vgl. Kohli 1985; Keupp et al. 2006), die zeigen, dass Identität ein lebenslanges Projekt ist, das immer wieder neu vom Individuum mit sich selbst ausgehandelt werden muss, auch angesichts vermehrter (berufs-)biografischer Übergänge und Brüche (vgl. von Felden 2015). Auch Ergebnisse aus psychologischen Untersuchungen legten ein besonderes Augenmerk auf „kritische Lebensereignisse“ (Filipp 1981) und – weiter gefasst – Identitätskrisen. Gesellschaftliche Veränderungen (wie etwa Individualisierungsprozesse) und damit verbundene biografische Übergänge und Umbruchsituationen führen dazu, so die Argumentation, dass Identitäten im Erwachsenenalter nicht stabil sind, sondern beständig bearbeitet und wieder neu angeeignet werden müssen. Alheit (1990, 2010) prägte dafür schon früh den Begriff der Biografizität, der viel beachtet und bis heute immer wieder aufgegriffen und aktualisiert wurde.

Biografizität beschreibt die menschliche Fähigkeit und zugleich Aufgabe, dass wir „unser Leben in den Kontexten, in denen wir es verbringen (müssen), immer wieder neu auslegen können, und dass wir diese Kontexte ihrerseits als ‚bildbar' und gestaltbar erfahren. Wir haben in unserer Biographie nicht alle denkbaren Chancen, aber im Rahmen der uns strukturell gesetzten Grenzen stehen uns beträchtliche Möglichkeitsräume offen. Es kommt darauf an, die ‚Sinnüberschüsse' unseres biographischen Wissens zu entziffern und das heißt: die Potenzialität unseres ‚ungelebten Lebens' wahrzunehmen. Und genau darin läge auch die Pointe eines weiterführenden Identitätskonstrukts" (Alheit 2010, S. 243).

In dem Konzept der Biografizität ist auch eine positive Deutung angelegt, die mitunter in der Rede von Identitätskrisen oder Risikogesellschaften unterzugehen droht. Sie verweist darauf, dass biografisches Lernen nicht immer nur notwendiger Umgang mit Identitätsverunsicherungen sein muss, sondern auch positiv die Nutzung und Verwirklichung von Entwicklungschancen, von „ungelebtem Leben" bedeuten kann (Siebert 2006a, S. 47). Im biografischen Lernen wird somit „die Zeitfrage für die Lernenden reflexiv", da sie sich auf die eigene Lebenszeit interpretativ beziehen und gleichzeitig „sich selbst als Individuum im sozialen und politischen Kontext" begreifen (Faulstich & Zeuner 2008, S. 171). In der Differenzierung gestaltet sich biografisches Lernen als Lernen in der Biografie (Lebensgeschichte als Lerngeschichte), als Lernen auf Grund der Vergegenwärtigung der Biografie durch Schreiben oder Erzählen sowie als Lernen durch Erfahrungen im Umgang mit der Biografie (Göhlich & Zirfas 2007, S. 55). Es geht demnach um biografische Selbstreflexion, die auf die Aneignung der eigenen Lebensgeschichte zielt und dabei nicht nur subjektive Deutungen in den Blick nimmt, sondern auch gesellschaftliche und kulturelle Bezüge herstellt (Braun 1996). Die individuelle Logik der Lernenden wird in diesem Theorieansatz verbunden mit unterschiedlichen Logiken sozialer Strukturierung. Ankerpunkt im Lernprozess ist die Erkenntnis der Lernenden, aktiv gestaltendend auf das eigene Leben zu wirken, ohne dabei linearen Zeitstrukturen folgen zu müssen. Solche in der autobiografischen Reflexion ansetzenden Differenzierungen können durch den „Nachvollzug der Biographien anderer", der es ermöglicht, gegenüber der Selbstverortung eigene Erfahrungen zu spiegeln und von ihrer Selbstverständlichkeit zu befreien, ergänzt werden (Faulstich & Zeuner 2008, S. 172). Biografisches Lernen bezieht sich in theoretischer Positionierung auf ein phänomenologisches Lernverständnis, welches hier jedoch an der lebensgeschichtlichen Perspektive der Lernenden ansetzt (vgl. Alheit & Dausien 2010).

Die über empirische Analysen von Mezirow (1981) herausgearbeitete Theorie *transformative learning* bietet für die Erwachsenenbildungswissenschaft Bezüge aus US-amerikanischen/kanadischen Diskursen. Zentraler Ausgangspunkt für Mezirow's Annahmen sind ebenso die individuellen Erfahrungen, die die Grundlage für jeweilige Erwartungen legen. Somit lenken Erfahrungen auch die Wahrnehmung, durch die die Lernenden die Welt bemerken, interpretieren und ihr

Bedeutung geben. Es werden jedoch in den von Mezirow betrachteten Lernprozessen „profound physical or psychological changes“ sowie „far-reaching changes“ (Baumgartner 2001, S. 15) hervorgehoben.

Grundlegend sind transformative Lernprozesse beeinflusst durch die jeweiligen ‚frames of reference‘. Es handelt sich dabei um das „Resultat interpretierter Erfahrungen, die sich sowohl auf individuelle als auch auf kollektive Ereignisse beziehen können“ (Zeuner 2012, S. 95). Diese individuellen Erfahrungen sind durch Vorannahmen, Erwartungen sowie Wahrnehmungen geprägt und gleichzeitig rufen sie Einstellungen, Auffassungen und Annahmen hervor, die im Laufe des Lebens verfestig werden.

Der Referenzrahmen hat dann zwei Dimensionen: ‚habit of mind‘ (Denkgewohnheiten), das sind „Annahmen und Wissensbestände, die sich aus den kulturellen Paradigmen ableiten, vor deren Hintergrund Erfahrungen individuell interpretiert werden“ (Zeuner 2012, S. 95) und ‚point of view‘ (Standpunkt), der aus den Denkgewohnheiten entwickelt wird. Diese Standpunkte werden zu Meinungsclustern, ‚meaning strucures‘, die wiederum zweidimensional beeinflusst sind durch ‚meaning perspectives‘, Bedeutungsperspektiven oder auch Erwartungsperspektiven im Sinne psychologischer Strukturen, und ‚meaning schemes‘ (Bedeutungsschemata).

Die Bedeutungsperspektiven sind eingebettet in soziale, ökonomische, politische, psychologische und religiöse Bezugsrahmen. Diese bestimmen und limitieren unsere Erwartungen, bieten uns Kriterien zur Unterscheidung an und beeinflussen daher unsere Identität und unser Selbstgefühl. Bedeutungsperspektiven bilden damit umfassende, generalisierte, auch habitualisierte, und in der Regel unbewusste Erwartungen sowie Annahmen ab, die Interpretationsmöglichkeiten begründen, mit dessen Hilfe wir unsere Erfahrungen deuten (vgl. Fuhr 2010). Bedeutungsschemata hingegen sind spezifische Überzeugungen und Einstellungen. Sie setzten sich aus Wissen, Werturteilen und Gefühlen zusammen und manifestieren sich in den gewohnheitsmäßigen Orientierungen und spezifischen Erwartungshaltungen. Eine Gruppe verwandter Bedeutungsschemata bildet eine Bedeutungsperspektive aus (vgl. Mezirow 1997, S. 5).

Die Entstehung eines (krisenhaften) Dilemmas im Lebensvollzug erfordert nun eine kritische Reflexion, an der vier zu differenzierende Lernprozesse ansetzen (vgl. Mezirow 1997, S. 77-79):

(a) Das Lernen durch Bedeutungsschemata zielt entweder auf die Verfeinerung und Differenzierung der früher als gegeben angenommenen Bedeutungsschemata oder auf ein Lernen innerhalb der Struktur des erworbenen Referenzrahmens.
(b) Das Erlernen neuer Bedeutungsschemata ermöglicht die Schaffung neuer Bedeutungen, die jedoch mit den vorhandenen Bedeutungsperspektiven übereinstimmen und daher mit ihnen vereinbar sind. Sie erweitern die Bedeutungsperspektiven und stärken somit die vorherrschende Perspektive.

(c) Das Lernen durch Transformation von Bedeutungsschemata erfordert die Reflexion von Annahmen, denn spezifische Ansichten oder Überzeugungen sind dysfunktional geworden. Dieser Lernprozess kann auch zu einer Transformation von Bedeutungsperspektiven führen.
(d) Das Lernen durch eine Perspektiventransformation erfolgt durch Reflexion und Kritik, die zu einer Bewusstwerdung von als gegeben angesehenen Voraussetzungen führt. Es geht um eine Perspektiventransformation, die über die kritische Reflexion und Bewertung bisheriger Annahmen und der damit einhergehenden Feststellung von inhaltlicher Inkonsistenz nicht nur zu einer Veränderung der entsprechenden Perspektive führt, sondern diese Perspektive auch in die Lebensweise integriert. Die Perspektiventransformation ist somit ein Prozess der Bewusstwerdung, warum und wie ‚meaning perspectives' Wahrnehmung, Verständnis und Gefühl einschränken.

Außer Acht wird jedoch gelassen, dass Lernen kein lineares, in Phasen darstellbares Verständnis widerspiegelt, sondern es sich um einen komplexen, auch emotional beeinflussten Prozess handelt. Lernen ist demnach eher ein fließender Prozess, der nicht zwingend durch Krisen ausgelöst werden muss.

Mezirows Theorie, mit der explizit – eben auch im Gegensatz zu anderen aufgeführten Theorien und Ansätzen – Bezüge zur Erwachsenenbildung hergestellt werden (vgl. Mezirow 1997), kann „als Ergänzung existierender Erwachsenenbildungskonzepte verstanden werden" (Zeuner 2014, S. 100). In die Auseinandersetzungen fließen nicht nur individuell, sondern auch kollektiv begründete Lernprozesse ein, in denen jeweils der Stellenwert von Transformation hervorgehoben wird. In der subjektwissenschaftlichen Lerntheorie „ist Transformation als Ergebnis von Lernprozessen zwar möglich, wird aber kaum thematisiert. Im Konstruktivismus könnte Transformation ebenfalls ein Zufallsresultat sein, kann aber nicht gezielt angestrebt werden" (Zeuner 2012, S. 103). Transformative Lernprozesse, die entsprechend didaktisch gestaltet werden, zielen dabei nicht nur auf die Veränderung des individuellen Bewusstseins, sondern auch auf „die Entfaltung erweiterter gesellschaftlicher und politischer Handlungsmöglichkeiten" (Zeuner 2014, S. 100).

3.2 Erwachsenenpädagogische Akzente zum Thema Lernen

Deutlich wird, dass die Lerntheorien einerseits jeweilige Akzentuierungen besitzen, anderseits aber auch Übergänge und Entwicklungen sichtbar werden. Dabei ist die Lernfähigkeit Erwachsener als anthropologische Grundkonstante die zentrale Voraussetzung von Erwachsenenbildung/Weiterbildung. Nachgeordnet zu solchen Grundlagentheorien des Lernens werden spezifische Aspekte des Lernens in der Erwachsenenbildung diskutiert. Sie liegen gewissermaßen eine Ebene unter den genannten Theorien und finden sich entsprechend querliegend zu deren (weitergehender) theoretischer Kohärenz bzw. reformulieren die Theorien spezifisch erwachsenenpädagogisch. Vor dem Hintergrund von Erfahrungen, Deutungsmustern und Emotionen werden daher abschließend erwachsenenpädagogische Akzentuierungen hervorgehoben.

Lernen ist rückgebunden, das wurde in ausgewählten Lerntheorien deutlich, an bestehende *Erfahrungen und Deutungsmuster*, die jeweils individuell ausgeprägt sind und im Lernen einem möglichen Veränderungsprozess unterliegen. Solche Veränderungsprozesse werden durch Irritationen und Krisen ausgelöst und können, müssen aber nicht, zum Lernanlass werden, denn auch Lernwiderstand, Normalisierungsstrategien und Bagatellisierung spielen eine Rolle bei der Abwendung von Krisen und Irritationen (vgl. Schäffter 1997). Irritationen oder Krisen werden demnach unterschiedlich bearbeitet. Dies hängt von den Erwartungsstrukturen der Einzelnen ab. Ein Lernen aus Erfahrungen ist nur möglich, wenn Diskrepanzerfahrungen als irritierende Erfahrungen zugelassen werden (vgl. Gieseke 1996). Irritationen basieren somit auf grundlegenden Erfahrungen und Erwartungen, alltäglichen, selbstverständlichen Überzeugungen und daran anschließenden Antizipations- und Deutungsmustern. Wenn diese nicht entwickelt wären, könnten auch keine Erfahrungen und Erwartungen enttäuscht oder eben irritiert werden (vgl. Schäffter 1997). Erfahrungen verengen somit auch den individuellen Blick, da verfestige Erfahrungsstrukturen keine Irritation(en) mehr zulassen. Denn erst durch Irritation(en) werden Erfahrungen und Erwartungen aus ihrer Latenz herausgehoben und damit reflexiv zugänglich. Irritationsfähigkeit bezieht sich somit auf einen bis dahin auch unreflektierten Wahrnehmungsbereich, der sich in Deutungsmustern manifestiert hat (vgl. Schäffter 2001, S. 147).

Demnach ist „eine Betonung der Eigensinnigkeit von Lernaktivitäten, die in der Unverwechselbarkeit der jeweiligen biographischen Situationen der Lernenden begründet liegt" (Dinkelaker 2015, S 51), zwingend notwendig. Biografie- und situationsspezifisch bilden sich individuelle Relevanzstrukturen heraus, die sich zu interpretativen Mustern verdichten und in der Erwachsenenbildungswissenschaft als Deutungsmuster begrifflich gefasst werden. Deutungsmuster verweisen somit auf Sinnzusammenhänge und dienen gleichzeitig als Aneignungsstrategie, da neue Situationen und Erfahrungen im Kontext der Deutungsmuster eingeordnet werden. Über Deutungsmuster ist es prinzipiell möglich, die Art zu beschreiben, wie und wodurch Menschen ihre soziale Wirklichkeit im Rahmen von Gewissheit und Plausibilität interpretieren. Dabei werden Deutungsmuster je nach Theoriestrang auf unterschiedlichen Ebenen psychischer Repräsentation (kollektiv-individuell) und je nach Zuschreibung von Veränderungsmöglichkeiten verortet.

Im allgemeinen Zugang bilden Deutungsmuster „ein ‚ensemble' von Wissensbeständen, das eine ‚innere Logik' aufweist" (Oevermann 2001, S. 43 zit. in Meuser 2006, S. 31). Sie sind jedoch in ihrer inneren Logik für die*den Einzelne*n nicht zwingend explizit nachzuvollziehen und zu kommunizieren. Hier ist der Kern des Deutungsmusterkonzeptes angesprochen: der Verweis auf Konsistenzregeln (vgl. Meuser & Sackmann 1992, S. 16). Handelnde besitzen demnach ein praktisch anwendbares, implizites Wissen, welches es ermöglicht, in Situationen den Regeln nach zu handeln und die Handlung auch zu beurteilen (vgl. Meuser & Sackmann 1992, S. 16). Diese Legitimationsmuster versprechen Handlungssicherheit.

Deutungsmuster übernehmen demnach eine konstituierende Funktion. Neue Erfahrungen oder auch Inkonsistenzen im Wissen fordern jedoch dazu auf, Deutungsmuster zu revidieren, umzustrukturieren oder neue Deutungsmuster auszubilden. Sie sind somit „prinzipiell entwicklungsoffen" (Oevermann 1973, S. 9 zit. in Meuser & Sackmann 1992, S. 17). Dennoch ist die individuelle Varianz der Deutungsmuster innerhalb einer sozialen Gruppe durch den Zwang zur sozialen ‚Kompatibilität' begrenzt, denn nur so bleibt die*der Einzelne verstehbar (vgl. Schetsche 2000, S. 130). Daher unterliegen Deutungsmuster gleichzeitig einer Persistenz, die auch bedingt wird durch Verselbstständigung und Ablösung der Deutungsmuster aus ihren Entstehungskontexten.

Zusammengefasst haben Deutungsmuster, die in ihrer theoretischen Auslegung auch Verbindungen zu Mezirows (1997) Bedeutungsperspektiven sichtbar machen, kognitive, affektive und antreibende Komponenten. Sie stehen in einem deutenden, sinnadäquaten, nicht kausalen Zusammenhang. Die aus ihnen resultierenden Argumentationszusammenhänge basieren auf pragmatischen Kriterien der individuellen Gültigkeit und Angemessenheit, so dass individuelle Handlungsfähigkeit möglich ist. Trotz ihres dauerhaften Charakters sind sie entwicklungsoffen, das heißt, dass über Reflexionen auch Veränderungen von Deutungsmustern möglich sind. Wenn sie jedoch ihre Entwicklungsoffenheit verlieren, verkommen sie zu Stereotypen und Klischees. Deutungsmuster bestimmen somit Aneignungsstrategien und ermöglichen es, Erfahrungen, die in unterschiedlicher Relevanzsetzung in den Lerntheorien aufgegriffen werden, einzuordnen.

Erfahrungen beeinflussen das Lernen und können über ihre „persönlichkeitsstabilisierende Wirkung [...] [auch] eine Offenheit in der Lernsituation behindern" (Gieseke 1996, S. 13). Trotz oder gerade wegen der „persönlichkeitsstabilisierenden Wirkung" (Gieseke 1996, S. 13) bedürfen Erfahrungen einer entsprechend erarbeiteten Offenheit, so dass sie eigentlich niemals abgeschlossen sind (vgl. Bollnow 1968, S. 233-235). Erfahrungen sind somit über den gesamten Lebenslauf individuell geprägt und reguliert, Deutungsmuster hingegen erhalten aufgrund ihres kollektiven Charakters auch eine soziale Komponente und sind somit zeitgeschichtlich in die gesellschaftliche Entwicklung eingebettet.

Das Lernen Erwachsener im „Modus der Auslegung" (Tietgens 1981, S. 89) kann daher auch als Lernen im „Modus der Deutung" (Arnold 2010a, S. 63) beschrieben werden. Dann geht es darum, sich Motivationszusammenhängen und Entstehungs- sowie Wirkungsweisen von Deutungsmustern bewusst zu werden (vgl. Arnold 1985, S. 20 in Anlehnung an Tietgens 1983), so dass sich darüber inhaltliche, interaktive und lebensweltlichen Aspekte verbinden. Um nicht auf der Stufe des Erkennens von Erfahrungen und Deutungsmustern zu verharren, sind dann verbindende Sinnauslegungsprozesse notwendig, die eine Entwicklung und Differenzierung bis hin zur Transformation über die Offenlegung von Bruchstellen und Freiheitsgraden bisheriger Deutungsmuster anbieten. Die Anknüpfung an vorhandene Erfahrungen und Deutungsmuster steht deswegen im Fokus erwachsenenpädagogischen Handelns (auch Dybowski und Thomssen 1982).

Daneben werden erste Bezugspunkte in den Lerntheorien zu der Bedeutung von *Emotionen* hergestellt (vgl. Gieseke 2007). Insgesamt existiert eine Vielzahl an Definitionen von Emotionen. Emotionen lassen sich daher nicht als globaler Begriff fassen. Sie sind vielmehr ein System, welches auf andere Subsysteme der Persönlichkeit wirkt. Dabei ist von komplexen Anforderungen im Umgang mit Emotionen auszugehen: Einerseits unterliegen Emotionen einer Freiheit, denn sie sind nicht abhängig von Zyklen, Zeit und Dauer, über die ihre besondere Bedeutung für den Lernprozess sichtbar wird. Anderseits heißt das auch, dass das Emotionssystem schwer zu kontrollieren ist. Gleichzeitig wirken vergangene Emotionserlebnisse nach, die über Muster abgespeichert sind und immer wieder, besonders in ähnlichen Situationen, abgerufen werden.

Emotionen können somit als subjektives spontanes Erleben eingewoben in zwischenmenschliche Beziehungen gefasst werden (vgl. Pekrun 1988; Ulich 1989), so dass der subjektive Zugang zum Erleben im Mittelpunkt steht. Darüber wird die Bedeutung von Emotionen an Kognitionsprozessen sichtbar (vgl. Gieseke 2007). Hieraus ergeben sich wiederum Bezüge zu Lern- und Bildungsprozessen, die gestützt werden durch eine theoretische Betrachtung von Emotionen als vorantreibende oder behindernde Regulatoren (vgl. Heller 1981).

Diese Akzentuierung von Deutungsmustern, Erfahrungen und Emotionen, die auch in einem Bedingungsverhältnis gedacht werden müssen, ermöglicht jeweils Rückkopplungen in jeweilige Lerntheorien, zudem aber auch eine Grundlegung für das didaktische Arrangement. Erwachsene werden als verantwortliche Subjekte betrachtet, die Entscheidungen unter vielen möglichen Entscheidungen treffen (können). Diese Entscheidungen gründen sich eben nicht nur auf Informationen, sondern auch auf Erfahrungen, Deutungen und den dabei hineinwirkenden Emotionen. Zielführend ist die Handlungsfähigkeit des Subjektes.

Reflexionsaufgaben

(1) Entwickeln Sie mögliche Kategorien für einen Vergleich zwischen den dargestellten Lerntheorien (ein Beispiel für eine Vergleichskategorie ist „Lernverständnis"). Vergleichen Sie die aufgeführten Lerntheorien anschließend anhand der Vergleichskategorien in ihren Gemeinsamkeiten und Unterschieden.

(2) Reflektieren Sie über Ihre eigene subjektive Theorie zum Lernen Erwachsener. Untersuchen Sie, inwiefern sich darin Bezüge zu theoretischen Annahmen zum Lernen Erwachsener finden.

Kommentierte Literatur

Dinkelaker, J. (2018). *Lernen Erwachsener.* Stuttgart: W. Kohlhammer.
Auseinandersetzung mit dem Begriff „Erwachsener" und Herstellung von theoretischen sowie empirischen Bezügen zum Lernen

Göhlich, M. & Zirfas, J. (2007). *Lernen. Ein pädagogischer Grundbegriff.* Stuttgart: W. Kohlhammer Verlag.
Auseinandersetzung mit dem Begriff ‚Lernen' und Entwicklung einer Systematik eines genuin pädagogischen Lernbegriffs.

Grotlüschen, A. & Pätzold, H. (2020). *Lerntheorien in der Erwachsenen- und Weiterbildung.* Bielefeld: wbv.
neuartig strukturierte Übersicht zu unterschiedlichen theoretischen Ansätzen und Perspektiven zum Lernen

Koller, H.-C. (2012). *Bildung anders denken, Einführung in die Theorie transformatorischer Bildungsprozesse.* Stuttgart: Kohlhammer.
Neufassung des Begriffs ‚Bildung' als grundlegende Veränderung der Art und Weise, in der Menschen sich zur Welt, zu anderen und zu sich selbst verhalten

Faulstich, P.(2013). *Menschliches Lernen. Eine kritisch-pragmatische Lerntheorie.* Bielefeld: transcript Verlag.
vergleichende Darstellung unterschiedlicher Lerntheorien und Entwicklung hin zu einer zusammenführenden Lerntheorie

4 Didaktische Modelle

Ziele dieses Kapitels

In diesem Kapitel werden didaktische Modelle dargestellt, die zwar nicht unbedingt aus der Erwachsenenbildung/Weiterbildung heraus entwickelt worden sind, hier aber rezipiert und weiterentwickelt wurden und eine gewisse Resonanz für Theorie und/oder Praxis erhalten haben. Die Begriffe, unter denen Fragen der Gestaltung von Lehre und Lernen mit systematischem Theoriebezug diskutiert und Ansätze entworfen werden, variieren: Sie heißen „Theorien“ (Siebert 2003a), „Konzepte“ (Faulstich & Zeuner 2006), „Profile“ (Siebert 2003a) oder auch „Modelle“ (Reischmann 2004; Blankertz 1972). Es ist zu bezweifeln, dass all diese Ansätze den Status von didaktischen ‚Theorien‘ beanspruchen können (vgl. etwa Schüßler (2003) zur „Ermöglichungsdidaktik“ als didaktische Theorie oder die Eingrenzungen von Reischmann (2004) zu seinem eigenen kompetenzorientierten Ansatz; vgl. Abschnitt 4.3). Sie werden daher im Folgenden, wie in anderen Veröffentlichungen, als ‚Modelle‘ diskutiert. Didaktische Modelle (wie auch didaktische Prinzipien; vgl. Kapitel 5) stellen Klärungs- und Systematisierungsversuche in Bezug auf Ziele, Intentionen, Themen und Methoden des Lehrens dar (vgl. Faulstich & Zeuner 2006; Reischmann 2005). Sie haben sowohl modellierende Funktion insofern, als sie das Planen von Lehrprozessen oder weiter: von Lernunterstützungsarrangements orientieren (nicht jedoch rezeptartig anleiten) können; sie haben aber auch eine heuristische Funktion insofern, als sie zur Reflexion von Möglichkeiten und Grenzen des Lernens (und des Lehrens) dienen können.

Kriterium für die Auswahl der in diesem Kapitel ausführlich dargestellten Modelle ist erstens die Relevanz des Ansatzes im erwachsenenpädagogischen Diskurs und zweitens die Relevanz für didaktische Prinzipien.[14] Die *bildungstheoretische Didaktik*, deren prominentester Vertreter Klafki ist, versucht eine Verbindung von Inhaltlichkeit und Aneignung herzustellen und legt einen

13 Je nach Autor*in und Veröffentlichung werden verschiedene andere Modelle genannt bzw. die Modelle anders systematisiert, zum Beispiel informationstheoretische Modelle (Blankertz 1972), lehrtheoretische Didaktik (darin das Hamburger und Berliner Modell, Gudjons & Winkel 2006, bei Kron (2008) jedoch eher einem lerntheoretischen Zugang zugeordnet) oder auch ein systemrationaler Ansatz (Kron 2008).

Bildungsbegriff des „doppelten Erschlossenseins“ zugrunde; eine *konstruktivistische* oder auch *Ermöglichungsdidaktik*, die erkenntnistheoretische Grundannahmen des (radikalen) Konstruktivismus auf ihre Implikationen vor allem für Lernen, entsprechend aber mit im Grunde radikalen Konsequenzen für Lehren befragt; Ansätze wie die curriculumstheoretische oder auch die lernzielorientierte Didaktik, die – wenn auch sehr holzschnittartig – darunter zusammengefasst werden können, dass sie ein besonderes Augenmerk auf die antizipierte Verwendungssituation des zu Lernenden legen, wobei hier vor allem auf *Kompetenz* als beobachtbares Verhalten als Lernziel abgestellt wird. Vor allem für die berufliche Aus- und Weiterbildung haben solche Ansätze verstärkt Beachtung gefunden. Hier lässt sich dann auch eine eher ‚kleinere‘ Variante von Reischmann einordnen, die als „kompetenzorientierte Didaktik“ vor allem für typische Kompetenztrainings etwa der betrieblichen Weiterbildung ausgearbeitet wurde, nicht für einen ganzen Bildungsbereich wie die berufliche Ausbildung oder Erwachsenenbildung/Weiterbildung; eine *identitätstheoretische Didaktik*, die von einem anspruchsvollen Identitätsbegriff ausgeht, im Zusammenhang mit dem in der Erwachsenenbildung/Weiterbildung geprägten Begriff der Biografizität steht und den Hintergrund u.a. für biografieorientierte Lernangebote bildet; sowie einen Ansatz, der als *selbstbestimmtes Lernen* vor allem Erkenntnisse aus der subjektwissenschaftlichen Lerntheorie nach Holzkamp verarbeitet und letztlich in einen Ansatz mündet, der didaktisches Handeln daraufhin befragt, inwieweit Grade von Selbstbestimmtheit ermöglicht werden.

4.1 Bildungstheoretische Didaktik

Bildungstheoretische Ansätze und exemplarisch der Ansatz von Klafki zeichnen sich dadurch aus, dass ihnen erstens ein sehr umfassender Didaktik-Begriff zugrunde liegt, der curriculare Überlegungen ebenso einschließen soll wie Annahmen über Lehren und Lernen (vgl. Klafki 1972). Der Ansatz gehört daher zu den anspruchsvollsten Didaktiken (Terhart 2008, S. 15).

Die bildungstheoretische Didaktik beinhaltet einen Bildungsbegriff, der in der Tradition von Aufklärung und Humanismus steht (vgl. Siebert 2006a; Röhrig 2018) und der von ihren Vertreter*innen auch aktuell gegen Kritik von unterschiedlichster Seite verteidigt wird (vgl. Röhrig 2018). Gleichzeitig ist sie – trotz der Ausrichtung an einem allgemeinen Bildungsbegriff – vor allem an Schule orientiert. Nichtsdestoweniger sind darin zentrale Überlegungen enthalten, die für die Erwachsenenbildung/Weiterbildung ertragreich sein können und auch rezipiert wurden und werden. Kerngedanke dieses Ansatzes ist der einer *kategorialen Bildung*, in der inhaltsbezogene und lernbezogene Aspekte des Bildungsprozesses vereint werden. Ausgangspunkt der Überlegungen ist eine systematische Analyse und Unterscheidung von (konkurrierenden) Bildungstheorien. Klafki systematisiert diese als materiale und formale Bildungstheorien und es gelingt ihm, sie trotz der unterschiedlichen Zugänge über den Begriff der kategorialen Bildung zu verbinden (vgl. Blankertz 1972, S. 36).

In den konkurrierenden Zugängen wird Bildung jeweils unterschiedlich gefasst: *Materiale Bildungstheorien* gehen von einem Primat der Bildungsinhalte aus. Es geht um die Frage, *was* zu lernen ist. Daraus ergibt sich das zentrale didaktische Problem der Auswahl von Bildungsinhalten. Dem liegt die Annahme einer schier unerschöpflichen ‚Masse' an Bildungsinhalten zugrunde, aus der es dann auszuwählen gilt (siehe auch das Schlagwort der „didaktischen Reduktion", z.B. Weinberg 1991; Haberzeth 2010; Lehner 2012; vgl. auch Abschnitt 5.3.3). Dahinter steht die Frage, was es denn wert und nötig sei, vermittelt zu werden. Die Frage nach den Bildungsinhalten ist auch heute und gerade für die nicht-curricularisierte Erwachsenenbildung/Weiterbildung zentral. Darüber ergibt sich auch die sehr grundsätzliche Frage, was unter Bildung zu verstehen sei. Diese wird in materialen Bildungstheorien vorrangig inhaltsbezogen beantwortet: Materiale Bildungstheorien gehen davon aus, dass sich Bildung inhaltlich bestimmen lässt, gewissermaßen über einen ‚Kanon' an Wissen, den es aufzunehmen gilt (vgl. Klafki 1972, S. 29), über den also eine gebildete Person verfügen muss.

Nach Klafkis Analyse (1972) gibt es hierzu zwei Ansätze innerhalb der materialen Bildungstheorien: bildungstheoretischer Objektivismus und die pädagogische Theorie des Klassischen. Der bildungstheoretische Objektivismus geht davon aus, dass es – im Grunde *alle* – Kulturgüter einer Gesellschaft sind, die gelernt werden müssen (Werte, ästhetische Erzeugnisse, wissenschaftliche Erkenntnisse etc., vgl. Klafki 1972, S. 28), und zwar entlang der inhaltlichen Struktur, die ihnen eigen ist. In diesem Zugang wird der Bezug zur Schule deutlich, die durch einen allgemeinbildenden Anspruch dieses dann erfüllen müsste. Gleichzeitig ist dabei problematisch, dass zum einen Kulturgüter aus ihrem historischen Entstehungszusammenhang herausgelöst und damit verabsolutiert werden, ebenso wie wissenschaftliche Erkenntnis nicht in den Zusammenhang von Erkenntnisinteressen und Forschungsgegenständen gestellt, sondern ebenfalls gewissermaßen verabsolutiert wird. Und schließlich wird es, erst recht mit zunehmender gesellschaftlicher Wissenserweiterung und kulturellen Entwicklung, unmöglich, *alles* zu vermitteln. Es brauchte also Auswahlkriterien, die eine Orientierung darüber bieten könnten, was in der Vermittlung denn nun tatsächlich relevant ist und worauf verzichtet werden könnte. Genau hier setzt die zweite Strömung innerhalb der materialen Bildungstheorien an, die Klafki als die „pädagogische Theorie des Klassischen" (Klafki 1972, S. 30) bezeichnet. Hier geht es genau darum, dass *nicht jeder* Kulturinhalt schon per se ein Bildungsinhalt ist, sondern dass „bestimmte menschliche Qualitäten" (Klafki 1972, S. 30) bildend sind, die jedoch nicht in allen Kulturinhalten zum Ausdruck kommen. Kulturinhalte müssten also danach ausgewählt werden, inwieweit sie diese bestimmten menschlichen Qualitäten (gemeint sind etwa Sinngebungen, Werte und Leitbilder eines Kulturkreises, Klafki

1972, S. 30) exemplarisch zum Ausdruck bringen. Dies können bspw. große Kulturschöpfungen sein oder „die beispielhafte Bewältigung charakteristischer Lebenssituationen" (Klafki 1972, S. 30). Bildung bedeutet also in dieser Lesart, sich derartige ‚klassische' Inhalte angeeignet zu haben. Problematisch dabei ist allerdings, dass eben diese Auswahl entlang des ‚Klassischen' überhaupt nur durch die pädagogische – didaktische – Notwendigkeit entsteht, dass eben genau nicht mehr alle Kulturinhalte als gleichermaßen wertvoll gelten. Damit stellt sich die Frage, wer nun entscheidet, was als ‚klassisch' gelten soll. Dieses ist aber nicht eindeutig oder endgültig festzulegen, sondern muss immer wieder neu entschieden oder gar ausgehandelt werden (vgl. Klafki 1972, S. 30).

Gemeinsam ist den materialen Bildungstheorien, dass sie trotz unterschiedlicher Bestimmungen des Inhaltlichen, Bildung von eben dieser Inhaltlichkeit her zu bestimmen versuchen. Moderne Entsprechungen im Alltagsverständnis finden sich etwa in Büchern wie dem von Dietrich Schwanitz (2002): „Bildung. Alles was man wissen muss". Auch die auf zahlreichen Fernsehsendern beliebten Quizsendungen, die sich mit einem breiten und z.T. sehr kleinteiligen Faktenwissen gewinnen lassen, ließen sich hier einordnen. Das didaktische Dreieck droht hier also eine gewisse ‚Schlagseite' zur Sache hin zu bekommen. Dieser Fokus auf Inhaltlichkeit geht in der Erwachsenenbildung/Weiterbildung wiederum manchmal verloren (vgl. auch Kapitel 5), erst recht im Zuge konstruktivistischer und subjektorientierter Didaktik-Diskussionen, wie sie vor allem seit den 2000er Jahren geführt wurden.

Dem entgegen gesetzt werden Theorien, die Klafki als *formale Bildungstheorien* zusammenfasst. Hier stehen nicht mehr die Inhalte, sondern vielmehr die Lernenden mit ihren Aneignungsprozessen im Fokus (vgl. Klafki 1972, S. 33). Auch hier gibt es zwei Richtungen, die allerdings sehr ähnlich scheinen: die funktionale und die methodische Bildung. In beiden steht im Vordergrund, dass nicht die Inhalte, die aufgenommen werden sollen, zentral für den Bildungsgedanken sind, sondern eben die Entwicklung und Förderung der Kräfte und Möglichkeiten des Subjekts.

In der Theorie der funktionalen Bildung ist die Annahme leitend, dass es um die „Formung, Entwicklung, Reifung von körperlichen, seelischen und geistigen *Kräften*" geht (Klafki 1972, S. 33; Hervorhebung durch Verfasserinnen). Klafki spricht etwa von Kräften des Beobachtens, des Wertens, der Ästhetik oder des Wollens (Klafki 1972, S. 33), die an Bildungsinhalten entwickelt und dann auch auf andere Inhalte und Situation „übertragen" werden und damit dort „funktional" werden könnten (Klafki 1972, S. 33). Leicht anders akzentuiert ist die Perspektive des zweiten von Klafki identifizierten Stranges, nämlich der der methodischen Bildung. Anders als die funktionale Ausrichtung setzt die methodische Ausrichtung keine irgendwie schon vorhandenen Kräfte voraus, die es zu entfalten gilt, sondern betont eher den Prozess der Aneignung, und zwar als „Gewinnung und Beherrschung der Denkweisen und Gefühlkategorien, Wertmaßstäbe" (Klafki 1972, S. 36), und damit letztlich der Methoden, mit denen Inhalte angeeignet werden können. Diese sollen wiederum übertragbar auf andere Inhalte sein.

Dieser Gedanke einer Übertragbarkeit ist auch für die Erwachsenenbildung/Weiterbildung zentral und wird nicht nur, aber vor allem auch für die betriebliche Weiterbildung als (schwieriger) Lerntransfer problematisiert (vgl. Gräsel et al. 1992; siehe auch den kompetenzorientierten Ansatz sowie die Diskussion um arbeitsplatznahes gegenüber kursförmigem bzw. institutionellem Lernen, z.B. Dehnbostel et al. 2003; Behringer & Käpplinger 2011). Der Eigentätigkeit des Subjekts kommt hier ein besonderes Augenmerk zu, was, so Klafkis Analyse, zu ihrer Attraktivität beigetragen hat (vgl. Klafki 1972, S. 37). Die Inhalte sind dabei nicht irrelevant, aber eben nach dem Kriterium auszuwählen, dass sie die Entfaltung der individuellen Kräfte zu ermöglichen haben.

Problematisch an diesen formalen Bildungstheorien ist zum einen die Voraussetzung der Übertragbarkeit, sei es von Kräften oder von Methoden (etwa des Denkens), die sich so einfach empirisch nicht nachweisen lässt und bis heute eine zentrale Herausforderung in der Erwachsenenbildung/Weiterbildung darstellt. Zum anderen treten doch die Inhalte in den Hintergrund, als würde es keinen Unterschied machen, ob Kräfte oder Methoden anhand von mathematischem oder sprachlichem Wissen, anhand von handwerklicher Betätigung oder anhand von Musik entwickelt werden (vgl. Klafki 1972, S. 37).

In aktuellerer auch erwachsenenpädagogischer Diskussion ließe sich hier etwa die Debatte um Schlüsselqualifikationen einordnen, die genau darauf zielt, sich übergreifende und übertragbare Fähigkeiten, Denk- oder Arbeitsmethoden anzueignen, die dann auf verschiedene Tätigkeiten übertragbar sein sollen (vgl. auch Gräsel et al. 1992, S. 132).

Klafkis Ansatz und Leistung besteht nun darin, materiale und formale Aspekte von Bildung theoretisch zusammenzudenken. Das bedeutet, den Inhalten (und der didaktischen Auswahl bzw. Entscheidung für und gegen bestimmte Inhalte) den gleichen Stellenwert einzuräumen wie der Entwicklung von Kräften oder Methoden und sie dabei auch theoretisch verschränkt zu begreifen. Ziel ist es also nicht, sie beide nebeneinanderstehend als gleichwertig zu betrachten, als „Zusammenfügung von ‚Teilbildungen'" (Klafki 1972, S. 38), sondern sie so zu verschränken, dass Bildung (und die didaktische Unterstützung derselben) als komplexe Verschränkung materialer und formaler Aspekte sichtbar wird (Klafki 1972, S. 38) und als Momente ein und desselben Prozesses, die für sich genommen Bildung nicht hinreichend beschreiben können. Die zentrale Formel ist:

„Bildung nennen wir jenes Phänomen, an dem wir – im eigenen Erleben oder im Verstehen anderer Menschen – unmittelbar der Einheit eines objektiven (materialen) und eines subjektiven (formalen) Momentes innewerden. Der Versuch, die erlebte Einheit der Bildung sprachlich auszudrücken, kann nur mit Hilfe dialektisch verschränkter Formulierungen gelingen: Bildung ist Erschlossensein einer dinglichen und geistigen Wirklichkeit für einen Menschen – das ist der objektive oder materiale Aspekt; aber das heißt zugleich: Erschlossensein dieses Menschen für diese seine Wirklichkeit – das ist der subjektive oder formale Aspekt zugleich im funktionalen wie im methodischen Sinne" (Klafki 1972, S. 43).

Dieses Zitat verdeutlicht, dass Bildung (hierum geht es Klafki immer) nur als *doppelseitige* Erschließung möglich wird: als Einheit eines objektiven und eines subjektiven Moments. Dabei bedeutet die Erschließung der Sache oder des Inhalts, den objektiven Gehalt dieses Inhalts zu durchdringen. Zugleich geht damit aber einher, den exemplarischen Charakter zu erkennen, das heißt, das Allgemeine, das ‚Kategoriale', auf das der konkrete, spezifische Gegenstand verweist, zu begreifen und darüber auch die eigenen Wissens- und Denkstrukturen grundlegend zu verändern. Allgemeine Inhalte werden im konkreten Lehrinhalt sichtbar und ermöglichen dem Individuum allgemeine, ‚kategoriale' Einsichten. Letzteres meint, nicht nur den Gegenstand, sondern auch sich selbst zu erschließen und diese kategorialen Einsichten auch auf andere, ähnlich strukturierte Inhalte übertragen zu können, dass sich also „dem Menschen seine Wirklichkeit ‚kategorial' erschlossen hat und dass eben damit er selbst [...] für diese Wirklichkeit erschlossen worden ist" (Klafki 1972, S. 44).

Als Möglichkeit, diese doppelte Erschließung zu unterstützen, also Lehrinhalte danach auszuwählen, dass sie solche kategorialen Einsichten erlauben, schlägt Klafki die „didaktische Analyse" vor (Klafki 1972, S. 126-153). Sie zielt darauf ab, in der Lehrvorbereitung herauszuarbeiten, wann mögliche Inhalte als Bildungsinhalte brauchbar sind. Diese Vorbereitung soll dabei helfen, eine fruchtbare Begegnung zwischen Lernenden und Bildungsinhalten zu ermöglichen (vgl. Klafki 1972, S. 127). Dabei ist es wichtig, dass es nicht zuvorderst um methodische Fragen geht, sondern zunächst eine Vergewisserung über den Wert der geplanten (in der Schule durch einen Lehrplan vorgegebenen, in der Erwachsenenbildung/Weiterbildung allerdings oft nicht vorgegebenen) Inhalte ansteht. Die zentrale Aufgabe ist daher, aus der Fülle an möglichen Lehrinhalten solche auszuwählen, die auf etwas Allgemeines, Kategoriales verweisen. Dazu gilt es erstens, den Inhalt in seiner Struktur und Tiefe selbst zu kennen und zu verstehen, und darüber den kategorialen Gehalt, also das Relevante, Lebendige, über das Konkrete hinaus Weisende zu erkennen und entsprechend vermitteln zu können. Dieser kategoriale Bildungswert kann allerdings nur – und hier wird bereits deutlich, was später als „Teilnehmerorientierung als Antizipation" von Tietgens (1980) bezeichnet wurde – mit Blick auf konkrete (wenn auch in der Erwachsenenbildung/Weiterbildung oft noch unbekannte) Lernende herausgearbeitet werden und wohnt nicht allein dem Inhalt ‚objektiv' inne. Zweitens kann der Bildungswert nur vor dem Hintergrund der aktuellen historisch-gesellschaftlichen Situation und mit Blick auf zukünftige Herausforderungen bestimmt, nicht also vollständig generalisiert werden (vgl. Klafki 1972, S. 132).

Klafki schlägt fünf Fragen vor, die diese Ermittlung oder Bestimmung des Bildungsgehalts oder Bildungswerts von Inhalten ermöglichen sollen (geändert nach Klafki 1972, S. 135-140):

1. Welchen größeren bzw. welchen allgemeinen Sinn- oder Sachzusammenhang vertritt und erschließt dieser Inhalt? Welches Urphänomen oder Grundprinzip,

welches Gesetz, Kriterium, Problem, welche Methode, Technik oder Haltung lässt sich in der Auseinandersetzung mit ihm exemplarisch erfassen?
2. Welche Bedeutung hat der betreffende Inhalt bzw. die an diesem Thema zu gewinnende Erfahrung, Erkenntnis, Fähigkeit oder Fertigkeit bereits jetzt für die Lernenden, welche Bedeutung sollte er – vom pädagogischen Gesichtspunkt aus gesehen – darin haben?
3. Worin liegt die Bedeutung des Inhalts für die Zukunft der Lernenden?
4. Welches ist die Struktur des Inhalts?
5. Welches sind die besonderen Fälle, Phänomene, Situationen, Ereignisse etc., an denen die Struktur des jeweiligen Inhalts den Lernenden interessant, fragwürdig, begreiflich, anschaulich werden kann?

Die Beantwortung dieser Fragen für spezifische Themen setzt ein hohes Maß an inhaltlicher Kenntnis voraus, zugleich aber – erst recht für die Erwachsenenbildung/Weiterbildung – eine erhöhte Anforderung, die Situation, Vorkenntnisse und Interessen der Lernenden zu antizipieren.

Insgesamt gehört dieser Ansatz zu den umfassendsten didaktischen Ansätzen, weil er von der Frage nach Bildung ausgeht und die Komplexität von Bildungsprozessen nicht zu reduzieren versucht, sondern über den Begriff der kategorialen Bildung inhaltliche (materiale) und personale (formale) Aspekte vereint und den Blick auf den exemplarischen Gehalt von möglichen Bildungsinhalten richtet. Das didaktische Dreieck bekäme in dieser Lesart eine gewisse ‚Schlagseite' hier nicht in einer der Spitzen, sondern in der Verbindungslinie zwischen Lernenden und Inhalten, die dominant oben stehen müsste, während Lehrende in ihrer Unterstützungsfunktion die untere, weniger dominante Spitze des Dreiecks darstellen würden.

4.2 Konstruktivistische Didaktik

Didaktische Ansätze, die auf konstruktivistischen Annahmen beruhen, haben vor allem in der ersten Dekade des 21. Jahrhunderts große Aufmerksamkeit in der Disziplin der Erwachsenenbildung erfahren. Konstruktivistische Ansätze wurden nicht nur unter didaktischen Gesichtspunkten breit rezipiert, weiterentwickelt und auch kritisiert, sondern haben – bei allen theoretischen Problemen, die ihnen innewohnen, vor allem auch in die Praxis der Erwachsenenbildung/Weiterbildung hineingewirkt (vgl. Schüßler 2003), allerdings sicherlich in theoretisch abgeschwächter Form. Im Zusammenhang mit einer Konjunktur um Begriffe wie ‚selbstgesteuertes' oder ‚selbstorganisiertes' Lernen gab es hier zahlreiche, vor allem auch methodische Anregungen (vgl. Schüßler 2003). Dabei gibt es nicht *den* Konstruktivismus, sondern eine Vielzahl an Grundlagen und Interpretationen. Vor allem die weniger radikalen Positionen konnten für didaktische Überlegungen fruchtbar gemacht werden.

Wie in Kapitel 3 schon ausgeführt, basiert der radikal-konstruktivistische Ansatz auf der erkenntnistheoretischen Annahme, dass wir über die Welt kein objektives Wissen haben können, sondern nur über subjektive Konstruktionen verfügen. Wissen kann daher niemals Wissen über eine objektiv gegebene Welt sein, sondern wird allein vom denkenden Subjekt aufgebaut (vgl. von Glasersfeld 1997, S. 96). Statt Wahrheit oder einer objektiven Struktur der Sache, wie sie etwa in Klafkis bildungstheoretischem Ansatz (vgl. Absatz 4.1) stark gemacht wird und als Kriterium für den Wert der zu vermittelnden Sache fungiert, wird das Kriterium der ‚Viabilität' eingeführt, das als Brauchbarkeit oder Nützlichkeit der subjektiven Konstruktion definiert ist.

Die Konsequenzen für die Vorstellungen über Lernen, vor allem aber für Vermittlungsfragen und damit Didaktik, sind in dieser radikalen Lesart gravierend. Wissensvermittlung und auch Kommunikation werden im Grunde unmöglich, wenn zwei unterschiedlich geschlossene Systeme aufeinandertreffen. Siebert bringt dies auf den viel zitierten Satz „Erwachsene: lernfähig, aber unbelehrbar?" (Siebert 2003a, S. 27). In weniger radikaler, eher durch sozial-konstruktivistische und interaktionistische Ansätze geprägter Lesart lassen sich aber durchaus fruchtbare Implikationen für die Lehre ableiten.

Zunächst gilt dabei, dass Lehrende nicht trichterförmig Wissen in Lernende ‚hineingießen' können, sondern allenfalls Deutungsangebote machen können, die dann kommunikativ oder intersubjektiv ausgehandelt werden müssen. Das subjektiv konstruierte Vorwissen der Lernenden kann allenfalls irritiert werden, Lernen kann aber nicht erzwungen werden. Deutungen und Konstruktionen von Lernenden sind dabei nicht weniger richtig als die von Lehrenden, da es richtig und falsch, also ‚Wahrheit', gar nicht mehr gibt. Kern ist vielmehr die Frage, wie brauchbar (‚viabel') solche Deutungsangebote für konkrete Fragestellungen oder Probleme sind. Daraus ergibt sich, so eine zentrale positive Deutung dieses Ansatzes, eine wertschätzendere und respektvollere Haltung gegenüber den Lernenden und ein (allerdings nur vermeintliches) Auflösen von Hierarchien, was besonders für die Bildungsarbeit mit Erwachsenen angemessen scheint. Statt instruktionistischer und lehrzentrierter Belehrung geht es, bezogen auf das didaktische Arrangement, um Ermöglichung des Lernens, da Wissen nicht erzeugt, sondern seine Aneignung nur ermöglicht werden kann (vgl. Arnold & Gómez Tutor 2007). Der Begriff der „Ermöglichungsdidaktik" (Arnold & Gómez Tutor 2007; Arnold & Schüßler 2003; Siebert 2003b) hat daher weite Verbreitung und Akzeptanz gefunden und versucht, dem Eigensinn der Lernenden Rechnung zu tragen und eine der Lehre immer unterstellte ‚Fremdbestimmung' so weit wie möglich zurückzufahren. Lehrende werden dann von Belehrenden oder linearen Vermittler*innen zu Lernberater*innen, Facilitators oder Lernarrangeur*innen (vgl. Schüßler 2003, S. 81), die Lernende bei der Verfolgung ihrer eigenen Lerninteressen und der Entwicklung ihrer eigenen Konstruktionen unterstützen, aber nicht fertiges Wissen bzw. ihre eigenen Konstruktionen vorgeben. Lernen findet daher, so die idealisierende

Annahme, selbstgesteuert und entsprechend den Voraussetzungen und Interessen der Lernenden statt. Zusammenfassend findet sich dies in einem frühen Zitat von Arnold (1993 in Siebert 2003a, S. 46):

„Der Lehrer arrangiert zwar weiterhin die Lernsituation (...), doch plant und gestaltet er den Lernprozess weniger in der Form von Impulsen und Dauervortrag ... als vielmehr in der Form von Lernfragen, Aufgabenstellungen, Hilfen und Beratung (..). Er schafft somit die Bedingungen für die Selbstorganisation der Lernenden. Mit anderen Worten ‚erzeugt' der Lehrer nicht mehr das Wissen, das ‚in die Köpfe (der Schüler) soll'; er ‚ermöglicht' Prozesse der selbsttätigen und selbständigen Wissenserschließung und Wissensaneignung."

Leitlinien einer solchen (nicht mehr radikal-)konstruktivistischen Didaktik beziehen sich also vor allem auf die Frage, wie ein Lernarrangement methodisch möglichst ansprechend gestaltet sein kann. Dafür gilt es vor allem Lernsituationen zu schaffen, in denen Selbsttätigkeit möglich wird, idealerweise durch einen weitgehenden Verzicht auf Prüfungen, durch die Bereitstellung von möglichen Inhalten bei gleichzeitiger ‚didaktischer Selbstwahl' der Teilnehmenden, durch Methodenvielfalt und eine veränderte Rolle der Lehrenden als Moderator*innnen oder Facilitators (vgl. Reich 1998).

In der Annahme, Inhalte könnten nicht (und sollten eigentlich auch nicht) vermittelt werden, weil die Lernenden selbst entscheiden müssen, was sie interessiert, und es ihnen aufgrund der autopoietisch geschlossenen Denksysteme auch gar nicht vorgeschrieben werden *kann*, wird also der Schwerpunkt auf methodische Arrangements gelegt (vgl. Arnold 2001, S. 102), bei denen dann jedoch die Inhaltlichkeit untergeht oder beliebig wird, es also auch keine Kriterien mehr für die Inhaltsauswahl geben kann (vgl. Schüßler 2003). Damit geht allerdings ein zentrales Merkmal von Didaktik und der Legitimation von Vermittlungstätigkeit (in welchem methodischen Arrangement auch immer) verloren, Erwachsenenbildung/Weiterbildung würde sich selbst – radikal-konstruktivistisch gedacht und sehr zugespitzt formuliert – ihre Berechtigung entziehen (vgl. Terhart 1999; Schüßler 2003). Zugleich kann mit der Betonung von Selbststeuerung und der Nicht-‚Machbarkeit' des Lernens eine Institutionenfeindlichkeit einhergehen, die die Notwendigkeit einer systematischen, begründeten und professionellen, auch inhaltlichen Gestaltung von Lehr Lernarrangements ignoriert.

Abgesehen von der Gefahr, dass solche Argumente auch zur Kostenreduzierung (es braucht keine professionellen Pädagog*innen mehr) eingesetzt werden, wurde zunehmend auch das Problem diskutiert, dass die Fähigkeit zur Selbstorganisation beim Lernen höchst voraussetzungsreich ist und ebenfalls erst erlernt werden muss (vgl. Bremer 2006; Schiersmann 2006). Dieses Problem wird auch bei subjektorientierten Ansätzen diskutiert (vgl. Absatz 4.5). Damit verbunden ist schließlich ein weiterer zentraler Kritikpunkt an konstruktivistischen Theoriekonzeptionen: Durch die Abwehr, Wissen über die Welt sei möglich, und durch die Behauptung, alles sei subjektive Konstruktion, wird eine kritische Reflexion gesellschaftlicher Strukturen und ihrer Folgen (etwa kapitalistischer Verhältnisse oder sozialer Ungleichheitsverhältnisse) ebenso verunmöglicht wie eine Veränderung derselben (was es objektiv nicht gibt, kann auch nicht verändert werden) (vgl. Faulstich 1998). Fragen von Aufklärung, Selbstbestimmung und Emanzipation in restriktiven gesellschaftlichen Bedingungen und ihre Überwindung oder zumindest Bearbeitung durch Bildung können dann eigentlich nicht mehr gestellt werden (vgl. auch Mader 1997, S. 78), wenngleich pädagogische Vertreter*innen konstruktivistischer Ansichten durchaus an diesem Impetus festhalten (z.B. Siebert 1999). Aus didaktischer Perspektive schließlich wird im Grunde das zentrale Problem der ‚Vermittlung' ausgeklammert (vgl. Ludwig 2005; Haberzeth 2010) oder allenfalls über eine – im Grunde aber nicht gestaltbare – strukturelle Kopplung (Siebert 1999) denkbar.

Dass sich konstruktivistische Ansätze in der Praxis und auch bei Studierenden dennoch großer Beliebtheit erfreuen, mag unter anderem der Entlastungsfunktion zuzuschreiben sein, die damit einhergeht, dass Lernen nicht linear aus Lehren abgeleitet werden kann. Wenn Lehre nicht ‚funktioniert', liegt es in dieser Lesart nicht (allein) in der Verantwortung der Lehrenden, sondern kann durch die eigentliche Unmöglichkeit der Vermittlung begründet werden. Damit liefert dieser Ansatz auch eine plausible Legitimation dafür, Erwachsene als Erwachsene ernst zu nehmen, sie auch in der Lehre nicht wie Schüler*innen zu behandeln oder gar ‚erziehen' zu müssen, ihren Eigensinn zu akzeptieren und ihnen auch weniger restriktive Angebotsformate unterbreiten zu dürfen.

Weiterhin gab es, gerade wegen der methodischen und individualisierenden Tendenz des Ansatzes (und ‚Schlagseite' des didaktischen Dreiecks auf der Lernendenseite) zumindest in der Rezeption, eine Reihe von methodischen Entwicklungen, die ganz unabhängig von den erkenntnistheoretischen Grundannahmen das erwachsenenpädagogische Lehrhandeln bereichert und die Diskussion um ‚neue Lernkulturen' im Sinne der methodischen Gestaltung und des Lehrsettings belebt haben (vgl. Arnold & Schüßler 1998; Siebert 2006a) – Entwicklungen, die in der Praxis der Erwachsenenbildung/Weiterbildung vermutlich längst geschehen waren, durch konstruktivistische Ansätze aber eine plausible Legitimationsgrundlage bekommen haben (vgl. Faulstich & Zeuner 2006).

4.3 Kompetenzorientierte Didaktik

Vor allem in der beruflichen Aus- und Weiterbildung hat Kompetenz als Orientierung oder „Leitkategorie" (Gillen 2013) für didaktisches Handeln spätestens seit der Jahrtausendwende einen besonderen Stellenwert. Dabei schien es zeitweilig, als solle der Kompetenz-Begriff den Bildungsbegriff ablösen (vgl. z.B. Report 49/2002: Kompetenzentwicklung statt Bildungsziele?). Ohne dass dabei immer Einigkeit bestanden hätte oder bestünde, was unter „Kompetenz" oder „kompetenzorientierter Bildung" zu verstehen ist (vgl. Reischmann 2004), kann in einer Annäherung als Konsens formuliert werden, dass es im Kern darum geht, „Bildungssequenzen an den Anforderungen und Herausforderungen anschließender Arbeits- und Lernphasen […] auszurichten" (Gillen 2013, S. 1). Aus diesem Grund lassen sich hier – wenn auch nur sehr holzschnittartig – Ansätze subsummieren, die ein besonderes Augenmerk auf Verwertungssituationen und kompetentes Handeln oder enger: Verhalten legen (vgl. Gudjons & Winkel 2006; Siebert 2003a; Robinsohn 1972; Möller 2006).

Ein kompetenzorientiertes und dabei sehr spezifisches Modell wird explizit für die Weiterbildung unter anderem von Reischmann vertreten (z.B. 2004, 2005). Dieser bislang wenig beachtete Ansatz erscheint zunächst insofern pragmatischer und ‚kleiner' als die vorherigen beiden Modelle (und auch als etwa die Überlegungen von Frank & Iller 2013), da er weniger auf bildungs- oder erkenntnistheoretische Grundlagen rekurriert, sondern sehr explizit auf Verwendungssituationen abzielt und diese in den Vordergrund rückt. Gerade für das erwachsenenpädagogische Handlungsfeld ist dieser Bezug unmittelbar relevant. Der Anspruch des Reischmann'schen Ansatzes ist dennoch auf seine Art weitreichend: Er ordnet seine Überlegungen unter anderem in die Frage nach Wirkungsforschung ein, die gerade in der Erwachsenenbildung/Weiterbildung durchaus problematisch diskutiert und zum Teil vernachlässigt wird (vgl. Reischmann 1993, S. 199). Mit der Frage nach Wirkungen von Weiterbildung am „day after tomorrow" (Reischmann 2005), also *nach* der Weiterbildung, wird ein zeitliches Kontinuum und eine Verantwortung von Didaktik eröffnet, die weit über die Lehrsituation selbst hinausgeht. Es geht also um den Transfer des in einer Veranstaltung gelernten in die Lebenspraxis.

Diese Frage nach der Nachhaltigkeit des Gelernten wird zwar zunächst sehr grundsätzlich gestellt und ebenso auf allgemeine oder politische Erwachsenenbildung bezogen, dann aber doch eher enger in Bezug zu beruflicher Tätigkeit verhandelt. Dies ist vor dem Hintergrund, dass berufliche Weiterbildung das dominante Segment von Erwachsenenbildung/Weiterbildung darstellt (vgl. Bundesministerium für Bildung und Forschung 2016), durchaus angemessen. Allerdings wird auch dieser Bereich noch weiter eingegrenzt und auf Kompetenzerwerb in einem sehr spezifischen Verständnis ausgerichtet (vgl. auch Möller 2006).

Es geht also darum, einen didaktischen Ansatz zu entwickeln, der kompetenzorientiert ist und zugleich Wirkungen der Weiterbildung systematisch einbezieht. Dafür entwickelt Reischmann zunächst einen spezifischen und engen Kompetenz-Begriff (vgl. Reischmann 2004, S. 155), der für die didaktische Planung eines bestimmten Typs von Weiterbildungsangeboten geeignet ist (vgl. Reischmann 2004, S. 159). Es geht dabei vor allem um Angebote, die auf eine schnelle Umsetzung von Kompetenzen zielen, in denen es also um kurzfristig umsetzbare berufliche Handlungskompetenz geht, wie es etwa in Trainings der beruflich-betrieblichen Weiterbildung häufig der Fall ist.

Kompetenz beschreibt, so Reischmann auch im Anschluss an Hof (2002), Arnold (2002) und Brödel (2002), zunächst „einen hypothetisch angenommenen inneren Zustand, eine Disposition" (Reischmann 2004, S. 156). Sichtbar werden kann diese innere Disposition erst in der „äußerlich sichtbare[n] Performanz, deren Zustandekommen vom Beobachter hypothetisch auf das Vorhandensein einer inneren Disposition zurückgeführt wird“ (Reischmann 2004, S. 156.). Dies hat eine Reihe von Implikationen (vgl. Reischmann 2004, S. 4-6): Kompetenz ist in dieser Definition ohne real beobachtbare Handlung (z.B. eine Maschine bedienen oder eine Präsentation abhalten oder auch die Anfangssituation eines Kurses gestalten) nicht feststellbar und sie muss zudem auf einen überschaubaren und eingrenzbaren Bereich beschränkt bleiben (vgl. Reischmann 2004, S. 156). Es kann also nicht von einer ‚allgemeinen‘ Handlungsfähigkeit die Rede sein, sondern mit Hof (2002) von situationsbezogenen Handlungsfähigkeiten, damit der Begriff nicht uferlos wird (vgl. auch Abschnitt 5.3.4).

Mit einem derart konkret-engen Verständnis von Kompetenz ist auch eine Eingrenzung verbunden, für welchen Veranstaltungstyp sich der Ansatz eignet, nämlich solche, in denen konkrete Handlungskompetenz erklärtes Ziel ist und nicht allein die Erweiterung von Wissen (vgl. Reischmann 2004, S. 165). Für einen politischen Diskussionskreis, eine Einführung in zeitgenössische lateinamerikanische Literatur oder ein Erzählcafé ist ein solcher Ansatz nicht geeignet, hierfür wären andere didaktische Ansätze zu wählen. Für Kommunikationstrainings, eine Veranstaltung zum Thema ‚Professionell präsentieren und moderieren‘ etwa in der betrieblichen Weiterbildung oder für die Bedienung einer Maschine kann sie allerdings hilfreich sein.

In einem kompetenzorientierten Zweitagesseminar ‚Präsentieren und Moderieren‘ im betrieblichen Kontext geht es etwa nicht darum, theoretische Hintergründe verschiedener Moderationstechniken kennenzulernen, auch nicht in erster Linie um eine kritische Reflexion des Gegenstandes ‚Präsentation und Moderation in der heutigen Gesellschaft‘, sondern darum, dass die Teilnehmenden am Ende gute Präsentationen halten und Sitzungen professionell moderieren können. Beides gilt es einzuüben und damit auch überprüfbare Indikatoren dafür zu entwickeln, was eine gute Moderation ausmacht. Gleiches gilt etwa für einen Kurs zu Entspannungstechniken. Diese können zwar theoretisch eingeordnet und in ihrer Herkunft erläutert oder auch erarbeitet werden, in einem kompetenzorientierten Seminar wäre aber das Ziel, sie so einzuüben, dass sie relativ stabil angeeignet werden und damit in den (privaten oder beruflichen) Alltag übertragen werden können.

Diese ‚strenge‘ Auslegung von Kompetenz muss keineswegs ein ganzes Seminar umfassen, sondern kann sich auch nur auf Ausschnitte beziehen (vgl. Reischmann 2004, S. 13). So kann die Einführung in zeitgenössische lateinamerikanische Literatur zwar vorrangig auf das Kennenlernen und gemeinsame Lesen von Texten ausgerichtet sein, aber dennoch kompetenzorientierte Anteile einer strukturierten Textinterpretation enthalten. Zugleich wäre eine kritische Einordnung des Nutzens und der Instrumentalisierbarkeit von Entspannungstechniken in einer beschleunigten, leistungsorientierten und auf Wettbewerb ausgerichteten Gesellschaft aus (erwachsenen-)pädagogischer Sicht durchaus erstrebenswert.

Um Lehrveranstaltungen nach einem solchen kompetenzorientierten Modell durchzuführen und dafür die angemessenen Inhalte auszuwählen, braucht es präzise Zielbestimmungen (Was ist das kompetente Handeln, das am Ende des Kurses stehen soll?) und genauso präzise Zerlegungen des Grobziels (präsentieren und moderieren können) in Feinziele (vgl. auch Götz & Häfner 2005, S. 91-94). Empfohlen wird dafür die Technik der Zielanalyse nach Mager (1973; vgl. aber auch Möller 2006; Götz & Häfner 2005, S. 91-94), die auch im Zusammenhang mit der Prüfung der Wirksamkeit verwendet wird (vgl. Reischmann 2003). Hier werden Ziele „so weit als möglich in eine Liste von beobachtbaren [...] Handlungen aufgegliedert" (Reischmann 2004, S. 166) und diese dann eingeübt. Diese Technik der Zielanalyse soll hier nicht im Detail ausgeführt werden, kann aber den analytischen Blick für die einzelnen Seminarinhalte und ihre Tauglichkeit für die Entwicklung von Kompetenz bzw. genauer: von Performanz schärfen.

Reischmann (2004) formuliert übergreifend drei zentrale Fragen, mit denen geprüft werden kann, ob ein Seminar, das Kompetenz verspricht, dies auch halten kann:

1. Ist in dem Seminarangebot das Können formuliert, das erzielt werden soll, oder werden vielmehr nur vage Inhaltsbeschreibungen gegeben?
2. Ist das Können konkret formuliert und – wenn es denn erreicht ist – ein beobachtbares Handeln, oder werden eher vage Allgemeinversprechungen gegeben?
3. Wird der Lernweg so beschrieben, dass das handelnde Erproben, das Einüben sichtbar wird, das zur Kompetenzentwicklung nötig ist?

Diese Fragen können sowohl für Lehrende in ihren eigenen Seminaren als auch für Lernende eine Orientierung darüber bieten, ob die Veranstaltung tatsächlich kompetenzorientiert (in diesem konkret-engen Verständnis) ist.

Wie anfangs angedeutet, stellt sich aber gerade in der Erwachsenenbildung/Weiterbildung verstärkt auch die Frage nach der Anwendung in der Lebens- oder Berufspraxis: Wird das im Seminar Gelernte und Eingeübte auch wirklich gezeigt – und wenn nein, warum nicht? Statt die ‚Schuld' auf die Lernenden zu schieben oder auf die ‚schlechte Lehre', wird hier der Blick für die Bedingungen und Ressourcen des Danach geöffnet und der Kompetenz-Begriff um einen Aspekt erweitert, der in der Erwachsenenbildung/Weiterbildung nicht immer Beachtung findet: Kompetenz kann nämlich auch meinen, die Befugnis zu etwas zu haben. Damit ist, neben der inneren Seite der (im Handeln gezeigten) Fähigkeit eine äußere Seite von Kompetenz angesprochen (vgl. Reischmann 2004, S. 161-163). Diese umfasst nicht nur offizielle Befugnisse (etwa einen Gabelstaplerführerschein oder – weniger formalisiert, aber doch immerhin ein Nachweis – ein Zertifikat in Präsentations- und Moderationstechniken), sondern auch implizite Befugnisse: Wenn Beschäftigte trotz ihres Trainings nicht die Moderation der nächsten Teamsitzung übernehmen dürfen, dann können sie auch keine Performanz zeigen und die Kompetenz auch nicht dauerhaft behalten. Wenn zudem innerhalb dieses Seminars eine Whiteboard-Kompetenz für die Präsentationen angeeignet wurde, im Unternehmen aber keine oder zu wenige Whiteboards zur Verfügung stehen, dann scheitert der Transfer aus der Lehrsituation hinaus in die jeweilige Handlungssituation zudem an fehlenden Ressourcen. Performanz setzt also neben der Handlungsfähigkeit auch die Handlungserlaubnis und entsprechenden Ressourcen voraus. Kompetenzentwicklung erfordert daher im Grunde eine Dreifachförderung (vgl. Reischmann 2004, S 165): Fähigkeit, Erlaubnis und Ressourcen.

Hier stellt sich nun allerdings die Frage nach der Zuständigkeit der Erwachsenenbildner*innen. In der Regel endet die Zuständigkeit mit dem Ende der Lehrveranstaltung. Gerade in der betrieblichen Weiterbildung allerdings, wo Anbieter oder Weiterbildner*innen oft Aufträge für Seminarkonzeptionen von einem Unternehmen, von der Personalentwicklung, vom Führungspersonal bekommen und die Seminare in enger Absprache konzipieren, wäre zumindest denkbar, hier den eigenen Kompetenzanspruch auszuweiten und die Notwendigkeit von Befugnissen und Ressourcen im Betrieb zumindest zu formulieren. Die Notwendigkeit von Befugnissen und Ressourcen könnte gegenüber dem Auftraggeber als Bedingung von Kompetenz bzw. Performanz transparent gemacht werden und damit eben auch noch der Transfer unterstützt werden. Dies wäre dann nicht als Grenzüberschreitung zu verstehen, sondern als begründete Ausweitung der Begrenzung von Lernunterstützung, die doch immer auf nachhaltige Wirkung und Transfer abzielt.

Da der kompetenzorientierte Ansatz geeignet ist für spezifische Veranstaltungstypen, von denen es allerdings gerade in der beruflich-betrieblichen Weiterbildung nicht wenige geben dürfte, ist der darin formulierte Kompetenz-Begriff jedoch „um Dimensionen kleiner als der Bildungsbegriff, kann ihn keinesfalls ersetzen, ist vielmehr auf ihn angewiesen für die Grundsatzentscheidung, ob Kompetenz und welche Kompetenz in welchem Kontext angemessen ist oder nicht" (Reischmann 2004, S. 160-161). Mit Gillen (2013, S. 4-5) wäre dieser Ansatz eher auf der methodischen, nicht auf der curricularen, also inhaltsbezogenen Ebene anzusiedeln (siehe hierzu bspw. auch den in der beruflichen Weiterbildung immer wieder angeführten Ansatz von Robinsohn 1972). Es bräuchte also dennoch Kriterien, auch normative, zur Entscheidung darüber, welche Kompetenzen erforderlich und welche angemessen sind, welche also vermittelt werden sollen und auch wie sie vielleicht dennoch – eher inhalts- und nicht kompetenzbezogen – im Seminar eingeordnet werden müssten (siehe bspw. die kritische Reflexion des Einsatzes von Entspannungstechniken zur Steigerung der Arbeitsproduktivität).

Setzt man Klafkis (1972) kategoriale Bildung als umfassende Klammer, so ließe sich hier eine gewisse ‚Schlagseite' hin zur formalen Bildung befürchten, da der Ansatz selbst so gut wie keine Kriterien für die Auswahl und Bewertung der Inhalte gibt. Nur innerhalb des engen Rahmens einer schon festgelegten Kompetenz (präsentieren und moderieren können) gibt die Zielanalyse Möglichkeiten der Operationalisierung bzw. der didaktischen Reduktion vor.

4.4 Identitätstheoretische Didaktik

Ob man tatsächlich von einer identitätstheoretischen *Didaktik* sprechen kann, sei zunächst einmal dahingestellt. Allerdings hat Siebert (bspw. 2003a) diesen Begriff verwendet und neben die hier bereits genannten Ansätze gestellt. Von identitätstheoretischen Überlegungen her über Didaktik zu sprechen, lässt sich aber insofern rechtfertigen, als erstens damit spezifische Veranstaltungstypen und methodische Arrangements verbunden sind, wie etwa Erzählcafés oder die Methode der guided autobiography, und als zweitens damit auch breite und die Erwachsenenbildung prägende Diskurse aufgegriffen werden, die sich aus mindestens soziologischen, anthropologischen, psychologischen und bildungstheoretischen Herkünften speisen und diese letztlich auf ihre erwachsenenpädagogisch-didaktischen Implikationen hin befragen.[14]

Wie in Kapitel 3 zu Lerntheorien bereits ausgeführt, gehören Biografie und Identität zu den zentralen Kategorien der Erwachsenenbildung/Weiterbildung und damit auch didaktischer Überlegungen. Vor dem Hintergrund von Individualisierungsprozessen, der Auflösung von Normallebensläufen und einer damit einhergehenden Häufung von biografischen Brüchen und Übergängen wird Identitätsentwicklung als lebenslanger, unabgeschlossener Prozess betrachtet. Identitäten sind auch im Erwachsenenalter nicht stabil, sondern müssen beständig bearbeitet und wieder neu angeeignet werden. Dieses wurde in der Erwachsenenbildung unter dem Begriff ‚Biografizität' gefasst (Alheit 1990, 2010; vgl. auch Abschnitt 3.1.2), der die Gestaltbarkeit der Biografie und zugleich ihre (manchmal limitierende und krisenhafte) gesellschaftliche Einbindung betont.

Didaktische Überlegungen hierzu werden vor allem unter dem Begriff ‚biografische Bildungsarbeit' verhandelt. Sie richten sich einerseits auf den Umgang mit Identitätsverunsicherungen und -krisen, betonen und unterstützen aber andererseits auch die Entdeckung von Möglichkeitsräumen und die Verwirklichung von Entwicklungspotenzialen. So gibt es bspw. Veranstaltungstypen oder auch (kleinteiligere) Seminarmethoden, die die Reflexion der eigenen Biografie zum Gegenstand haben und die darin eine Verbindung von Lerninhalten mit der eigenen Biografie ermöglichen, wobei diese Synthese aber nur von den Lernenden selbst geleistet werden kann (vgl. Siebert 2003a). Veranstaltungsformate sind etwa Erzählcafés oder Schreibwerkstätten, wie sie unter anderem in der Bildungsarbeit mit Älteren stattfinden. Auch einzelne Methoden wie etwa die Aufzeichnung von Lebenslinien (vgl. Siebert 2006a) oder das Niederschreiben einer kurzen eigenen Lernbiografie (vgl. Faulstich & Bracker 2015) werden in solchen didaktischen Zusammenhängen genannt. Schon früh aufgegriffen und recht etabliert ist die Methode der guided autobiography, die Mader (1989) als „gelenkte biographische Selbstreflexion" (Mader 1989, S. 147) eingeführt hat. Dabei geht es um eine ge-

14 In einer jüngeren Veröffentlichung verwendet Siebert statt der identitätstheoretischen Didaktik den Begriff der biografischen Didaktik (Siebert 2012b).

genstandsbezogene Reflexion der eigenen Lebensgeschichte, das heißt, nicht die Biografie als Ganze wird thematisiert, sondern ausgewählte Aspekte und Lebensbereiche. Die Bindung an Themen soll gewährleisten, dass sich die biografische Arbeit „normalerweise innerhalb der gesicherten und persönlichkeitsspezifischen Strukturen von Abwehrmechanismen" entwickelt (Mader 1989, S. 151).

Dies ist insofern wichtig, als gerade biografische oder identitätsbezogene Bildungsangebote sich der Grenzen zur Therapie sehr bewusst sein müssen. Dabei kann es auch nicht darum gehen, dass die Teilnehmenden nur noch um sich selbst kreisen, das biografische Lernen sich „in Selbstreflexion und in Selbstthematisierung" (Siebert 2006a, S. 46) oder gar einer „narzisstischen Egozentrik" (Siebert 2006a, S. 46) erschöpft. Aus erwachsenenpädagogischer Sicht muss es stattdessen immer darum gehen, sich mit einer Sache, mit einem Thema konzentriert auseinanderzusetzen. Siebert (2006a) greift hier auf Klafkis doppelseitigen Erschließungsbegriff zurück, der trotz einer durchaus subjektbezogenen Ausrichtung eben immer auch die Erschließung von Themen beinhaltet. Zu einem angemessenen Verständnis von Identität gehören eben nicht nur subjektiv, sondern auch gesellschaftlich relevante Themen, Wissensbestände und Erfahrungen, mit denen sich das Subjekt im Rahmen der Identitätsarbeit auseinandersetzen muss. Damit wird in der identitätsbezogenen oder biografischen Didaktik nicht nur das Selbst-, sondern auch das Weltverständnis angesprochen.

Eine derart identitätsbezogene Didaktik hat einerseits eine Nähe zu Therapie und Selbsthilfe (vgl. Siebert 2003a) und ist daher durchaus mit Vorsicht zu betrachten und v.a. durchzuführen. Nicht alle Identitätsfragen sind in institutionalisierter Erwachsenenbildung/Weiterbildung richtig aufgehoben. Andererseits wird gerade der Biografie- und Identitätsbezug aber einem eng verwertungsbezogenen Interesse, wie es etwa im kompetenzorientierten Ansatz von Reischmann (2004, 2005) offensiv und transparent vertreten wird, entgegengesetzt.

Biografiereflexive Ansätze haben ein hohes (gesellschafts-)kritisches Potenzial und können nicht nur bei der Verarbeitung lebensgeschichtlicher (gesellschaftlich gerahmter) Prozesse helfen, sondern eben auch die für Bildung notwendige Verknüpfung individueller Erfahrungen mit gesellschaftlichen Prozessen (und Beschränkungen) sensibilisieren. Sie können jedoch die Gefahr einer Überbetonung und -bewertung des Subjekts (also der Lernenden-Spitze des didaktischen Dreiecks) beinhalten, wenn die Synthese individueller lebensgeschichtlicher Erfahrungen mit Lerninhalten nicht gelingt. In ihrem Grundansatz sind sie aber auf eben diese Synthese ausgerichtet, verfolgen einen anspruchsvollen Identitätsbegriff und können vor allem im Zusammenhang allgemeiner und politischer Bildung eingesetzt werden, ohne dass eine Nutzung, etwa für die Entwicklung beruflicher Perspektiven und Lernanforderungen (vgl. Siebert 2006a), ausgeschlossen wäre.

4.5 Subjektorientierte Didaktik

Auch wenn sich der oben beschriebene Ansatz schon einem subjektorientierten Zugang zuordnen ließe, wird schließlich seit einiger Zeit (früh: Zeuner 2004) eine subjektorientiere didaktische Theorie thematisiert. In enger Variante basiert sie auf den lerntheoretischen Annahmen von Holzkamp (1995), in weiterer Fassung lässt sich allerdings darunter mindestens auch der identitätstheoretische Ansatz fassen (vgl. Abschnitt 4.4), und Ludwig (2005) subsummiert sogar konstruktivistische Ansätze darunter. Die Implikationen für Didaktik lassen sich letztlich umfassend als Versuch, selbstbestimmtes oder expansives Lernen zu fördern, begreifen.

Wie in Kapitel 3 dargestellt, ist für die subjektorientierte Lerntheorie und vor allem ihre didaktischen Konsequenzen maßgeblich, dass sie keinem „Lehr-Lern-Kurzschluss“ (Holzkamp 2004) unterliegt. Der Ausgangspunkt, dass Lernen immer von Lebensinteressen ausgeht und in diese eingebunden ist, zudem Belehrung eher zu defensivem Lernen führt und es daher gilt, expansives Lernen zu fördern (vgl. Abschnitt 3.1.2), führt zunächst zu einer ausgesprochen bildungsinstitutionenkritischen Haltung, die von Holzkamp im Anschluss an Foucault (2015) vertreten wird und auch die erwachsenenpädagogische Rezeption in zweierlei Hinsicht geprägt hat: zum einen durch einen Fokus (v.a. auch für empirische Arbeiten) auf Lernwiderstände (exemplarisch: Faulstich & Bayer 2006; Grell 2006), zum anderen durch die Diskussion und erwachsenenpädagogische Relativierung der scharfen Institutionenkritik (z.B. Faulstich & Ludwig 2004; Faulstich et al. 2002; Faulstich 2014a). In enger Lesart sind – dies gilt für subjektorientierte ebenso wie für konstruktivistische Ansätze – Institutionen und entsprechend auch didaktische Interventionen Maßnahmen der Disziplinierung und Fremdbestimmung. Institutionen werden daher als „kontaminierte Lernverhältnisse“ (Gnahs 2004, S. 92) diskutiert (vgl. hierzu insgesamt die Auseinandersetzungen mit institutionenkritischen Ansätzen z.B. bei Faulstich & Ludwig 2004, aber auch bei Schäffter 2003).

Erst in der Auseinandersetzung mit der Kritik sowohl an konstruktivistischen als auch an subjektorientierten Ansätzen, etwa dass selbstbestimmtes oder selbstgesteuertes Lernen ausgesprochen voraussetzungsreich ist, dass es Support für Lernen braucht und dass eine Abwehr jeglicher institutioneller Unterstützung auch bedeuten würde, die Lernenden alleine zu lassen, ließ sich auch die Rolle der Lernenden wieder neu denken, ohne dabei der unterstellten „üblichen“ „Herstellungsdidaktik“ (Faulstich & Zeuner 2006, S. 51) erneut zu verfallen.

Es gibt dabei nun unterschiedliche didaktische Überlegungen, die zum Teil schon länger zurückreichen. So versucht etwa Ludwig (2004, 2005) durchaus im Anschluss an ältere subjekt- und verständigungstheoretische didaktische Überlegungen (Schlutz 1984; Meueler 1993) Lehr-Lernsituationen letztlich als kooperativen Selbst- und Fremdverständigungsprozess zu begreifen, an dem Lernende und Lehrende beteiligt und aufeinander bezogen sind (vgl. Ludwig 2005, S. 79). „Vermittlung“ wird konzipiert als „Verstehens- und Beratungsleistung“ (Ludwig 2004,

S. 120), die in Interpretations- und Beratungsangeboten für die Lernenden mündet. Gleichzeitig versteht sich in einem solch kooperativen Prozess auch die*der Lehrende als Lernende*r, so dass Hierarchien zumindest verringert werden. Die professionelle Leistung der Lehrenden besteht darin, ein Setting zu gewährleisten, in dem Verstehen möglich wird, und zwar sowohl als Anerkennung als auch als Kritik von eingebrachten Bedeutungshorizonten (vgl. Ludwig 2005, S. 121).

Anders als etwa in der sehr zielorientierten und durchaus direktiven kompetenzorientierten Didaktik und auch anders als in der bildungstheoretischen Didaktik, die doch immerhin auf ‚kategoriale Einsichten' abzielt (vgl. Abschnitt 4.1 und Abschnitt 4.3), soll oder kann hier kein vorgeplantes Ergebnis realisiert werden (vgl. Ludwig 2004, S. 122), sondern Gegenstand und Inhalt sind vor allem die eingebrachten Bedeutungshorizonte und subjektiven Handlungsproblematiken. Damit ist die Inhaltsauswahl nicht vorab und für alle gültig zu betrachten, sondern es sollen, „gesellschaftlich verfügbar Theorien und Wissensbestände" in den gemeinsamen Interpretationsprozess eingeführt werden, die „den subjektiven Bedeutungshorizonten als kritische Gegenhorizonte angeboten werden" (Ludwig 2005, S. 80). Sie bieten damit die Chance auf die Erweiterung möglicher Bedeutungs- und Interpretationshorizonte der Lernenden und können darüber neue Handlungsmöglichkeiten eröffnen. Weil die Verständigungsprozesse im Modus von Anerkennung und Kritik stattfinden (vgl. Ludwig 2004, S. 124), ist die Gefahr der Entwicklung von Lernwiderständen oder defensivem Lernen gemindert.

Der Ansatz ist jedoch noch nicht sehr ausgereift und verbleibt recht abstrakt, erst recht, wenn es um Fragen der konkreten Auswahl geht, welche gesellschaftlich verfügbaren Theorien oder Wissensbestände denn vorbereitet und eingebracht werden sollen, wie etwa eine Seminarausschreibung aussehen könnte oder wie sich das Einlassen auf die unterschiedlichsten Bedeutungshorizonte bewältigen lassen soll. Zu fragen wäre auch, ob nicht Beratungssituationen eher dafür geeignet wären, diese Verständigungsdidaktik zu realisieren, als etwa Kursformate mit 20 Teilnehmenden. Nichtsdestotrotz nimmt der Ansatz das Problem der Vermittlung auf kreative Weise auf, indem vor allem Bedeutungshorizonte und Gegenhorizonte als Bildungsinhalte vorgeschlagen werden. Auch in einem subjektorientierten Ansatz besteht allerdings die Gefahr einer ‚Schlagseite' des didaktischen Dreiecks hin zum Subjekt, wenn die Bedeutung von Inhalten für die Verfügungserweiterung ignoriert oder jegliches inhaltlich vorstrukturierte Angebot als fremdbestimmt verstanden wird.

In zwar theoretisch elaborierter, aber durchaus auch praxisanleitender Sicht lassen sich schließlich didaktische Hinweise finden, die über den Fokus auf Verständigungsprozesse hinausgehen und darauf abzielen, Selbstbestimmung im Lernen auf unterschiedlichsten Ebenen zu ermöglichen und zu fördern, auch innerhalb institutioneller Arrangements. Diese Hinweise werden teilweise auch unter der (z.T. eher mit Bezügen zum Konstruktivismus geführten) Debatte um selbstgesteuertes Lernen verhandelt.

So nennen etwa Gnahs & Seidel (2002) und Gnahs (2002) acht Aspekte, anhand derer sich Lernarrangements charakterisieren und daraufhin befragen lassen, inwieweit in ihnen Selbstbestimmung ermöglicht wird (oder ermöglicht werden sollte, wenn man, wie Gnahs (2002), auch die Gefahren von selbstbestimmten oder selbstgesteuerten Lernarrangements mitdiskutiert). Diese betreffen mindestens

1. die Lernziele,
2. die Lerninhalte,
3. die Lernräume,
4. die Lernzeiten,
5. die Methoden,
6. die eingesetzten Medien,
7. das Lerntempo,
8. die Überprüfung des Lernerfolgs (geändert nach Gnahs & Seidel 2002).

Diese Aspekte lassen sich als Dimensionen von Lernarrangements begreifen, auf denen jeweils auch durchaus unterschiedliche Grade von Selbstbestimmung ermöglicht werden können. So können etwa die Lernorte und Lernzeiten (im Sinne von Anwesenheitspflichten und institutionell verfügbaren Orten) sehr festgelegt sein und wenig Spielräume bieten, aber Inhalte und individuelle Lernziele durchaus freier mit den Lernenden abgestimmt oder gar individuell vereinbart werden. Die Überprüfung des Lernerfolgs kann als benotete Prüfung erfolgen oder als Selbstkontrolle über den eigenen Wissensstand konzipiert werden. Wenn Lernzeiten und Räume flexibler gestaltet werden können, etwa in einem fünftägigen Bildungsurlaubsseminar, kann dafür die inhaltliche Struktur strenger vorgegeben sein und der Notwendigkeit der Sache folgen (etwa beim Sprachenlernen). Es geht also nicht um eine Dichotomie, dass Lernangebote entweder völlig selbstbestimmt oder völlig fremdbestimmt konzipiert sind, sondern vielmehr darum, innerhalb gegebener Strukturen Grade von Selbstbestimmung zu ermöglichen. Diese Überlegungen überschreiten sogar die mikrodidaktische Planung und werden auch auf Einrichtungen angewendet. Sie münden in „Checklisten zum selbstbestimmten Lernen“ (Faulstich et al. 2002) für Lernende (S. 151), für Einrichtungen (S. 252) und für Lehrkräfte (S. 253), die als Orientierung für die eigene erwachsenenpädagogische Tätigkeit genutzt werden können.

Mit diesen sehr praxisbezogenen Checklisten, die genauso auf konstruktivistischer Basis oder im Kontext von Modellen selbstgesteuerten Lernens formuliert werden könnten, wird zum Abschluss noch einmal deutlich, dass sich aus lern-, bildungs- oder auch gesellschaftstheoretischen Annahmen keine linearen didaktischen Überlegungen kausal ableiten lassen (vgl. Blankertz 1972). Didaktische Interventionsstrategien können ganz unterschiedlich begründet werden (vgl. etwa die Darstellung von Frank & Iller (2013), die zeigen, dass Kompetenzorientierung durchaus subjektwissenschaftlich begründet werden kann). Die Schärfe und Präzision bildungs-, gesellschafts- oder erkenntnistheoretischer Theorien verliert sich notgedrungen etwas, wenn es um die Gestaltung konkreter Handlungssituationen geht, bleibt aber als Begründungs- und Reflexionswissen hilfreich und wichtig.

Reflexionsaufgaben

(1) Was leisten didaktische Modelle? Welche Funktion haben sie?
(2) Was kennzeichnet die fünf dargestellten didaktischen Modelle? Wo liegt jeweils ihr besonderer Schwerpunkt?
(3) Wie lässt sich das Verhältnis der Modelle zueinander beschreiben: Wo unterscheiden sie sich, wo weisen sie Ähnlichkeiten auf?
(4) Für welches Handlungsfeld innerhalb der Erwachsenenbildung/ Weiterbildung könnten welche Modelle besonders tragfähig sein und warum?
(5) Lassen sich Bezüge zwischen didaktischen Modellen und den Lerntheorien herstellen? Bitte begründen Sie Ihre Überlegungen.

Kommentierte Literatur

Klafki, W. (1972): *Studien zur Bildungstheorie und Didaktik*. Weinheim, Berlin & Basel: Verlag Julius Beltz.

Grundlagentext zur bildungstheoretischen Didaktik

Siebert, H. (2003). *Didaktisches Handeln in der Erwachsenenbildung. Didaktik aus konstruktivistischer Sicht*. Neuwied & Kriftel: Luchterhand.

Einführung in didaktisches Handeln auf Grundlage des (radikal-)konstruktivistischen Theorieansatzes

Arnold, R. & Schüßler, I. (2003). *Ermöglichungsdidaktik. Erwachsenenpädagogische Grundlagen und Erfahrungen*. Baltmannsweiler: Schneider-Verlag Hohengehren.

einführender Sammelband zu konstruktivistischer Didaktik

Reischmann, J. (2004). Kompetenz lehren? Der kompetenzorientiere Ansatz in der Andragogik zwischen Didaktik und Organisationsentwicklung. In Reischmann, J. (2016), *Andragogik. Beiträge zur Theorie und Didaktik* (S. 153-76). Augsburg: ZIEL.

Grundlagentext zur kompetenzorientierten Didaktik

Reischmann, J. (2003). *Weiterbildungs-Evaluation. Lernerfolge messbar machen*. Neuwied & Kriftel: Luchterhand.

theoriegeleitete und zugleich praxisorientierte Einführung zur Bedeutung von Evaluation für didaktisches Handeln

Behrens-Cobet, H. & Reichling, N. (1997). *Biographische Kommunikation. Lebensgeschichten im Repertoire der Erwachsenenbildung*. Neuwied, Kriftel & Berlin: Luchterhand.

Grundlagen zur biografisch orientierten Bildungsarbeit

Alheit, P. (1990). *Biographizität als Projekt. Der „biographische" Ansatz in der Erwachsenenbildung*. Bremen: Universität Bremen.

zentraler Grundlagentext zum Konzept der Biografizität

Faulstich, P., Gnahs, D., Seidel, S. & Bayer, M. (Hrsg.) (2002). *Praxishandbuch selbstbestimmtes Lernen. Konzepte, Perspektiven und Instrumente für die berufliche Aus- und Weiterbildung.* Weinheim & München: Juventa Verlag.

theoriegeleitete und zugleich praxisorientierte Einführung in die Grundlagen der Unterstützung selbstbestimmten Lernens

Faulstich, P. & Ludwig, J. (Hrsg.) (2004). *Expansives Lernen.* Baltmannsweiler: Schneider-Verlag Hohengehren.

Grundlagen zu einem subjektorientierten Lernbegriff

5 Didaktische Prinzipien

Ziele dieses Kapitels
Die in Kapitel 4 vorgestellten didaktischen Modelle wurden und werden zwar in der Erwachsenenbildung/Weiterbildung aufgegriffen und weiterbearbeitet, didaktische Diskussionen in der Erwachsenenbildung/Weiterbildung ranken sich dennoch eher um sogenannte ‚didaktische Prinzipien'. Diese werden zwar auch etwa für die Schule oder für spezielle Bereiche wie die politische Bildung diskutiert, für die Erwachsenenbildung/Weiterbildung können sie aber durchaus als identitätsstiftend betrachtet werden. Anders, als die didaktischen Modelle, die historisch zunächst eng auf das Schulsystem bezogen waren, wurden didaktische Prinzipien wie etwa die Teilnehmendenorientierung schon in den Anfängen der Erwachsenenbildung/Weiterbildung als zentrales Kennzeichen des Handlungsfeldes konstruiert.
Didaktische Prinzipien stehen damit neben und gleichzeitig verbindend zwischen theoretischen Annahmen der didaktischen Modelle, normativen Setzungen zur Bildungsarbeit mit Erwachsenen, empirischen Erkenntnissen und der Methodenauswahl. Sie enthalten somit Gestaltungsempfehlungen, aber auch theoretische, empirische und normative Bezüge.
Nach einer Definition didaktischer Prinzipien werden im Kapitel verschiedene Möglichkeiten der systematischen Kategorisierung von didaktischen Prinzipien thematisiert. Darauf aufbauend werden für die Erwachsenenbildung/Weiterbildung zentrale didaktische Prinzipien detaillierter vorgestellt und verortet. Diese ausgewählten didaktischen Prinzipien werden zu empirischen Befunden, Lerntheorien und didaktischen Modellen in Beziehung gesetzt.
Die Beschäftigung mit didaktischen Prinzipien ist für Erwachsenenbildner*innen relevant, da sie zum einen in der Erwachsenenbildung/Weiterbildung intensiv rezipiert und mit Blick auf die Besonderheiten des Systems ‚Weiterbildung' diskutiert und weiterentwickelt wurden. Zum anderen hat die Diskussion um didaktische Prinzipien auch in der Praxis eine gewisse Resonanz entfaltet (bspw. wurden didaktische Prinzipien in Praxisleitfäden aufgenommen, z.B. Nuissl & Siebert 2013). Sie sind in der Praxis vor allem hilfreich, um die eigene Reflexions- und Argumentationsfähigkeit zu schärfen und zu stärken. Denn ein zentrales Charakteristikum professionellen didaktischen Handelns ist es, begründen zu können, warum etwas vor erwachsenenpädagogischem Hintergrund gemacht wird, das heißt, begründet didaktische Entscheidungen treffen zu können (vgl. hierzu auch Kapitel 2). Dabei stehen didaktische Modelle, aber vor allem auch didaktische Prinzipien für die Begründung von didaktischem Handeln zur Verfügung.

5.1 Definitionen und Begründungen didaktischer Prinzipien

Es ist keineswegs einheitlich, was mit didaktischen Prinzipien gemeint ist oder darunter verstanden wird: Verschiedene Autor*innen verstehen unter didaktischen Prinzipen Unterschiedliches und nennen zugleich selbst eine Fülle an unterschiedlichen Prinzipien – meist mit mehr oder minder großen Schnittmengen. Dies gilt nicht nur für die Erwachsenenbildung/Weiterbildung, sondern didaktische Prinzipien werden in verschiedenen Bildungsbereichen thematisiert, immer in großer Vielzahl und zum Teil in Unübersichtlichkeit.

Grundsätzlich lässt sich aber sagen, dass sich der Begriff ‚Prinzipien' in diesem Kontext auf Regeln und Grundsätze, die handlungsleitend sind, bezieht. „Ein Prinzip konstituiert [...] etwas Anderes, von ihm Abhängiges; und Prinzip ist es nur im Hinblick auf dieses Andere. Auf dieser Basis lässt sich als ‚didaktisches Prinzip' eine Erwartung an die Ausgestaltung von Unterricht definieren, die bestimmte didaktische Konsequenzen verlangt" (Beyer 2014, S. 7). Die didaktischen Prinzipien verweisen auf bestimmte Qualitäten der Lehre. Didaktische Prinzipien sind somit Ziele, *wie* Lehre gestaltet werden soll, sie dürfen jedoch nicht verwechselt werden mit den Zielen *der* Lehre (Lehr-/Lernziele oder Unterrichtsziele), die auf das abheben, was die Lernenden durch didaktische Gestaltung lernen sollen (z.B. Fremdsprachenkenntnisse). Das heißt, es geht um unterschiedliche Gegenstände, auf die sich die Begriffe beziehen (vgl. Beyer 2014, S. 16-17).

Didaktische Prinzipien enthalten dafür – wenn auch nicht immer offen ersichtlich – Verknüpfungen zu empirischen Befunden, Theorien und normativen Bezügen (vgl. Flechsig 1983). Diese Verflechtung innerhalb der didaktischen Prinzipien fordert dazu auf, dass „derjenige, der sich bei der Begründung von Unterrichtspraxis auf ein didaktisches Prinzip beruft, [...] in der Lage sein [muss], die damit gemeinten empirischen und normativen Prämissen zu explizieren; nur dann darf er das Prinzip – sozusagen als Kürzel – als Begründungselement anführen" (Flechsig 1996, o. S.). Didaktische Prinzipien enthalten also Gestaltungshinweise für didaktisches Handeln, sie sind jedoch allgemeiner als konkrete Handlungsempfehlungen – demnach „Kürzel" (Flechsig 1996, o. S.) – und theoretisch rückgebunden. Sie haben somit eine „Orientierungsfunktion" (Beyer 2014, S. 3) für didaktisches Handeln, denn die Erwartungen an die Gestaltung von Lehre verlangen bestimmte didaktische Entscheidungen, ohne dass diese jedoch genau über die didaktischen Prinzipien festgelegt oder eindeutig vorgeschrieben werden. Ein didaktisches Prinzip öffnet daher vielmehr Handlungs- und Entscheidungsräume (vgl. Beyer 2014). Das heißt auch, dass es keinen linearen Zusammenhang zwischen einem didaktischen Prinzip und didaktischen Entscheidungen gibt. Das didaktische Prinzip ‚Teilnehmendenorientierung' beispielsweise ist Ausgangspunkt für weitere Überlegungen: In welchem Maße und vor allem *wie* kann Lehre an den Teilnehmenden orientiert gestaltet werden? Es wird aber nicht vorgegeben, was genau dann mit Blick auf die Gestaltung von Lehre zu tun ist, welche Inhalte auszuwählen oder welche Methoden einzusetzen sind.

Die Frage danach, was ‚gute' Lehre ist, ist dabei nicht eindeutig, sondern situations- oder institutionsabhängig zu beantworten. Ein Trugschluss wäre es aber, in jedem Fall anzunehmen, dass aus der ‚richtigen' Verwendung didaktischer Prinzipien gewissermaßen ‚automatisch' gute Lehre, etwa im Sinne der Erreichung von Lehrzielen, resultiert. Die Lehrenden als diejenigen, die Lehre gestalten, können sich darum bemühen, Qualitätsanforderungen gerecht zu werden. Dafür können sie didaktische Prinzipien nutzen. Damit ist aber nicht gesagt, dass dadurch ‚gute' Lehre schon garantiert wäre. Dies wäre insofern strukturell unmöglich, als letztlich zu gelingendem Lernen (als Ziel von ‚guter' Lehre) immer auch die Eigentätigkeit des lernenden Subjekts erforderlich ist (siehe Lehr-Lernkurzschluss, Abschnitt 2.3.2 und Abschnitt 3.1.2). Didaktische Prinzipien haben somit keine absolute Gültigkeit und können nicht rezeptartig ‚eingesetzt' werden, sondern müssen immer dem jeweiligen Kontext entsprechend angepasst und konkretisiert werden.

In der Erwachsenenbildung/Weiterbildung werden didaktische Prinzipien vor allem im Zusammenhang mit den Charakteristika der Erwachsenenbildung/Weiterbildung diskutiert, etwa mit Blick auf die nicht flächendeckend vorhandene staatliche Finanzierung von Erwachsenenbildung/Weiterbildung, die prinzipielle Freiwilligkeit der Teilnahme, die vorwiegend nicht vorhandenen Curricula oder die Besonderheiten des Lernens Erwachsener in ihren Lebens- und Arbeitsvollzügen. Daraus ergeben sich besondere Anforderungen etwa an die angemessene Bereitstellung von Inhalten und auch die Ansprache von Erwachsenen in Lehrveranstaltungen. Programm- und Angebotsplanung sowie -durchführung orientieren sich daher an einem Zusammenspiel von Angebot und Nachfrage, nach dem es gilt, einen expliziten Fokus auf die Adressat*innen mit – in der Regel nicht curricular festgelegten – Inhalten zu verknüpfen (vgl. Abschnitt 2.3.1).

Gerade für die Erwachsenenbildung/Weiterbildung ergibt sich die Bedeutung didaktischer Prinzipien damit aus ihrer spezifischen Eigenschaft als Verbindungs- oder Übersetzungsstück zwischen Theorien, Modellen, Methoden und den jeweiligen strukturellen Besonderheiten, in die die Lehr-Lernsituation eingebettet ist. Kuypers (1985) begründet entsprechend die Wichtigkeit der didaktischen Prinzipien speziell für die Erwachsenenbildung/Weiterbildung damit, dass hier die Heterogenität der Teilnehmendengruppen größer sei (in Bezug auf ganz unterschiedliche Kriterien) und dass daher fachübergreifende, grundsätzliche didaktische Prinzipien eine entscheidende Rolle spielen. Hinzu kommt die Komplexität des Handlungsfeldes mit seinen differenten Rollenprofilen und Tätigkeitsbereichen auf den verschiedenen didaktischen Handlungsebenen (vgl. Abschnitt 2.3), für die jeweils unterschiedliche didaktische Prinzipien relevant werden können.

Trotz einer großen Vielfalt und zum Teil auch Beliebigkeit eingeführter didaktischer Prinzipien gibt es einige, die sich für die Erwachsenenbildung/Weiterbildung als dauerhaft identitätsbildend herausgestellt haben, zugleich aber auch an grundlegende didaktische Modelle anschlussfähig und für didaktisches Handeln in der Erwachsenenbildung/Weiterbildung grundsätzlich zentral sind. Dies sind mindestens die hier (vgl. Abschnitt 5.3) vorgestellten Prinzipien der Adressat*innen- und Zielgruppenorientierung, Teilnehmendenorientierung, Sach- und Inhaltsorientierung sowie Handlungs- und Situationsorientierung, wobei diese auch als Überbegriffe für verschiedene Prinzipien wie etwa Erfahrungsorientierung, Wissenschaftsorientierung oder Kompetenzorientierung betrachtet werden können (vgl. Abschnitt 5.3).[15]

5.2 Vielfalt und Systematisierungen didaktischer Prinzipien

Die Komplexität des pädagogischen Handlungsfeldes generell und auch der Erwachsenenbildung/Weiterbildung im Speziellen mag mit eine Erklärung dafür sein, dass sich in der Literatur eine *Vielfalt an didaktischen Prinzipien* finden lässt, die zum Teil durchaus eklektizistisch zusammengestellt scheinen (z.B. die Auflistung bei Siebert 2003a; Flechsig 1983). Breitere Abhandlungen zu didaktischen Prinzipien mit Schwerpunkten in den unterschiedlichen pädagogischen Bereichen finden sich beispielsweise zur Erwachsenenbildung (u.a. Siebert 2000; Tietgens 1992a; Kaiser & Kaiser 1998), zur Hochschule (u.a. Flechsig 1983; Baumgartner 2014) und zur Schule (u.a. Baumgartner 2014; Kaiser & Kaiser 1998; Beyer 2014; Wiater 2012). Einige didaktische Prinzipien werden dabei in unterschiedlichen pädagogischen Bereichen als ‚gültig' oder anwendbar charakterisiert, meinen dabei aber keineswegs immer dasselbe, sondern stehen mitunter in den jeweiligen Bildungsbereichen in einem anderen Begründungszusammenhang oder haben unterschiedliche Schwerpunkte (vgl. Kaiser 1991, S. 84). Zudem lässt sich nachzeichnen, dass manche didaktische Prinzipien historisch in einer bestimmten Zeit entstanden sind und mit der Zeit auch leicht unterschiedliche Bedeutungen erfahren haben (vgl. Flechsig 1996). Deutlich wird dies auch an der Prominenz von neueren Prinzipien, die sich im Kontext von Vielfalt und Diversität, von Differenzerfahrung und Intersektionalität oder auch von Inklusion entwickelt haben. So finden sich bspw. Veröffentlichungen zu Diversität oder Gender als didaktisches Prinzip (Dudeck & Jansen-Schultz 2006; Kolbinger 2017; Kaschuba 2005; van Riesen 2007; Schlüter & Berkels 2012; Venth 2005) oder Handreichungen und Checklisten zu einer „geschlechtergerechten" oder „gendersensiblen" Didaktik (z. B. Perko & Czollek 2006). Diese verweisen weniger auf Entwicklungen innerhalb einer didaktischen Theoriediskussion, sondern auf eine verstärkte Sensibilität für Ungleichheitsdimensionen in der Lehrpraxis. Diese Sensibilität resultiert aber auch aus einer verstärkten Sichtbarkeit theoretischer Diskurse zu Gender, Diversität und Differenz sowie Inklusion (z. B. Kronauer 2010; Walgenbach 2014). Die Ableitungen für die Lehre, die sich aus diesen theoretischen Diskursen ergeben,

15 Ganz ähnlich gelten auch im Schulbereich die Prinzipien Schüler*innenorientierung, Sachorientierung und Handlungsorientierung als zentrale bzw. fundierende Prinzipien, die anderen Prinzipien vor- oder übergeordnet sind (vgl. Wiater 2012).

werden zwar z. T. als didaktische Prinzipien bezeichnet und bieten gute Orientierungen für das Lehrhandeln, kommen allerdings oft ohne differenzierte Bezüge zu didaktischer Theorie aus (Ausnahmen: Kaschuba 2005; Schlüter & Berkels 2012; Venth 2005). Das zeigt, dass hier gesellschaftliche Diskurse und das kritische Hinterfragen von gesellschaftlicher Praxis eben auch die Lehr-Lern-Praxis betreffen, ohne dass dies im engeren Sinn didaktisch reflektiert werden müsste. Im Grunde wäre zu fragen, ob der Begriff des didaktischen Prinzips hier angemessen ist, da solche Orientierungen quer zu anderen didaktischen Prinzipien liegen und zudem eine Selbstverständlichkeit sein sollten (etwa Gendersensibilität in einer Veranstaltung). Wie bereits angesprochen, betreffen hier theoretische Diskurse und normative Haltungen zu gesellschaftlichen Praktiken auch die Praktiken der Lehre, ohne notwendigerweise spezifisch didaktisch reflektiert zu sein.

Bewusste Reflexionen des Verhältnisses zu didaktischen Theorien und Prinzipien könnten jedoch mindestens eine analytische Perspektive und praktische Begründung unterstützen, ob im konkreten Fall der Anspruch einer z. B. „genderorientierten Didaktik" eher auf die Auswahl von Inhalten gerichtet ist oder gar Genderorientierung selbst zum Hauptinhalt einer Veranstaltung wird, oder ob v. a. methodische Implikationen oder die Setzung einer Interaktionsatmosphäre der Gleichberechtigung gemeint sind. Entsprechend kann dann auch die Planung bewusst gestaltet und kommuniziert werden.

Schließlich hängen auch manche in der Literatur getrennt aufgeführten didaktischen Prinzipien zusammen oder sind nur Varianten des gleichen Prinzips, sind also nachgeordnete Unterprinzipien (vgl. auch Beyer 2014). Daneben existieren für spezifische Bereiche wie etwa die politische Bildung oder die Frauenbildung differenzierte Begründungen für bestimmte didaktische Prinzipien (z.B. Schiersmann 1983; Glumpler 2001).

Zum Teil werden didaktische Prinzipien in den verschiedenen Bildungsbereichen auch inflationär gebraucht, es werden immer wieder neue Begriffe für ähnliche Erwartungen an die Gestaltung von Lehre benutzt und eine unüberschaubare Fülle an didaktischen Prinzipien wird aufgemacht (siehe z.B. Siebert 2003a). Terhart (1986, S. 121) sieht dieses Problem im „ungeklärte[n] Verständnis von theoretischer Reflektion und praktischem Handeln" begründet, zugleich verweist dies aber auch auf die zentrale Herausforderung didaktischen Handelns, nämlich die Vermittlung zwischen Sach- und Psychologik, die theoretisch wie praktisch anspruchsvoll ist.

Es gibt verschiedene Möglichkeiten, didaktische Prinzipien zu systematisieren. Dies erscheint sinnvoll und wichtig, weil eine Systematisierung helfen kann, selbständig verschiedene didaktische Prinzipien einzuordnen und damit die Unübersichtlichkeit abzubauen. Dies kann wiederum hilfreich sein, um für das eigene didaktische Handeln begründete Entscheidungen, welche didaktischen Prinzipien orientierend genutzt werden sollen, zu treffen.

Im Folgenden werden *Möglichkeiten der Systematisierung von didaktischen Prinzipien* erläutert. Dabei handelt es sich um eine neue Synthese mit Kategorien aus unterschiedlichen Literaturquellen.

Flechsig (1983) unterscheidet sehr grundsätzlich allgemeine und besondere didaktische Prinzipien. *Allgemeine* Prinzipien beziehen sich auf didaktisches Handeln allgemein in seiner ganzen Komplexität. In dem „Göttinger Katalog Didaktischer Modelle“ beschreibt Flechsig (1983) als allgemeine didaktische Prinzipien Anschaulichkeit, Lebensnähe, Selbsttätigkeit, Entwicklungsgemäßheit und Strukturiertheit, die mit einer Vielzahl von Synonymen belegt werden können. Für die Erwachsenenbildung/Weiterbildung können als zentrale, allgemeine didaktische Prinzipien Adressat*innen- und Teilnehmendenorientierung, Sach- und Inhaltsorientierung sowie die Handlungsorientierung gelten.[16]

Besondere didaktische Prinzipien sind meist mit einer bestimmten Lerntheorie und teilweise auch mit empirischen Ergebnissen dazu verknüpft. Diese didaktischen Prinzipien haben oft schon einen starken methodischen Akzent (Raithel et al. 2009, S. 83). Sie beziehen sich daher auf die Gestaltung von Lehre eines bestimmten Typs oder von konkreten Lehrkonzepten (Flechsig 1983, 129; vgl. auch Raithel et al. 2009, 82-84). Darüber hinaus lässt sich differenzieren, ob sich ein didaktisches Prinzip auf einen speziellen Fachbereich (z.B. das Kontroversitätsprinzip in der politischen Bildung, vgl. Sander 2013) oder auf Lehre allgemein bezieht (vgl. Flechsig 1996). Beispiele für weitere besondere didaktische Prinzipien wären etwa Problemorientierung, Projektunterricht oder auch offener Unterricht (vgl. Raithel et al. 2009), die von anderen Autor*innen eher als – stark methodenorientierte – Unterrichts- oder Lehrkonzepte gefasst werden und damit eine Ebene unter den allgemeinen didaktischen Prinzipien angesiedelt wären.

Flechsig (1983) nutzt besondere didaktische Prinzipien als Deskriptor, das heißt zur weiteren inhaltlichen systematischen Beschreibung von didaktischen Modellen: „Mit diesem Deskriptor soll eine Verknüpfung zu den speziellen Theorien bzw. normativen Systemen hergestellt werden, mit denen die Autoren spezieller Unterrichtspraxis explizit oder implizit ihre Praxis begründen. So ist es z. B. möglich, mit Hilfe des besonderen didaktischen Prinzips ‚problemlösendes Lernen‘ zu verweisen auf Theorien problemlösenden Lernens, wie sie in der neueren Psychologie verbreitet sind. Oder aber – um ein anderes Beispiel zu nehmen – es ist möglich, mit Hilfe des besonderen didaktischen Prinzips ‚kollegiales Lernen‘ auf eine normative Grundoption hinzuweisen, welche Gleichheit und wechselseitige Hilfe als allgemeine moralische Verhaltensregeln hervorhebt. Insofern stellen auch besondere didaktische Prinzipien eine Verknüpfung von allgemeinen Handlungsanweisungen mit theoretischen Erkenntnissen einerseits und normativen Grundentscheidungen andererseits her“ (Flechsig 1983, o. S.).

Eine weitere für die Erwachsenenbildung/Weiterbildung zentrale Systematisierung ist die entlang der *didaktischen Handlungsebenen*. Didaktische Prinzipien sind in der Regel insbesondere mit der mikrodidaktischen Ebene verknüpft, die auf

16 Dabei stehen die ‚allgemein‘ genannten Prinzipien wie Lebensnähe und Entwicklungsgemäßheit (in Bezug auf Kinder und Jugendliche) in Nähe zu den für die Erwachsenenbildung/Weiterbildung genannten didaktischen Prinzipien Adressat*innen- und Teilnehmendenorientierung.

konkrete, mikrodidaktische Entscheidungen und die Unterstützung der Aneignung von Inhalten durch Lernen abhebt (vgl. Abschnitt 2.3). Nichtsdestoweniger können auch auf meso- und makrodidaktischer Ebene die Bedeutung und Funktion didaktischer Prinzipien diskutiert werden.

Tatsächlich werden im engeren Sinne makrodidaktische Prinzipien auch als Ordnungsgrundsätze der Erwachsenenbildung/Weiterbildung bezeichnet, weil sie das Gesamtsystem ‚Weiterbildung' betreffen (vgl. Kapitel 1). Hier lassen sich die folgenden didaktischen Prinzipien nennen: flächendeckende Grundversorgung mit Angeboten der Erwachsenenbildung/Weiterbildung und Allgemeinzugänglichkeit der Angebote, öffentliche Verantwortung, Subsidiarität, Prinzip von Angebot und Nachfrage, inhaltliche Offenheit im jeweiligen institutionellen Rahmen, Freiwilligkeit der Teilnahme (vgl. Kuypers & Leydendecker 1982; Tippelt 2018; Nuissl 2018). Ob hier aber jeweils tatsächlich von didaktischem Handeln gesprochen werden kann bzw. ob bei den handelnden Akteur*innen (etwa aus Administration und Verwaltung) ein Bewusstsein darüber besteht, dass sie didaktisch handeln, ist zumindest fraglich (vgl. Peters 2004, S. 101).

Für das didaktische Handeln ist auf der mesodidaktischen Ebene exemplarisch vor allem die Adressat*innen- und Zielgruppenorientierung zu nennen, auf der eher mikrodidaktischen Ebene identitätsbildend für die Erwachsenenbildung/Weiterbildung sind als didaktische Prinzipien die Teilnehmendenorientierung, die Sachorientierung und die Handlungsorientierung zu verorten. Die beiden letztgenannten Prinzipien sind allerdings im Grunde auch für das Programmplanungshandeln auf der mesodidaktischen Handlungsebene relevant (vgl. Abschnitt 5.3), werden dort jedoch nicht vorrangig mit der Begrifflichkeit der didaktischen Prinzipien assoziiert.

Neben den Systematisierungen didaktischer Prinzipien nach *allgemeinen und besonderen Prinzipien* sowie entlang der *didaktischen Handlungsebenen* lassen sich didaktische Prinzipien auch danach unterscheiden, auf welchen Bereich des *didaktischen Dreiecks* besonders Bezug genommen wird (z. B. auf Lerninhalt(e), Lernende). Darüber hinaus gibt es, wie bereits beschrieben, querliegende didaktische Prinzipien, die oftmals gesellschaftliche Ziele und Erwartungen implizieren und aus entsprechenden theoretischen und kulturellen Diskursen gespeist sind, weniger aus dem didaktischen Theoriekontext. Dazu gehören beispielsweise die ebenfalls bereits erwähnte Diversitäts- und Genderorientierung, Nachhaltigkeitsorientierung oder Inklusionsorientierung (z. B. Dudeck & Jansen-Schultz 2006; Kaschuba 2005; Kastrup & Kuhlmeier 2013; Kolbinger 2017; Kronauer 2010; van Riesen 2007; Schlüter & Berkels 2012; Venth 2005; Walgenbach 2014). Eine „Digitalisierungsorientierung" gibt es – nebenbei gesagt – nicht, da es sich hierbei in der Regel weniger um ein didaktisches Prinzip als vielmehr um eine methodische Ausrichtung handelt (vgl. Haberzeth & Sgier 2019).

5.3 Zentrale didaktische Prinzipien der Erwachsenenbildung/ Weiterbildung auf meso- und mikrodidaktischer Ebene

Die ausgewählten didaktischen Prinzipien werden dargestellt und auf ihre Bezüge zum didaktischen Dreieck, zu didaktischen Modellen und zu ihren lerntheoretischen Grundlagen hin befragt. Dabei werden auch Verweise auf empirische Zugänge und Resultate gegeben. Diese Ausführungen knüpfen damit in Grundzügen – nämlich dem Gedanken der Verbindung von empirischen, theoretischen und normativen Bezügen mit didaktischen Prinzipien – an ein Vorgehen von Flechsig (1983) an.

5.3.1 Adressat*innen- und Zielgruppenorientierung

*‚Adressat*innenorientierung‘* gehört zu den zentralen didaktischen Prinzipien der Erwachsenenbildung/Weiterbildung. Es ist auf der Mesoebene angesiedelt und betrifft vor allem die Planung von Weiterbildungsprogrammen auf der Einrichtungsebene, die immer (auch) auf die Interessen und Bedürfnisse der potenziellen Teilnehmenden – der Adressat*innen – ausgerichtet sein müssen.

Adressat*innen sind die Menschen, die durch ein Programm überhaupt angesprochen werden sollen, also etwa die Bewohner*innen einer Stadt oder eines Bezirks, die Beschäftigten in einer bestimmten Branche oder andere spezifische Gruppen. Es handelt sich bei dem Begriff Adressat*innen jedoch noch nicht um konkrete Personen, sondern um theoretische Annahmen über potenziell Teilnehmende. Adressat*innen, Teilnehmende und Zielgruppen lassen sich begrifflich daher wie folgt unterscheiden: „*Adressaten* sind (...) diejenigen Personen, die Erwachsenenbildung erreichen soll. Sofern sie durch gemeinsame sozialstrukturelle Merkmale beschrieben werden können, geht es um *Zielgruppen*. *Teilnehmende* sind diejenigen, die zu einem Angebot gekommen sind“ (Faulstich & Zeuner 2008, S. 101; Hervorhebungen im Original).

Programmplanung muss angesichts des Charakters des Systems ‚Weiterbildung‘ als nicht durchweg staatlich finanzierter Bildungsbereich die Bedürfnisse und Interessen von potenziellen Teilnehmenden – und damit in anderer normativer Perspektive und Begrifflichkeit ‚Kund*innen‘ – wesentlich stärker berücksichtigen, als dies bspw. in der Schule (für die es eine Schulpflicht gibt) erfolgt.

Didaktisches Handeln auf dieser Ebene findet also im Spannungsverhältnis von Angebot und Nachfrage statt und hat nicht nur organisatorische oder situationsspezifische Konsequenzen, sondern ist immer auch vor dem gesellschaftlichen und individuellen Hintergrund zu sehen. Der Begriff ‚Antizipation‘, der didaktischem Planungshandeln immer innewohnt (vgl. Kapitel 2), wird hier besonders plastisch. Er verweist darauf, Bildungsbedarfe und Bedürfnisse zu antizipieren, diese gegebenenfalls über Bedarfserhebungen auch empirisch zu konkretisieren und darauf basierend entsprechende Angebote und Programme zu gestalten. Adressat*innenorientierung als Prinzip bezeichnet daher die „Richtung von Planungsüberlegungen“ (Tietgens 1992a, S. 78).

Die Erwachsenen-/Weiterbildungseinrichtungen orientieren sich also in ihrer meso- und mikrodidaktischen Planung an antizipierten und noch zu weckenden Bedürfnissen und Interessen der Adressat*innen, während selbige ihrerseits Möglichkeiten suchen, ihre manifesten und latenten Lernbedürfnisse zu befriedigen. Die Suchbewegung der Erwachsenen-/Weiterbildungseinrichtung ist damit interpretativ. Ob Erwachsenenbildung/Weiterbildung zustande kommt, hängt von der Erwartungskonkordanz ab (vgl. Tietgens 1982). Die Teilnahme an Erwachsenen-/Weiterbildungsveranstaltungen ist somit als Ergebnis einer beiderseitigen „Suchbewegung“ (Tietgens 1982, S. 127) zu verstehen.

Im Kontext der systematischen Teilnehmendengewinnung war und ist zudem die *Zielgruppenorientierung* ein wichtiges Element der Erwachsenenbildung/Weiterbildung, um den Fokus der beiderseitigen ‚Suchbewegungen‘ zu schärfen. Zielgruppenarbeit soll dabei helfen, aus der pluralen, differenzierten und unübersichtlichen Fülle von Adressat*innen, Teilnehmendeninteressen und Teilnehmendenbedürfnissen durch Aufzeigen typischer Muster Orientierung für individualisierte Bildungsarbeit zu erhalten (vgl. Bremer 2010). Der Begriff ‚Zielgruppe‘ geht dafür von einer „kollektiven Lebenssituation“ (Siebert 2012a, S. 111) aus, die in einem Definitionskonstrukt sichtbar wird und – so die Annahme – zu ähnlichen Bildungsbedürfnissen und -bedarfen führt. Darin konkretisieren sich also abstrakte Annahmen über die Adressat*innen, etwa in der Formulierung von ‚Frauenbildung‘ oder in Bildungsangeboten für Menschen ohne Schulabschluss oder mit Migrationshintergrund oder aus bestimmten Berufsbranchen, für die sich spezifische Bildungsbedarfe erkennen lassen (vgl. die schon frühe Frage nach den „Industriearbeitern“ von Tietgens 1978).

Auch wenn die Konzeption von Zielgruppen daher durchaus kritisch gesehen werden kann und immer auch eine Zuschreibung und gegebenenfalls sogar Stigmatisierung bedeutet, ist die „Zielgruppenorientierung in der Erwachsenenbildung [...] als Leitlinie historisch betrachtet kein neues Phänomen“ (Faulstich & Zeuner 2008, S. 112): Ob es in der zweiten Hälfte des 19. Jahrhunderts um Arbeiter*innenbildung, in den 1920er Jahren des 20. Jahrhunderts um Frauenbildung oder ab den 1980er Jahren verstärkt um Bildung Älterer ging, immer schon wurden antizipatorisch spezifische Bedürfnisse und Bedarfe von Adressat*innen antizipiert und konstruiert. Jedoch wurde im Verlauf die Diskussion zunehmend vor dem Hintergrund der empirischen Erkenntnisse um Weiterbildungsteilnahme geführt, so dass verstärkt die Förderung der Teilnahme an Erwachsenenbildung/Weiterbildung von als ‚weiterbildungsabstinent‘ gefassten Personengruppen, denen Lern- und Bildungsdefizite zugeschrieben wurden, Zuspruch fand. Ausgangspunkt der Diskussionen ist somit eine Defizitzuschreibung zu einer gesamten Personengruppe, die jedoch in sich schon immer heterogen strukturiert war. Durch gesellschaftliche Individualisierungstendenzen werden Merkmale von Großgruppen aber zumindest stärker verschleiert, ohne dass jedoch soziale Ungleichheiten weniger würden (vgl. Beck et al. 1996; Reckwitz 2006).

Da die Pluralisierung von Lebenslagen, Lebensphasen und Lebensstilen zu einer diversifizierten Adressat*innenschaft führt und damit eine erhöhte Zielgruppenorientierung auf Seiten der Erwachsenen- /Weiterbildungseinrichtungen (Tippelt & von Hippel 2005) erfordert, ist Zielgruppendifferenzierung weiterhin ein zentrales Element der Erwachsenenbildung/Weiterbildung. So wird heute – über die ursprüngliche bildungs- und sozialpolitische Bedeutung des Begriffs hinausgehend – jegliche Form der Strukturierung von Nachfragenden im Weiterbildungssystem als Zielgruppendifferenzierung verstanden (Lassnigg 2010). Der Begriff macht dann deutlich, dass auch, wenn bewusst zielgruppenübergreifend Adressat*innen angesprochen werden sollen, dies spezifisch ‚zielgruppenübergreifend-orientiert' planend zu tun ist, sonst werden bestimmte Zielgruppen unbeabsichtigt ausgeschlossen. Daraus schlussfolgernd lassen sich Schäffters (1981, S. 24) Ausführungen einbringen, der darauf verweist, dass Zielgruppe als Verbindung zwischen Adressat*innenorientierung und Teilnehmendenorientierung beschrieben werden kann. Zielgruppenorientierung stellt dann als Kategorie der Programmplanung „den Versuch dar", eine Passung zwischen Erwartungen und Kompetenzen der Dozent*innen sowie Erwartungen, Bedürfnissen und Voraussetzungen der Teilnehmenden „vor Beginn einer Veranstaltung zu lösen und damit die Lernsituation von Aushandlungsprozessen zu entlasten" (Schäffter 1981, S. 26).

Eine solche Adressat*innen- bzw. Zielgruppenorientierung beeinflusst sowohl die inhaltliche Planung von Programmen (Was wird als relevantes Thema aufgenommen und in ein Veranstaltungsangebot übersetzt?), als auch die Systematik von Programmen (wenn etwa Zielgruppen wie Ältere oder Menschen mit Migrationshintergrund explizit mit Veranstaltungen im Programm adressiert werden), die Auswahl entsprechend kompetenter Dozent*innen und unter Umständen sogar die Ausrichtung einer ganzen Einrichtung (wenn sich etwa ein kommerzieller Anbieter allein auf Führungskräfte als Zielgruppe konzentriert).

Die Anforderungen der Adressat*innen an die Programme werden von der Adressat*innenforschung untersucht. Empirische Befunde aus der Adressat*innenforschung (vgl. von Hippel et al. 2018) und Theorien zur Erklärung von Weiterbildungsverhalten (vgl. Käpplinger et al. 2013) zeigen Einflussfaktoren auf das Weiterbildungsverhalten auf. Diese empirischen Bezüge können als Grundlage für die Entwicklung von mesodidaktischen Konzepten der Adressat*innen- und Zielgruppenorientierung dienen, da spezifische Erwartungen an Erwachsenenbildung/Weiterbildung, aber eben auch soziostrukturelle Einflussfaktoren das Weiterbildungsverhalten beeinflussen und dementsprechend potentielle Teilnehmer*innen unterschiedlich angesprochen werden müssen. Aus diesen Ergebnissen lassen sich auch Rückschlüsse für die Programmplanung ziehen.

Die unter Abschnitt 2.3.1 aufgeführten Diskurse um Programmplanungsmodelle verweisen, egal auf welcher Handlungsebene sie Aussagekraft entfalten, explizit oder implizit auf Adressat*innenorientierung, aber auch auf die Zielgruppenorientierung (vgl. Gieseke 2003). Diese didaktischen Prinzipen werden als Moment des Planungshandelns beschrieben. Der direkte Einbezug der Adressat*innen in die Angebotsplanung lässt sich mit der Methode der Produktklinik als einem Instrument zur zielgruppenorientierten didaktischen Planung (vgl. von Hippel 2008) realisieren. Die Zielgruppenorientierung wird verstärkt in der Programmforschung aufgegriffen, wenn Konzepte und Angebote für bestimmte Zielgruppen analysiert werden (hier u.a. Kade (1992, 2006) für Ältere oder Rieger-Goertz (2008) für Frauen). Dahinter stehen jedoch immer auch normative Diskurse um (Weiter-)Bildung als gesellschaftlich wertvolles Gut, das Partizipation und Teilhabechancen, Mündigkeit und Emanzipation ermöglichen soll (vgl. Schreiber-Barsch 2015).

Adressat*innen- und Zielgruppenorientierung ist damit eines der wichtigsten didaktischen Prinzipien, da sich in ihm die Besonderheiten des Systems ‚Weiterbildung' und des Lernens Erwachsener verbinden (vgl. Siebert 2000).

5.3.2 Teilnehmendenorientierung

Gegenüber der eher mesodidaktischen Adressat*innen- und Zielgruppenorientierung ist die *‚Teilnehmendenorientierung'* eindeutiger auf der Mikroebene der Lehre angesiedelt.[17] In ihrer einfachsten Formulierung bedeutet Teilnehmendenorientierung, „auf die Voraussetzung derer, die für die jeweiligen Veranstaltungen erwartet wurden, Rücksicht zu nehmen" (Tietgens 1980, S. 177) bzw. diese Voraussetzungen auch in der Interaktion der Lehre selbst einzubeziehen. Teilnehmendenorientierung wurde von Beginn an als Besonderheit der Erwachsenenbildung/Weiterbildung gegenüber Schule und Hochschule formuliert (vgl. Tietgens 1980, S. 177; bei Kaiser & Kaiser 1998 hingegen wird dieses didaktische Prinzip nicht reflektiert). Erste Thematisierungslinien lassen sich schon in den 1920er Jahren über die Ausführungen und Diskussionen innerhalb der Neuen Richtung finden (vgl. ausführlicher Holm 2012).

17 Die Begriffe Adressat*innen-, Zielgruppen- und Teilnehmendenorientierungen werden undifferenziert auch synonym gebraucht, da ihnen die Orientierung am (potenziell) lernenden Subjekt gemeinsam ist. Hier geht es aber um die verschiedenen Schwerpunkte, die mit den Begriffen jeweils akzentuiert werden, daher ist im Anschluss an die Unterscheidung der didaktischen Ebenen in Abschnitt 2.3 die hier vorgenommene begriffliche Unterscheidung sinnvoll. Siebert (2012a, S. 117) beschreibt zudem ein Spannungsverhältnis: Verweist die Zielgruppenorientierung noch auf eine kollektive, soziologische Grundlage, wird mit der Teilnehmendenorientierung das Individuum in den Fokus gerückt, so dass diese Orientierung an einzelnen Teilnehmenden mit dem kollektiven Emanzipationsanspruch der Zielgruppenarbeit kollidiert (vgl. Siebert 1985, S. 70).

Teilnehmendenorientierung bezieht sich also auf die Ausgangsbedingungen der Teilnehmenden, die wiederum Erfahrungen, Deutungen, Interessen und Einstellungen einbringen, welche sich über die Biografie hinweg ausgeprägt haben. Für die konkrete Planung einer Veranstaltung gilt es, diese Aspekte mitzudenken und das Setting der Veranstaltung sowie Inhalte und Methoden auf Lernmotivation und Bildungsinteressen rückzubeziehen (vgl. Faulstich & Zeuner 2008, S. 113). Es geht dann zunächst um die Antizipation der potentiellen Teilnehmer*innen in der Planung durch die Dozent*innen. Möglich wäre aber auch, dass Teilnehmende schon in die Planung und Gestaltung der Veranstaltung einbezogen werden (vgl. etwa auch die Überlegungen zur subjektorientierten Didaktik in Abschnitt 4.5). Auf einer umfassenden Ebene wäre Teilnehmendenorientierung erreicht, wenn es um selbstbestimmte Lernprozesse geht, in denen die Teilnehmenden die Verantwortung für den gesamten Prozess übernehmen und Lehrende tatsächlich allenfalls als Lernbegleiter*in nach Bedarf zur Verfügung stünden. Hierzu müssten die Teilnehmenden selbst jedoch schon im Vorfeld über didaktisches Wissen, z.B. über die Strukturierung von Inhalten, verfügen. Diese letztgenannte Ebene stellt Teilnehmendenorientierung in ihrer breitesten Auslegung dar (vgl. Breloer et al. 1980).

In einer solch breiten Auslegung wird aber auch etwas Grundsätzliches deutlich: Dass nämlich Teilnehmendenorientierung nicht nur die Orientierung an den Bedürfnissen oder besser: den Wünschen der Teilnehmenden meinen kann (dafür nutzt Siebert (2012a) den Begriff der Kund*innenorientierung, der eher die Befriedigung der Wünsche zahlender Kund*innen beschreibt), sondern darüber hinaus auch die aktive Teilnahme der Teilnehmer*innen umfasst. Gelingende Teilnehmendenorientierung wie auch gelingendes Lernen sind somit auf die Eigenleistung der Subjekte angewiesen. Darüber hinaus fokussiert Erwachsenenbildung/Weiterbildung jedoch auch immer Bedarfserschließung und Bedürfnisweckung.

Es geht mit der Teilnehmendenorientierung also darum, das Lehren von der Teilnehmendenperspektive her und auf die*den Teilnehmende*n hin – auch zusammen – zu planen und zu gestalten (vgl. Schrader 2010a, S. 284). Genau dieses partizipative Moment verweist auf die hinter der Teilnehmendenorientierung liegende „Bildungsidee und eine anthropologische Idee von einem Menschen, der durch kritische, bewußte, selbstständige Lernbemühungen seine Mündigkeit und Selbstbefreiung befördert“ (Siebert 1985, S. 72; auch Tietgens 1992a, S. 76). Damit bezieht sich das didaktische Prinzip der Teilnehmendenorientierung auf ein Verständnis vom Menschen als Teilnehmer*in, „der im wörtlichen Sinne teilnehmen kann am Lernprozeß, dessen Handlungskonsequenzen offen sind“ (Tietgens 1992a, S. 87).

Grundlegend für eine solche durchaus anspruchsvolle Teilnehmendenorientierung von Seiten der Lehrenden ist, dass Lehrende sich darüber bewusst werden, welche Erwartungen und Unterstellungen, auch Projektionen sie an Teilnehmer*innen herantragen, denn der*die Teilnehmer*in bleibt ein Konstrukt (vgl. Mader 1991, S. 11-12). Zudem braucht es eine „systematische Reflexion der eigenen Konstruktionen von Lernprozessen und Lernsituationen [...], insbesondere die Reflexion biographischer Normen und Normalitätsvorstellungen, mit denen die Aktivitäten der Teilnehmenden wahrgenommen und interpretiert werden", so dass „eine ‚ethnographische Haltung' gegenüber der eigenen Praxis und ihren Wirkungen (Alheit 2001)" (Dausien & Alheit 2005, S. 33-34) greift. Teilnehmendenorientierung erfordert also von den Lehrenden auch eine anhaltende Selbstreflexion der eigenen Selbst- und Fremdbilder (vgl. Siebert 2012a, S. 119) und kann nicht statisch oder rezeptartig festgelegt und ‚erfüllt' werden. Stattdessen können und müssen Lehrende ihr Lehrverhalten an die Teilnehmenden in den jeweiligen strukturellen Gegebenheiten anpassen und flexibel auf das Verhalten von Teilnehmenden reagieren. Die damit antizipierte Hinwendung zum Subjekt war in den frühen (noch stark schulorientierten) didaktischen Modellen bis in die 1970er Jahre hinein nicht abgebildet (vgl. Breloer 1980), weswegen diese keine allzu starke Handlungsrelevanz für die Erwachsenenbildung/Weiterbildung entwickeln konnten, sondern erst eine spezifisch erwachsenenpädagogische Rezeption durchlaufen mussten. Dies hat sich allerdings durch die erneute und bis heute anhaltende Betonung der Orientierung am Subjekt seit den späten 1990er Jahren geändert. Durch die Stärkung der Subjektorientierung im Zuge konstruktivistischer und subjektwissenschaftlicher didaktischer Überlegungen (vgl. Abschnitt 4.2 und Abschnitt 4.5) hat Teilnehmendenorientierung als didaktisches Prinzip wieder vertiefte theoretische Begründungen und verstärkt praktische Relevanz erfahren. Parallelen lassen sich auch zu der Ausdifferenzierung relationaler Lerntheorien (vgl. Abschnitt 3.1.2) ziehen. Sie verschieben die Perspektive, indem sie das Subjekt in der Welt verorten und es gleichzeitig als Subjekt wahrnehmen.

Unter der Setzung, dass sich Teilnehmendenorientierung von einem behavioristischen Lernverständnis (vgl. Abschnitt 3.1.1) entfernt, können Biografieorientierung und Erfahrungsorientierung zur Beschreibung der Teilnehmendenorientierung herangezogen werden. Sie werden oft als eigenständige Prinzipien genannt, lassen sich aber durchaus als Konkretisierungen oder Ausdifferenzierungen einer weit gefassten Teilnehmendenorientierung verstehen.

Da Lern- und Bildungsprozesse Biografien als Hintergrund und Horizont aufweisen, verweist ‚*Biografieorientierung*' auf „einen nicht hintergehbaren Rahmen, um die Bedeutsamkeit von Bildungsbemühungen vom Standpunkt der Teilnehmenden einzuordnen, zu reflektieren und in ihre Planungsüberlegungen einfließen zu lassen" (Nittel 2010, S. 50). Demnach bringen Teilnehmer*innen in die Lehrveranstaltung „eine in der zeitlichen Aufschichtung einzigartige Erfahrungsgeschichte und eine je individuelle Konfiguration von Wahrnehmungs-, Handlungs- und Bewertungsdispositionen" ein (Dausien & Alheit 2005, S. 29). Dabei handelt es sich keineswegs nur um explizites Wissen, sondern auch um implizites „Erfahrungs- und Deutungswissen, in den [sic!] auch emotionale Orientierungen (vgl. Mader 1997), inkorporierte Praktiken und Handlungsdispositionen eingeschlossen sind (Alheit/Hoerning 1989)" (Dausien & Alheit 2005, S. 29). Es geht also um die Beachtung der eigensinnigen Logik von Erfahrungsprozessen. ‚*Erfah-*

rungsorientierung' verweist somit auf die Biografie der Teilnehmenden und zugleich auf das lebenslange Lernen über Anschlusslernen, welches in der Erwachsenenbildung/Weiterbildung grundlegend mitgedacht wird.

Aus biografischer Perspektive geht es dann eben auch um bisherige Lernerfahrungen, nicht nur um Wissen und Inhalte. Erfahrungen sind sichtbar zu machen, und gleichzeitig sind neue Erfahrungsmöglichkeiten zu eröffnen, jedoch immer in sensibler Bezugnahme auf Vorheriges. Denn Erfahrungen sind identitäts- und sinnstiftend. Über eine subjektive Verarbeitung von Erlebnissen und Eindrücken schreiben sich diese als Erfahrungen in das Gedächtnis ein, welche wiederum in (Situations-)Deutungen handelnd sichtbar werden (vgl. Gieseke 2010, S. 76). Erfahrungen sind demnach ein „lebensgeschichtlicher Verarbeitungsprozeß" (Tietgens 1992a, S. 84) und gleichzeitig ein „aktive[r] Prozess sinnlicher Wahrnehmung des Unplanbaren, aber permanent Ablaufenden" (Gieseke 2010, S. 78). Somit wird mit dem Subjektbezug auch die Einbettung dieser Erfahrungen in gesellschaftliche Prozesse reflektiert und das Subjekt nicht individualisierend verkürzt (vgl. Abschnitt 3.2).

Die Herausforderung in der Erfahrungsorientierung liegt in der Unmöglichkeit, Erfahrungen auf Dritte zu übertragen, es geht vielmehr darum, „situationsspezifisch wissenschaftlich fundiertes Fachwissen und planmäßig rationales Handeln einerseits, und andererseits auch ein besonderes Erfahrungswissen und erfahrungsgeleitet-subjektivierendes Handeln zur Verfügung zu haben" (Gieseke 2010, S. 78), um Differenzierungsschritte anzuregen. Denn Erfahrungen verändern sich nicht unmittelbar im Lernprozess. Tietgens (1992a, S. 84) hebt hervor, dass Erfahrungsorientierung eine Lebensnähe inhärent ist, die darauf verweisen könnte, die im Rahmen von Adressat*innen- und Teilnehmendenorientierung thematisierte Lebensweltorientierung zu spezifizieren.

Aus Forschungsergebnissen (u. a. Siebert & Gerl 1975) lässt sich ablesen, „dass Lehrkräfte der EB [Erwachsenenbildung] sich bei der Planung, Gestaltung und Evaluation von Lehr-Lernprozessen nicht ausschließlich, vermutlich nicht einmal primär am (immer im Plural anwesenden) Teilnehmer orientieren, sondern eher am ‚Stoff'" (Schrader 2010a, S. 284). Erfahrungen und Deutungen werden gleichzeitig nicht aufeinander bezogen (vgl. Kejcz et al. 1979-1981). Tietgens (1980) thematisiert daher das Problem der Passung, welches auf das didaktische Dreieck, bei dem es im Kern um die Distanz zwischen Lernenden und Inhalten und die Unterstützung durch Lehrende bei der Überbrückung dieser Distanz geht, rückbezogen werden kann (vgl. Abschnitt 2.1).

Diese Passung unterliegt einer Dynamik, die ständig neu gestaltet werden muss und für die daher die Voraussetzungen der Teilnehmenden (u.a. Motive, Vorkenntnisse, Erfahrungen, Lernstile) im Planungsprozess antizipiert und die Partizipation der Teilnehmenden in der Veranstaltung selbst ermöglicht werden muss (Siebert 2012a, S. 120). Der biografische Hintergrund kann hier als systematisch zu beachtende Ressource dienen. Dabei ist die Befragung der Teilnehmenden nach Interessen und Wünschen kaum teilnehmendenorientiert, denn

„[w]enn es ein Lernbedürfnis ist, etwas Neues kennen zu lernen, kann man vorweg kaum sagen, was dieses Neue denn sein soll“ (Siebert 2012a, S. 120). Fokussiert werden dann eher Bekanntes und individuelle Bezugshorizonte. Empirisch lässt sich daher auch belegen, dass Teilnehmende in spezifischen Situationen den Dozent*innen Entscheidungen überlassen (vgl. Kejcz et al. 1979-1981). Dann befindet sich Teilnehmendenorientierung in einem didaktischen Dilemma. Verteilte Verantwortung und transparente Aufgabenverteilung scheinen, so der Ansatz, diesem Dilemma produktiv entgegenzuwirken (vgl. Siebert 2012a, S. 121).

Mit der Transparenz in der Planung fundiert Teilnehmendenorientierung nach Tietgens (1992a, S. 179) jedoch auch eine *„öffentliche Didaktik“* (Hervorhebungen im Original), die die Diskussion von Alternativen (z.B. mit den Teilnehmenden in einer Lehrveranstaltung selbst) erfordert, also eine anspruchsvolle Aufgabe, die ein Höchstmaß an didaktischer und inhaltlicher Flexibilität der Lehrenden erfordert. In der Konsequenz heißt das dann auch, dass sehr voraussetzungsvoll an die Teilnehmenden herangetreten wird.

Teilnehmendenorientierung verweist somit auf die Reflexion von Inhalten und Zielen im Planungsprozess der Veranstaltung unter Berücksichtigung der Ausgangsbedingungen der Teilnehmenden, nicht nur auf eine spezifische Methodenauswahl. Im Gegenteil gilt sogar, dass es nicht möglich ist, „einzelne Methoden eindimensional als teilnehmerorientiert auszugeben. Das vom pädagogischen Subjekt her begründete Vorgehen übersteigt den einfachen Rückgriff auf ein bestimmtes als teilnehmerorientiert bezeichnetes Methodenrepertoire“ (Breloer 1980, S. 59). Demnach kann Teilnehmendenorientierung als Leitprinzip im Sinne eines Suchprozesses eingeordnet werden.

Zusammenfassend lässt sich festhalten, dass Teilnehmendenorientierung auf der Mikroebene einen starken Subjektbezug aufweist und damit die Lernendenseite betont. Allerdings kann eine falsch verstandene Teilnehmendenorientierung, erst recht, wenn sie bspw. (radikal-)konstruktivistisch begründet wird, dazu führen (und hat in der Entwicklung konstruktivistischer und subjektorientierter Ansätze auch dazu geführt), dass die Inhalte und Gegenstände des Lernens keine Thematisierung mehr finden bzw. letztlich völlig ausgeblendet bleiben – und damit auch eine zentrale Aufgabe didaktischen Handelns, nämlich die angemessene Aufbereitung der Inhalte (wobei ‚angemessen‘ heißt, sowohl der Struktur der Inhalte als auch den Bedürfnissen und Erfahrungen der Teilnehmenden gerecht zu werden), nicht mehr im Blick ist (vgl. Nolda 2001; Lehner 2012; Haberzeth 2010; Forneck 2004; Tietgens 1975). Es besteht dabei die Gefahr, dass mit dem „Verschwinden des Wissens“ (Nolda 2001) in der Erwachsenenbildung/Weiterbildung und entsprechend der Kompetenz der Lehrenden, dieses angemessen zu bearbeiten, ein Bedeutungsverlust der Erwachsenenbildung/Weiterbildung einhergeht (vgl. Forneck 2004, S. 9). Auch wenn sich diese Entwicklung im Zuge konstruktivistischer und subjektorientier Theorierezeptionen verstärkt hat, hat Tietgens schon 1975 etwas zugespitzt eine „gestörtes Verhältnis“ zwischen der Erwachsenenbildung und der Wissensvermittlung diagnostiziert (vgl. Lehner

2012) und das mit der disziplinären historischen Entwicklung begründet. Gleichzeitig werden sehr wohl Bezüge gesehen und hergestellt: So beschreibt bspw. Schiersmann (1983) für die berufliche Weiterbildung von Frauen die Wichtigkeit von Teilnehmendenorientierung (formuliert als Alltags- und Lebensweltorientierung) in Kombination mit Inhalts- und Wissenschaftsorientierung und stellt dies zudem in einen Zusammenhang mit Handlungsorientierung (formuliert als Situationsorientierung; vgl. auch Abschnitt 5.3.4).

Vor diesem Hintergrund wird noch einmal deutlich, dass neben der Teilnehmendenorientierung auch weitere didaktische Prinzipien in der Planung von Lehre mitreflektiert werden müssen, um zu starke ‚Schlagseiten' des didaktischen Dreiecks hin zu nur einer Seite zu verhindern und dem vermittelnden Anspruch der Lehrtätigkeit gerecht zu werden.

5.3.3 Sach- oder Inhaltsorientierung

Während die Adressat*innen- und die Teilnehmendenorientierung zentral und identitätsbildend für die Erwachsenenbildung/Weiterbildung als Ganzes (als Praxis und als wissenschaftliche Disziplin) sind, sind die folgenden Prinzipien *Sach- oder Inhaltsorientierung*[18] enger auf die Kernaufgabe didaktischen Handelns bezogen. Im didaktischen Dreieck (siehe Abschnitt 2.1) ist das Kernproblem thematisiert: Die Vermittlung zwischen Lernenden und Lerninhalt(en). Ohne potenzielle Inhalte ist Bildung kaum denkbar, weil es bedeuten würde, bei den Erfahrungen der Teilnehmenden gewissermaßen stehenzubleiben; und ohne Inhalte wird auch fraglich, welche Aufgabe eigentlich Erwachsenenbildner*innen noch zukommen würde, denn Erfahrungsaustausch ist ganz ohne Lehrende oder Vermittler*innen im weiteren Sinne denkbar. Kaiser und Kaiser (1998, S. 280) formulieren etwa als zentrale Frage didaktischen Handelns sehr inhaltsbezogen: „Wenn Unterricht [...] als intentional geprägte Aufarbeitung von Inhalten verstanden wird, stellen sich notwendig auch die Fragen: Wo kommen diese Inhalte eigentlich her? [...] Aufgrund welcher Prinzipien überträgt man sie in den Unterricht?" Für beide Fragen gilt es Kriterien zu entwickeln.

Mit der Orientierung an den Inhalten ist der von Klafki (1972) (vgl. Abschnitt 4.1) so bezeichnete „materiale Aspekt" von Bildung angesprochen. Konkreter bedeutet die Orientierung am Inhalt zunächst, mögliche (z.B. gesellschaftlich oder beruflich relevante) Themen überhaupt erst zu einem Seminar- oder auch Programminhalt zu machen. Damit ist eine entscheidende Aufgabe didaktischen Handelns aufgegriffen, die, wenn auch nicht nur, aber doch vor allem da

18 Beide Begriffe werden aus unterschiedlichen Begriffs-, Theorie- und Handlungslogiken heraus genutzt, so dass hier die Ähnlichkeit des Gemeinsamen betont wird. Akzentuiert wird mit dem jeweiligen Begriff entweder das Subjekt-Objekt-Verhältnis oder die Beziehung zwischen Lernenden und Inhalt(en).

relevant wird, wo es keine vorgegebenen Curricula gibt und Lehrende oft große Spielräume in der inhaltlichen Ausrichtung ihrer Angebote haben. Entscheidend ist hier die angemessene Auswahl von Inhalten. Dabei geht es zunächst um die Entscheidung für breit angelegte Themen (Beispiele wären etwa ‚Kommunikation' oder ‚Zeit', wie sie etwa in zahlreichen Veranstaltungen unter dem Titel ‚Zeitmanagement' oder ‚Präsentieren, Visualisieren, Moderieren' angeboten werden), die oft gar nicht von Lehrenden, sondern von Programmplanenden getroffen werden. Daran anschließend geht es dann aber um die Füllung der breit angelegten Themen mit konkreten Inhalten. Hier ist die genaue Kenntnis des Themas, seiner Struktur, seiner möglichen Auslegungsvarianten erforderlich.

Sehr inhaltsbezogene Analysen, die helfen, einen möglichen Inhalt in seiner Struktur durchdringen zu können, um angemessene und begründete Entscheidungen über die Auswahl und Strukturierung zu treffen, wurden etwa von Klafki (1972) in der didaktischen Analyse vorgelegt (vgl. ebenfalls Abschnitt 4.1). Die Fragen zielen zunächst darauf, als Lehrende*r selbst die Struktur des Inhalts zu durchdringen, um dann in weiteren Schritten (und mit weiteren Fragen) nach der möglichen Bedeutung für Adressat*innen und Teilnehmende zu fragen. Gerade für Erwachsenenbildung/Weiterbildung gilt, dass es nicht nur um die Aufarbeitung von Inhalten geht, sondern um eine Aufarbeitung von Inhalten unter Bezugnahme auf die jeweiligen Adressat*innen und Teilnehmenden (siehe Kapitel 2 und das Prinzip der Teilnehmendenorientierung im Abschnitt 5.3.2). Diese Antizipation über Bedürfnisse und Interessen von Adressat*innen und Teilnehmenden leitet zugleich die Auswahl konkreter Inhalte mit an, ohne dass dabei aber Erfordernisse und Eigenlogik der Sache selbst aus dem Blick geraten. Gerade weil Themen – erst recht in der Erwachsenenbildung/Weiterbildung – oft sehr breit denkbar sind, gilt es hier auf der Grundlage guter Sachkenntnis und angemessener Antizipation begründete Entscheidungen der inhaltlichen Auswahl zu treffen. Es ist von der Sache her etwa keineswegs selbstverständlich oder zwingend erforderlich, dass in einer Veranstaltung zum Thema ‚Zeit' vor allem individuelle Techniken des (vermeintlichen) Zeitsparens behandelt werden, die dazu dienen sollen, noch mehr in noch kürzerer Zeit abarbeiten oder erledigen zu können (vgl. Bachmayer & Faulstich 2002). Denkbar wäre genauso, eher reflexiv gesellschaftliche und arbeitsbezogene Zeitstrukturen kritisch zu hinterfragen, Muße und Intensität von Zeitverwendung zu diskutieren und nach Spielraumen zu suchen, sich dem engen und zum Teil sogar inhumanen Zeitdiktat moderner Gesellschaften zu entziehen. Die Folgen für die konkreten Inhalte eines Kurses (oder sogar für seine eigene zeitliche Gestaltung) wären erheblich und es kämen zwei vollig unterschiedliche Veranstaltungen heraus, die beide aber unter dem Thema ‚Zeit' firmieren könnten. In beiden Fällen wären Auswahlstrategien erforderlich, weil das Thema ‚Zeit' in seiner ganzen Breite und mit seinen mindestens philosophischen, physikalischen, gesellschaftlichen und psychologischen Bezügen so oder so niemals in Gänze behandelt werden kann.

Damit wird einerseits deutlich, dass hinter der Inhaltsauswahl immer auch normative Prämissen und Haltungen stehen, die die (Nicht-)Relevanz von Inhalten mitbestimmen. Zugleich wird deutlich, dass in dieser Lesart unter das Prinzip auch das *Prinzip der didaktischen Reduktion und Rekonstruktion*, gelegentlich auch *Transformation* genannt, subsummiert werden kann. Dieses wird häufig als zentrales Prinzip didaktischen Handelns bezeichnet und ist dabei immer inhaltsbezogen gemeint (vgl. Siebert 2012a; Weinberg 1991).

Didaktische Reduktion und oder auch Transformation (vgl. Kaiser 1991; Weinberg 1991) wird in der Erwachsenenbildung/Weiterbildung erstaunlich selten wissenschaftlich aufgearbeitet, obschon gerade in der Erwachsenenbildung/Weiterbildung hier angesichts fehlender Curricula und auch angesichts wenig ausgeprägter Fachdidaktiken ein besonderer Bedarf besteht (vgl. die Ausgabe der DIE Zeitschrift „Stiefkind Fachdidaktik" 4/2011). Kern ist die mikrodidaktische Aufgabe, aus einer großen Menge von Sachverhalten die für das Lehren und Lernen benötigten Sachverhalte lehr- und lerngerecht zu ordnen. Dies ist gerade angesichts der möglichen Themenvielfalt und der enormen Wissensbestände in modernen Gesellschaften eine notwendige Aufgabe. Dass dabei nicht nur von Reduktion, sondern auch von Rekonstruktion und Transformation die Rede ist, liegt daran, dass Inhalte durch die Reduktion nicht einfach verkleinert werden oder fertige Teile ‚herausgenommen' werden, sondern dass bei dieser Reduktion das Wissen durch Lehrende aktiv bearbeitet und in Lehrkontexte überführt wird. Die Frage ist dann, nach welchen Kriterien und aufgrund welcher Begründung diese Transformation geschieht und inwieweit sie überhaupt reflexiv als Aufgabe verstanden wird.

Haberzeth (2010) führt demgegenüber noch den Begriff der Thematisierung ein, durch den vor allem sichtbar werden soll, dass nicht alle möglichen Themen schon als fertige (und dann zu transformierende) Inhalte vorliegen (Haberzeth 2010, S. 3). Während etwa der Dreisatz in Mathematik oder die Zeitform des Indefinido im Spanischen klar umgrenzte Themenbereiche sind, sieht das bei dem bereits angeführten Thema ‚Zeit' oder auch Themen wie ‚Erziehungsprobleme' oder ‚Globalisierung' anders aus. Hier gilt es überhaupt erst einmal, etwas konkreter zum Inhalt zu machen, das heißt, zu entscheiden, *wie* der mögliche Inhalt überhaupt thematisiert werden und dann erst in der didaktischen Reduktion und Rekonstruktion in Lehrgegenstände transformiert werden soll.

Als Kriterien, nach denen eine solche Thematisierung und Transformation geschehen kann, führt Siebert (2003a) bspw. Exemplarität an und auch die Orientierung an Verwendungssituationen der Teilnehmenden (vgl. Abschnitt 5.3.4). Ersteres verweist enger inhaltsbezogen auf die auch von Klafki (1972) schon thematisierte Frage, wie ein Bildungsinhalt zum Bildungsgehalt werden kann, was also das Allgemeingültige im besonderen Lehrgegenstand sein kann. Dabei bewegen sich die Lehrenden in der herausfordernden Situation, der Struktur des Inhalts und den Teilnehmenden zugleich gerecht zu werden, wenn sie Lernen und Aneignung ermöglichen wollen. Es geht also erstens darum, „sachlich richtig zu vermitteln“ und nicht etwa vor lauter Reduktion und „teilnehmendengerechter“ Aufbereitung Inhalte zu trivialisieren oder gar zu verfälschen (vgl. Siebert 2012a; Gruschka 2002; Haberzeth 2011). Nur so kann tatsächlich die Aneignung von Neuem und damit eine Überschreitung der je eigenen Erfahrungen der Teilnehmenden ermöglicht werden.

Gerade dieser Gedanke wird auch in dem Begriff der *Wissenschaftsorientierung* gefasst, die zum Teil als eigenständiges didaktisches Prinzip formuliert wird, sich aber durchaus unter eine weit gefasste Inhaltsorientierung subsummieren lässt. Kern ist der Anspruch, dass in modernen Gesellschaften wissenschaftliches Wissen unerlässlich ist für Bildung und für die Bewältigung von Situationen. Wissen stellt „die Grundlage für Urteil und Einsicht“ dar (Raithel et al. 2009, S. 76). In einer komplexeren Auslegung bedeutet Wissenschaftsorientierung zum einen, Inhalte auf dem Kenntnisstand der Wissenschaft zu vermitteln, also gewissermaßen einem Wahrheitskriterium gerecht zu werden (vgl. Raithel et al. 2009). Zum anderen bedeutet Wissenschaftsorientierung aber auch, das hinter dem wissenschaftlichen Wissen stehende methodische Vorgehen und wissenschaftliches Argumentieren mit zu vermitteln und damit auch Möglichkeiten und Grenzen von Wissenschaft einordnen und reflektieren zu können. Solche Fähigkeiten gewinnen gerade in Zeiten des Vertrauensverlusts in Wissenschaft und einer unreflektierten Rezeption von Nachrichten oder eben auch von sogenannten ‚Fake-News‘ erneut an Bedeutung.

Gleichzeitig gilt es dennoch immer, die Interessen und Voraussetzungen der Teilnehmenden zu bedenken, weil etwa eine reine Orientierung an der wissenschaftlichen Struktur des Inhalts den Weg der Teilnehmenden zum Inhalt auch verstellen kann (vgl. Klafki 1972; Weidenmann 2011). Entsprechend gilt es nicht nur Inhalte angemessen auszuwählen und zu strukturieren, sondern auch die Methoden zu reflektieren, die eine Aneignung der Inhalte so ermöglichen können, dass sie einerseits den Inhalten gerecht werden, aber die Teilnehmenden sie andererseits auch an ihre eigenen Vorerfahrungen, Voraussetzungen und Interessen anschließen können.

Empirische Zugänge zu Inhalten bzw. zur Inhaltsauswahl finden sich eher selten. Das Thema stellt, wie beschrieben, ein Desiderat der Erwachsenenbildungsforschung dar. In einer ausführlichen Untersuchung hat etwa Haberzeth (2010) die Thematisierungsstrategien von Lehrenden in der Erwachsenenbildung/Weiterbildung untersucht und vier Dimensionen ermittelt, auf denen diese Strategien verortet sein können. In diesen Dimensionen bildet sich die ganze Komplexität der Bearbeitung von Inhalten bzw. der didaktischen Herausforderung des Vermittelns zwischen Lernenden und Inhalt ab. Sie bewegen sich zwischen eher instrumentellen und eher reflexiven Thematisierungen, zwischen Thematisierungen, die eher an den Erfahrungen der Teilnehmenden orientiert sind oder eher an der wissenschaftlichen Struktur des Themas, zwischen eher sach- und eher methodenbezogenen sowie zwischen eher individualisierenden oder eher strukturellen Thematisierungen (vgl. Haberzeth 2010, S. 209-236; siehe auch Bachmayer & Faulstich 2001 und Kraus 2014).

Während in dieser Studie tatsächlich die Planungsprozesse der Lehrenden rekonstruiert wurden, können auch Ergebnisse aus Programmanalysen Hinweise auf die Thematisierung und Deutung von Inhalten geben. Exemplarisch sei etwa eine Programmanalyse von Käpplinger (2017) genannt, der aus aktuellem gesellschaftspolitischen Anlass die Thematisierung von Flucht und Migration in Weiterbildungsprogrammen über mehrere Jahrzehnte hinweg analysiert hat und anhand dessen eine Verschiebung zeigen konnte: von einer Breite der Angebote, die unter anderem Fluchtursachen und weltpolitische (problematische) Zusammenhänge reflektieren, hin zu überwiegend die Integration fördernden Angeboten – ohne sich dabei auch an die ‚integrierende' Gesellschaft zu richten und auch hier von Bildungsnotwendigkeiten und von der Notwendigkeit, dass diese ihrerseits ebenfalls zur Integration beitragen muss, auszugehen.

Diese Ergebnisse sind nun zwar nicht mehr auf der mikrodidaktischen Handlungsebene angesiedelt, zeigen aber umso drastischer, wie folgenreich die Entscheidung für Themen und Inhalte ist und wie wichtig daher die Reflexion und das Bewusstsein professioneller Erwachsenenbilder*innen über Inhalte und ihre je eigenen Inhaltsentscheidungen (und dahinter stehenden Annahmen und normativen Prämissen) sind.

5.3.4 Handlungs- und Situationsorientierung

Kaiser und Kaiser (1998, S. 286) begründen anthropologisch aus der prinzipiellen Handlungsfähigkeit des Menschen (die lernend zu aktualisieren ist, vgl. Holm 2018) das didaktische Prinzip der *Handlungs- bzw. Situationsorientierung* (Lernen sollte auf die Bewältigung von Situationen ausgerichtet sein). Dieses Prinzip gehört ebenfalls zu den am häufigsten genannten didaktischen Prinzipien der Erwachsenenbildung/Weiterbildung (z.B. Siebert 2003a; Faulstich & Zeuner 2008; Hof 1999). Es handelt sich dabei nicht um einen klar definierten Begriff (vgl. Hof 1999), sondern zunächst um ein sehr grundsätzliches Prinzip, das, so lange es sehr allgemein formuliert ist, durchaus als identitätsbildend speziell für die Erwachsenenbildung/Weiterbildung gelten kann.

In seiner allgemeinsten Formulierung besagt es zunächst nur, dass das Lernen von Erwachsenen in der Regel nicht wie in der Schule als Lernen auf Vorrat bzw. zur Vorbereitung auf das spätere Leben organisiert werden muss. Stattdessen kommen Erwachsene aus konkreten Lebens- und vor allem auch Arbeitsbezügen mit konkreten Handlungsproblemen und -anliegen, die sie lernend bewältigen möchten, in die Lehrveranstaltung. Der Lernerfolg liegt daher ebenso im jeweiligen Handlungsfeld wie die Anlässe und Gründe für Lernen (Siebert 2003a, S. 148). Solche Handlungsbezüge sollen in der didaktischen Gestaltung von Lernumgebungen aufgenommen werden. Dies gilt sowohl inhaltlich – das heißt, Handlungsorientierung kann und sollte sowohl die Inhaltsauswahl anleiten – als auch bezogen auf die Gestaltung des Lernens in der Lehrveranstaltung. Es kann also auch das Veranstaltungsdesign als Ganzes sowie im engeren Sinn die Methodenauswahl orientieren: Methoden sollten entsprechend handlungsorientiert sein insofern, als sie die selbsttätige Auseinandersetzung ermöglichen, und zwar nicht nur die Auseinandersetzung mit den Inhalten, sondern auch mit den eigenen Anschlussmöglichkeiten. Es geht also auch um die Verbindung der Inhalte mit den je eigenen Handlungsproblemen. Siebert (2000) verortet dieses Prinzip daher als vermittelndes Prinzip zwischen der Sachlogik und der Psychologik.

Das Prinzip der Handlungsorientierung wird mehr oder weniger gründlich, dabei jedoch durchaus unterschiedlich, begründet. Theoretisch wird bspw. schon sehr früh von dem Philosophen und Pädagogen John Dewey die Annahme formuliert, dass Erkenntnis an Handeln gebunden ist. Dewey grenzt sich in seiner Erkenntnistheorie, ähnlich wie Vertreter*innen konstruktivistischer Ansätze, von einem naiven Positivismus und zugleich von der Annahme ab, dass Denken und Erkenntnis rein geistige Prozesse seien (vgl. Dewey 1989). Stattdessen betont er, dass Erkenntnis durch Erfahrung möglich wird, und zwar durch die intentionale Interaktion mit der Umwelt und die Verbindung dessen, was jemand tut, mit dem, was ihm widerfährt – das Denken ist hierin eingeschrieben (vgl. Dewey 1958). Für pädagogisches bzw. didaktisches Handeln heißt dies, auch in der Lehrsituation Handlung und Erfahrung und damit Lernen zu ermöglichen.

Weniger erkenntnistheoretisch, sondern stärker lernbezogen, lassen sich aber auch konstruktivistische Ansätze anführen, die die Eigentätigkeit des Subjekts betonen (vgl. Abschnitt 3.1.1). Auch die subjektwissenschaftliche Lerntheorie bietet theoretische Grundlagen für eine Handlungsorientierung, indem sie Lernen als Handlung begreift, zugleich aber die Ausgliederung einer Lernproblematik aus einer Handlungsproblematik thematisiert (vgl. Abschnitt 3.1.2). Wenn die Handlung als Bezugsproblematik für expansives Lernen fungiert, gilt es auch in der Lehrsituation, eben genau solche vorhandenen oder zumindest denkbaren Bezugshandlungen zu antizipieren oder mit den Teilnehmenden gemeinsam zu entdecken, damit die Bedeutung und der Sinn von Lernen sichtbar und anschlussfähig an die je eigene Lebens- oder Arbeitssituation werden. Diese subjekttheoretischen Überlegungen rekurrieren zudem auf theoretisch-anthropologische Ansätze der Tätigkeitstheorie, die unter Rückbezug auf Marx' Begriff gesellschaftlicher Praxis die tätige Auseinandersetzung mit der Umwelt als Grundlage für menschliche Entwicklung, für Menschwerdung überhaupt, sehen und entsprechend Denken und Lernen in Bezug zu Handeln konstituieren (vgl. Faulstich 2013; Hof 1999).

In etwas spezieller Formulierung werden in der Literatur auch Prinzipien wie etwa „Situationsorientierung“ (Kaiser 1991), „Praxisorientierung“ (Kuypers 1985; Hof 1999) oder auch „Kompetenzorientierung“ angeführt (Reischmann 2004; Frank & Iller 2013), die sich durchaus innerhalb des sehr allgemeinen Prinzips Handlungsorientierung verorten lassen.

Für die berufliche Bildung etwa wurde im Anschluss an die curriculumstheoretische Didaktik (hier in Kapitel 4 als kompetenzorientierte Didaktik konkretisiert) vor allem die Situationsorientierung verstärkt gefordert (vgl. Kaiser 1991). Auch

Schiersmann (1983) verwendet diesen Begriff, der einen handlungsrelevanten, konkreten Ausschnitt eines nächstgrößeren Umwelt- und Lebenszusammenhangs bezeichnet. „Mit dieser Situations- und Handlungsorientierung wird der Tatsache Rechnung getragen, daß im Rahmen organisierter Lernprozesse nie der Alltag in seiner Gesamtheit zum Reflexionsgegenstand werden kann, sondern lediglich einzelne, als problematisch oder erfolgreich erlebte Situationen. Ein darauf bezogenes didaktisches Konzept bietet einen theoretischen Referenzrahmen für die Beschreibung, Erklärung und Veränderung täglichen Handelns" (Schiersmann 1983, S. 189).

In einem weiten Verständnis bedeutet dies, dass Lernen bzw. Lehre auf Situationen des Lebens oder der Arbeit bezogen sein sollte, weil davon ausgegangen wird, dass Lernen letztlich auf die Bewältigung von Situationen ausgerichtet ist. Damit wird zugleich betont, dass die Lernenden die Lehrinhalte als praxisrelevant für konkrete Situationen ansehen müssen, um eigene Lernbegründungen entwickeln zu können. Diesen Anspruch der Lernenden gilt es in der Lehre zu berücksichtigen. Dabei kann es nicht darum gehen, die Situationen der Lebens- oder Arbeitswelt, in denen lernrelevante Handlungsprobleme auftauchen, direkt in die Lehrsituation hineinzutragen. Dies wäre unmöglich, da eine strukturelle Differenz zwischen der Handlungs- und der Lernsituation besteht (vgl. Kaiser 1991, S. 80). Vielmehr geht es darum, Handlungsprobleme der Teilnehmenden überhaupt abzufragen und ggf. sogar modellhaft in die Lehrsituation zu übernehmen, um den Transfer in die je eigene Praxis zu erleichtern und ggf. sogar Übungssituationen zu schaffen, in denen ganz konkrete Kompetenzen dann auch eingeübt werden können. Durch die genaue Analyse der erforderlichen Fähigkeiten zu sehr präzisen Zielformulierungen für eine Lehrveranstaltung (etwa in einem Angebot ‚Präsentieren, Visualisieren, Moderieren') können diese dann in der Lehrveranstaltung solange handelnd eingeübt werden, bis sie ‚sitzen' (vgl. Abschnitt 4.3).

Der Vorteil der Lernsituation gegenüber der ‚realen' Handlungssituation liegt darin, dass sie ein Probehandeln ermöglicht, in dem Fehler, Umwege und spielerisches Ausprobieren verschiedener Handlungsmöglichkeiten erlaubt sind, ohne dass es die gleichen ‚ernsthaften' Konsequenzen nach sich zieht, wie es etwa in der beruflichen Handlungssituation der Fall wäre.[19] Den Transfer selbst müssen die Teilnehmenden leisten, aber es kann gegebenenfalls schon im Seminar möglich sein, zumindest gewisse Handlungsroutinen zu schaffen, die nicht nur das nötige Wissen (Was macht eine gute Präsentation aus?), sondern auch

19 Vor diesem Hintergrund lässt sich in gewisser Weise die Diskussion um Lernen am Arbeitsplatz gegenüber Lernen in der Bildungseinrichtung interpretieren: Während Lernen am Arbeitsplatz einerseits die größtmögliche Ähnlichkeit (bzw. Gleichheit) der zu bewältigenden Handlungssituation mit der Lernsituation ermöglicht und dadurch den Transfer des Gelernten erleichtern soll, ermöglicht eine ausgegliederte Lernsituation die Entlastung von dem Handlungsdruck, der innerhalb der Arbeitstätigkeit besteht. Probehandeln, Fehler etc. werden dadurch möglich, allerdings ist die erforderliche Transferleistung, die Lernergebnisse der simulierten Arbeitssituation auch auf die ‚echte' Situation zu übertragen, höher.

Sicherheit und Selbstvertrauen in der Durchführung beinhalten. Dass gerade in der beruflichen Bildung, auch der Ausbildung etwa im Handwerk, eine solche Situations- oder eben Handlungsorientierung von großer Bedeutung ist, ist nicht verwunderlich, da es doch gerade hier um konkrete Handlungskompetenzen geht.

Aber auch weiter gedacht und mit weniger eng gefasstem Kompetenz-Begriff kann Handlungsorientierung als Prinzip eine Brücke zwischen der Lebenssituation und der Lernsituation darstellen: So gewinnen derzeit etwa wieder Argumentationsseminare an Zulauf, in denen Argumentationen gegen Rechts, gegen Populismus, gegen ‚Fake-News' oder gegen ‚Hate Speech' eingeübt werden. Hier ist einerseits eine erhöhte Reflexion über Voraussetzungen, Bedingungen und Zweck solcher problematischen Kommunikationsstrukturen sowie eine Reflexion der eigenen, auch impliziten Haltung Gegenstand eines Seminars, gleichzeitig ist es aber sinnvoll, problematische Situationen zu simulieren und hier die ‚Gegenrede' einzuüben. Damit sind auch methodische Implikationen angesprochen, nämlich tatsächlich Handlungen auch ausprobieren und einüben zu können.

Gleichzeitig wird eine zu enge Handlungsorientierung kritisiert, wenn sie nämlich nur auf eng reduzierte Handlungsvorgänge abzielt, in denen nicht mehr ersichtlich wird, inwiefern sie exemplarisch für etwas Allgemeineres stehen, also dann auch nicht mehr übertragbar sind, weil sie zu spezifisch sind (vgl. Kaiser 1991, 83). Bei allem konkreten Einüben von Handlungen braucht es also immer auch die Reflexion über Bedeutung, Reichweite und Exemplarität der einzuübenden Handlungen.

Empirische Untersuchungen zur Analyse von Handlungsorientierung in der didaktischen Konzeption von Lehrangeboten finden sich eher selten im engeren Sinn, also mit dem konkreten Gegenstand ‚Handlungsorientierung'. Allerdings ließen sich bspw. empirische Studien zum Lehr- wie auch zum Lernhandeln anführen und bspw. danach fragen, ob und mit welchen Begründungen, welchen Inhalten und auch welchen Methoden Lehrende Handlungsorientierung in ihre Lehrveranstaltungen einzubringen versuchen oder gar das gesamte Kurssetting auf Handlungsorientierung ausrichten. Studien wie die von Haberzeth (2010) können über die Intentionen von Lehrenden in Bezug auf Handlungsorientierung Aufschluss geben. Ebenso können Videoanalysen (z.B. Herrle 2007) Erkenntnisse über tatsächlich realisierte Methoden oder Settings, die Handlungsorientierung im weitesten Sinne unterstützen sollen, bieten. Programmanalysen können aufgreifen, inwieweit Kurse zumindest in ihren Ausschreibungen, eine Handlungsorientierung zeigen, etwa wenn auf praktische Übungen oder Kompetenzorientierung verwiesen wird (z.B. Gieseke et al. 2005).

Auch Evaluationen könnten insofern Aufschluss über die Wirksamkeit von Handlungsorientierung geben, als sie im Nachhinein zeigen könnten, ob die anzueignenden Kompetenzen tatsächlich nicht nur vorliegen, sondern auch gezeigt werden. In einem kompetenzorientierten Seminar ‚Präsentieren, Visualisieren, Moderieren' könnte ein Teil der Evaluation bspw. in der Simulation einer

Präsentationssituation liegen oder in einer handwerklich orientierten Weiterbildung, wie z.B. einem Nähkurs, könnte am Ende tatsächlich ein Produkt anzufertigen sein.

Schließlich können, dies allerdings in einem sehr viel weiteren Sinn, auch Tätigkeitsanalysen, bspw. am Arbeitsplatz, Hinweise auf tatsächlich notwendige Kompetenzen, die dann in Kurse zu übertragen wären, geben.

5.4 Didaktische Prinzipien im Kontext von professionellen Antinomien

Zusammenfassend lässt sich festhalten, dass die grundlegenden didaktischen Prinzipien der didaktischen Handlungsebenen jeweils unterschiedliche Aspekte eines (durch Lehre unterstützten) Aneignungsprozesses akzentuieren. Sie lassen sich damit zum Teil direkt dem didaktischen Dreieck, vor allem der Lernenden- oder der Inhaltsseite zuordnen und geben zugleich Hinweise für die Lehrenden zur Auswahl von Inhalten, zur methodischen Gestaltung, zur Orientierung an den Teilnehmenden und ihren antizipierten Handlungsproblemen oder Situationsanforderungen. Ähnlich ordnet auch Siebert (2000) seine zugegebenermaßen ausufernde Auflistung didaktischer Prinzipien dem Sach- oder Subjektbezug oder dazwischen zu, diese beiden Ebenen (oder Spitzen des didaktischen Dreiecks) stehen aber im Zentrum. Damit wird der Blick noch einmal auf die Beziehungen gelenkt: zwischen Lehrenden, Lernenden, Lerninhalten und gesellschaftlichen Bedingungsfaktoren sowie auch auf die Beziehung zu den Methoden (vgl. Zeuner 2004). Die empirische Forschung zu Didaktik, also das, was unter Lehr- oder Lernforschung firmiert, ließe sich entsprechend auch als „Relationsforschung" bezeichnen (Siebert 2005).

Mit dem Blick auf die Relationen und auf die unterschiedlichen Pole des didaktischen Dreiecks lässt sich didaktisches Handeln auch im Kontext professioneller Antinomien und damit im Kontext professionellen Handelns reflektieren. Didaktische Prinzipien stehen in einem „antinomischen Verhältnis" zueinander (Beyer 2014, S. 15 für die Schule). Antinomien werden dabei seit längerem als struktureller Bestandteil professionellen pädagogischen Handelns beschrieben (vgl. von Hippel 2011). Dieses ist geprägt durch eine Handlungslogik, die sich aus den spezifischen Struktur- und Anforderungsbedingungen des pädagogischen Handlungsfeldes ergibt und in widersprüchliche Handlungsanforderungen mündet. Die Widersprüchlichkeit professioneller Handlungsanforderungen und -ziele ist nicht auflösbar, sie ist in das pädagogische und spezifischer das didaktische Handeln gewissermaßen eingeschrieben. Widersprüche können aber bewältigt und gestaltet werden (siehe ausführlicher zur spezifischen Unterscheidung von Widerspruchskonstellationen, Paradoxien und Antinomien: Helsper 2021; von Hippel 2011). Aus den unaufhebbaren antinomischen Figurationen als Strukturkern professionellen pädagogischen Handelns ergeben sich auch mögliche Fehlertendenzen in der Bearbeitung, etwa der Versuch, Widersprüche einseitig aufzulösen, sie zu ignorieren oder zu vermeiden – Professionalität zeigt sich dann auch darin, diesen Fehlertendenzen nicht nachzugeben, sondern Widersprüche immer wieder neu und umsichtig zu bearbeiten. Das bedeutet auch, dass Professionalität immer wieder situativ hergestellt werden muss und entsprechend anforderungsreich ist (vgl. Nittel 2000).

Einen Überblick über Antinomien und Widerspruchskonstellationen mit Bezug zur Erwachsenenbildung/Weiterbildung generell findet sich bei von Hippel (2011). Für das mikrodidaktische Handeln ist die für alle pädagogischen Bereiche gültige „Sachantinomie" relevant, die die Antinomie zwischen Adressat*innen- und Sach- bzw. Inhaltsorientierung bezeichnet. Diese Antinomie erfährt in der Erwachsenenbildung/Weitberbildung eine spezifische Konturierung, da die Teilnahme in der Regel freiwillig ist und es zugleich keine festgelegten Curricula gibt. Es ist daher konstitutiv für das didaktische Handeln in der Erwachsenenbildung/Weiterbildung, dass Lehrende sowohl die ‚Anforderung' der Sache in ihr Handeln einbeziehen müssen als auch die Orientierung an den lebensweltlichen Rahmungen der Adressat*innen in Bezug auf das Thema. In dieser Antinomie spiegeln sich die berechtigten Interessen der Adressat*innen und die der pädagogischen Akteur*innen (vgl. Giesecke 2007; Hörster 1995). Die Lehrenden müssen sich sowohl an universalistischen, wissenschaftlich fundierten und abstrakten Gegenständen orientieren, aber auch an der partikularen und diffusen Ausgangslage der Adressat*innen. Sie haben dann eine intermediäre Stellung zwischen dem Bildungsangebot und der Position der Adressat*innen (vgl. Stichweh 1996), die den Vermittlungsbegriff nicht nur als didaktischen Begriff, sondern auch als professionstheoretischen Begriff für die Erwachsenenbildung/Weiterbildung zentral werden lässt.

Die angeführten didaktischen Prinzipien zeigen jeweils theoretische Ansätze, die die Ausgestaltung der Antinomien reflexiv und begründungslogisch orientieren können. Das Wissen um diese antinomischen Verhältnisse und ihre prinzipielle Unauflösbarkeit kann die Professionalität insofern unterstützen, als damit einerseits der Auftrag einhergeht, Antinomien bewusst und begründet zu gestalten, und sie zugleich eine Entlastung von unerfüllbaren Erwartungen an Lehrende bzw. von Lehrenden an sich selbst bewirken können.

Reflexionsaufgaben

(1) Wie lassen sich didaktische Prinzipien systematisieren und was kennzeichnet jeweils die zentralen erwachsenenpädagogischen didaktischen Prinzipien?

(2) Rekapitulieren Sie: Wie hängen didaktische Prinzipien mit didaktischen Modellen und Lerntheorien zusammen? Welche Prinzipien sind an welche Lerntheorien und an welche Modelle anschlussfähig? Welche normativen Bezüge weisen die ausgewählten didaktischen Prinzipien auf?

(3) Analysieren Sie rückwirkend: Haben Sie schonmal eine Lehrveranstaltung oder Ähnliches geplant und durchgeführt (z.B. als Lehrende*r in der Erwachsenenbildung/Weiterbildung oder als Student*in eine Seminargestaltung)? Wenn ja, haben sie dabei nach impliziten persönlichen und/oder expliziten didaktischen Prinzipien gehandelt? Wie würden sie an die Planung der Lehreinheit heute herangehen? Welche didaktischen Prinzipien wären wichtig für Sie und warum?

(4) Erarbeiten Sie für ein didaktisches Prinzip Ihrer Wahl die dahinterliegenden theoretischen, empirischen und normativen Bezüge. Recherchieren Sie dazu weitere Literatur.

Kommentierte Literatur

Kaiser, A. & Kaiser, R. (1998). *Studienbuch Pädagogik. Grund- und Prüfungswissen.* Berlin: Cornelsen Scriptor.

Überblick über didaktische Prinzipien, nicht nur für das Handlungsfeld ‚Schule', sondern auch für das Handlungsfeld ‚Erwachsenenbildung/Weiterbildung'

Siebert, H. (2012). *Didaktisches Handeln in der Erwachsenenbildung. Didaktik aus konstruktivistischer Sicht.* Augsburg: ZIEL.

Einführung in didaktisches Handeln auf Grundlage des (radikal-)konstruktivistischen Theorieansatzes und Ausführungen zu den didaktischen Prinzipien für das Handlungsfeld ‚Erwachsenenbildung/Weiterbildung' (Kapitel 5)

Beyer, K. (2014). *Didaktische Prinzipien: Eckpfeiler guten Unterrichts. Ein theoriebasiertes und praxisorientiertes Handbuch in Tabellen für den Unterricht auf der Sekundarstufe II.* Baltmannsweiler: Schneider Verlag Hohengehren.

Überblick über 30 Prinzipien für das Handlungsfeld ‚Schule' inkl. einer allgemeinen theoretischen Einführung zu didaktischen Prinzipien.

6 Ausblick für die mikrodidaktische Feinplanung: zum Zusammenhang von theoretischen Ansätzen, didaktischen Prinzipien und Methodenauswahl

Ziele dieses Kapitels

In den didaktischen Prinzipien finden sich mehr oder weniger explizit Bezüge zu empirischen Ergebnissen, Lerntheorien und didaktischen Modellen (vgl. Kapitel 5). Didaktische Prinzipien können auf mikrodidaktischer Ebene jedoch auch die Auswahl der Methoden leiten und teilweise auch das Veranstaltungssetting rahmen. Sie beinhalten somit Hinweise oder Begründungen für die Methodenauswahl. Daher werden abschließend mögliche Implikationen der didaktischen Prinzipien für die Methodenauswahl diskutiert. Somit integriert diese Zusammenführung den letzten Aspekt, auf den die Ausführungen des Lehrbuches abzielen: eine Verbindung zwischen Lerntheorien, didaktischen Modellen, didaktischen Prinzipien und Methodenauswahl. Diese Verbindung wird über eine Visualisierung zusammenfassend dargestellt.

6.1 Implikationen didaktischer Prinzipien für die Methodenauswahl

Der Begriff der ‚Implikation‘ didaktischer Prinzipien verweist auf mögliche Ableitungen und logische Schlussfolgerungen, die den didaktischen Prinzipien inne liegen. ‚Inne liegen‘ bezieht sich bei den didaktischen Prinzipien insbesondere auf theoretische, empirische und normative Bezüge, wie in Kapitel 5 anhand der Bezüge zu Lerntheorien und didaktischen Modellen, empirischen Ergebnissen und normativen Prämissen gezeigt wurde. Bestimmte Methoden sind den didaktischen Prinzipien erstmal nicht inhärent. Dennoch können didaktische Prinzipien – gerade, weil sie die genannten Bezüge aufweisen – für die Methodenauswahl hilfreich sein bzw. auch anders herum dazu dienen, verwendete oder bevorzugte Methoden richtig einordnen zu können.

Dafür gilt es zunächst, eine Vielzahl an Methoden zu kennen. Eine Reihe von Methodenbüchern bieten hierzu Übersichten an (vgl. auch Abschnitt 1.3.1). Zu erwähnen wären hier Bücher zu „Kurs- und Seminarmethoden“ (Knoll 2007), „Anfangssituationen“ (Geißler 2016), „Methoden für die Bildungsarbeit“ (Siebert 2006b) oder „Erfolgreiche Kurse und Seminare: Professionelles Lernen mit Erwachsenen“ (Weidenmann 2011), ebenso können in dieser Aufzählung jedoch

Veröffentlichungen, die sich explizit mit Methoden der Online-Lehre[20] auseinandersetzen (z. B. Adam et al. 2021; Waldherr & Walter 2021; Rupp 2022), aufgenommen werden. Dazu gehören aber auch etwas weitergreifende Bücher wie etwa „Lehren an der VHS“ (Nuissl & Siebert 2013) oder für die berufliche Bildung der „Dozentenleitfaden“ (Arnold et al. 2011), die beide Handlungsanleitungen für die erwachsenenpädagogische Lehre beinhalten. Die Methodenbücher wurden zum Teil vor einem erwachsenenpädagogischen Hintergrund, zum Teil aber auch aus spezifischeren Kontexten wie betrieblichen Trainings oder politischer Bildung heraus verfasst. Zudem beziehen sie sich nicht zwingend nur auf einzelne Methoden, sondern auch auf die Abfolge bestimmter Phasen in einer Veranstaltung, also auf die Organisation von Veranstaltungen insgesamt, sind aber in der Regel verbunden mit methodischen Hinweisen.

In Methodenbüchern werden die aufgeführten Methoden allerdings nur selten oder nur ansatzweise an didaktische Prinzipien und didaktische Modelle oder Lerntheorien rückgebunden. Allerdings gibt es durchaus Systematisierungsversuche, die zumindest für eine grobe Einordnung einzelner Methoden nützlich sein können:

- nach aktiven Methoden, die auf die aktive Mitarbeit der Teilnehmer*innen abzielen und damit intensive (vorbereitende) Kommunikation und Kooperation durch die Lehrenden einfordern (z.B. Diskussionen, Rollenspiele, Gruppenarbeit), und passiven Methoden, die keinen aktiven Einsatz der Teilnehmenden (z.B. Vortrag) erfordern, oder strukturellen Methoden zur Strukturierung der Lehrveranstaltung (z.B. Abstimmungen, Entspannungsübungen) (vgl. Quilling & Nicolini 2009, S. 67-82)
- in der Zuordnung zu unterschiedlichen „Handlungsfeldern“ (Siebert 2006b), die sich u.a. auf die Organisationsform (z.B. Planspiel, Schreibwerkstatt, Szenariotechnik; Siebert 2006b, S. 17-29), Anfangssituation (z.B. Denkpause, Cocktail Party; Siebert 2006b, S. 52-55) und Evaluation (z.B. Reflecting Team, Lerntagebuch; Siebert 2006b, S. 85-96), Lerntechniken (z.B. aktives Zuhören, Querdenken, Metaphernanalyse; Siebert 2006b, S. 77-84), Visualisierungen (z.B. Folien, Metaplan; Siebert 2006b, S. 71-76)

20 Wenn auf Online-Lehre verwiesen wird, können damit verschiedene Formate gemeint sein: *hybride Formate*, in denen sich die Teilnehmer*innen während der Veranstaltung an unterschiedlichen Orten befinden (bspw. vor Ort im Veranstaltungsraum und in einem Online-Raum), *digitale Formate*, in welchen das gesamte Angebot im Online-Raum stattfindet, oder auch Varianten des *blended learning*, in welchen die Teilnehmer*innen Lerninhalte eigenständig im Online-Raum bearbeiten, flankiert wird dieses Angebot jedoch durch Präsenz- oder gemeinsame Online-Phasen. Häufig gibt es auch die Differenzierung zwischen synchronen und asynchronen Phasen, die vor allem die digitalen Formate strukturieren und entlasten. Die Differenzierung verweist auf den Modus, in welchem die Lehrinhalte erarbeitet werden: gemeinsam in einem Zeitfenster oder individuell bzw. in Gruppen unabhängig voneinander in einem bestimmten Zeithorizont.

oder biografische Zugänge (z.B. Bildbetrachtung, themenzentriertes Interview; Siebert 2006b, S. 56-60) beziehen.
- entlang des „Arbeitsprozesses" (Knoll 2007, S. 108), so dass Methoden, die den Anfang und Einstieg stützen (z.B. Partner*inneninterview, Erwartungsinventar; Knoll 2007, S. 113-131) von Methoden zum Erschließen der Inhalte und Methoden der Ergebnissicherung (z.B. Zettelwand, Bilanz-Frage, kollegiale Beratung; Knoll 2007, S. 218-228, S. 241-252) unterschieden werden. Hinzu kommen Methoden, die explizit die Beteiligung in der Teilnehmendengruppe fördern wollen (z.B. Gruppenbildung, Blitzlicht; Knoll 2007, S. 231-240). Die Methoden zum Erschließen der Inhalte sind breit aufgefächert; es werden Methoden mit darbietendem Charakter (z.B. Impulsreferat, Podiumsdiskussion, Sandwich-Methode; Knoll 2007, S. 139-157), stofforientierte Methoden (z.B. Brainstorming, Textarbeit, Fallarbeit; Knoll 2007, S. 158-170), kommunikativ akzentuierte Methoden (z.B. Aquarium, Pro und Kontra; Knoll 2007, S. 171-187), gestalterisch akzentuierte Methoden (z.B. Collage; Knoll 2007, S. 188-198), mediativ akzentuierte Methoden (z.B. Fantasiereise, Metaphern-Meditation; Knoll 2007, S. 199-204) und spielerisch akzentuierte Methoden (z.B. Planspiel, Pantomime; Knoll 2007, S. 205-217) unterschieden
- quer dazu liegen Strukturierungen, die in erster Linie das Setting der Veranstaltung selbst berücksichtigen, also zwischen Präsenz- und Online-Lehre zunächst differenzieren (Waldherr & Walter 2021). Wenn der Fokus auf der Online-Lehre liegt, lassen sich die Methoden jedoch ebenfalls nach aktiven, passiven oder strukturierenden Methoden, aber auch entlang des Arbeitsprozesses systematisieren (Adam et al. 2021). Interessant sind dann vor allem Methoden, die den Besonderheiten des Online-Settings Rechnung tragen (z. B. Gamification, Technikfragen (Leimeister & David 2019) oder Fragen zur Bewegung (Rupp 2022)).

Solche Systematisierungen entlasten aber nicht von der jeweils zu treffenden Entscheidung, welche Methoden in welchem Setting mit welchen Teilnehmenden und für welche Inhalte angemessen sind.

Denn in der Erwachsenenbildung/Weiterbildung geht es nicht um ‚richtige' oder ‚falsche', sondern immer um ‚angemessene' Methoden, „d.h. Methoden, die sowohl Inhalt und Lernziel als auch den Voraussetzungen der Teilnehmenden gerecht werden" (Zeuner 2004, S. 10) und zugleich auch der Lehrkraft, die sie verwendet oder anbietet, entsprechen (Siebert 2005). Das Verhältnis von Didaktik und Methodik ist demnach dadurch gekennzeichnet, dass methodische Entscheidungen mit inhaltlichen Entscheidungen, den jeweiligen Teilnehmenden und den gegebenen Rahmenbedingungen zusammenhängen und nicht losgelöst voneinander getroffen werden können (vgl. Arnold 2010b). Je nach Argumentation und theoretischem Hintergrund müssen sie sogar als den Inhalten explizit nachgeordnet gelten (anders wird es in konstruktivistischen Ansätzen formuliert, in denen Methoden einen Vorrang gegenüber Inhalten bekommen, vgl. Kapitel 5). Didaktische Modelle und didaktische Prinzipien können jedoch auf bestimmte Methoden verweisen: Das didaktische Prinzip ‚Handlungsorientierung' legt Methoden nahe, die einen übenden Handlungsspielraum eröffnen, z.B. Gruppenarbeit, Rollenspiel, Fallanalysen etc. (vgl. Kaiser 1991, S. 86). Ein unter der Perspektive konstruktivistischer Didaktik konzipiertes Seminar legt nahe, wenig Lehrvortrag und stattdessen sehr viel selbsttätige Erarbeitung von Inhalten zu ermöglichen. Es legt vielleicht sogar ein Setting nahe, in dem es nur wenig vorgeschriebene Präsenzzeiten gibt und die*der Lehrende sich im Grunde höchstens moderierend in den selbsttätigen Aneignungsprozess einbringt. Ein Lehrvortrag scheint in diesem Sinne zumindest problematisch. Manche Methoden erscheinen zwar auf den ersten Blick mit bestimmten Prinzipien oder theoretischen Ansätzen besser vereinbar als mit anderen, je nach Kontext, Situation und Zielgruppe ist aber immer auch anderes denkbar. Ein Lehrvortrag als Input kann natürlich auch in einem konstruktivistisch angelegten Kurs verwendet werden, wenn es um Sachwissen geht, das dann z.B. selbsttätig weiter vertieft werden soll. Auch kann es in einem streng kompetenzorientierten Seminar (vgl. Abschnitt 4.3), in dem es vorrangig um das Einüben von Handlungskompetenzen geht, durchaus immer wieder Raum für die Reflexion der Handlungssituationen geben, für die geübt wird. Etwa kann in einem Rhetorik- und Stimmtraining zwar das sichere und freie Vortragen im Vordergrund stehen, aber durchaus reflektiert werden, dass Vortragssituationen strukturell mit Druck behaftet sein können (z.B. durch betriebliche Hierarchien oder Unfreiwilligkeit des Vortrags), die sich auch durch das beste Stimmtraining nicht auflösen lassen.

Es besteht also kein automatischer Zusammenhang zwischen didaktischen Prinzipien, didaktischen Modellen und Methoden, sondern ein Begründungszusammenhang, der gestaltet werden kann und muss. Gerade dabei können jedoch didaktische Modelle und didaktische Prinzipien hilfreich sein, weil sie Begründungen und theoretische Zusammenhänge verstehbar und gestaltbar machen[21] und durchaus grundlegende Haltungen und Bedingungen für die jeweilige konkrete Lehre transparent machen können. Das ganze Spektrum an Methoden, das heißt die Vielfalt der denkbar möglichen Methoden, kann somit eingegrenzt werden, so dass a) eine Auswahl an Methoden leichter fallen kann und b) diese Auswahl auch begründet werden kann, da didaktische Prinzipien und didaktische Modelle Kriterien für die Methodenauswahl enthalten. Sie können sich in der Auswahl auf einzelne Sequenzen (z.B. Anfangssituationen) oder auf den ganzen Lehr-Lernprozess beziehen. Die Entscheidung wird dabei vor dem Hintergrund des Lehr-Settings getroffen, welches in Präsenz, online oder in einer Mischung stattfinden kann. Insgesamt eröffnet dieser Begründungszusammenhang zwischen Methoden und didaktischen Prinzipien sowie didaktischen Modellen einen Handlungs- und Entscheidungsspielraum, begrenzt diesen aber gleichzeitig auch.

21 Einflussfaktoren auf die Methodenauswahl sind darüber hinaus natürlich Methodenkenntnis und -nähe der Lehrenden, Rahmenbedingungen etc. (vgl. Knoll 2007).

Als Verbindungsstück zwischen Empirie, Theorie und Praxis sind didaktische Prinzipien dabei für die Methodenauswahl handhabbarer als es beispielsweise die umfassenden Lerntheorien (vgl. Kapitel 3) oder didaktischen Modelle (vgl. Kapitel 4) sind. Lerntheorien und didaktische Modelle können eher indirekt und oft unbewusst didaktische Entscheidungen beeinflussen, vermittelt über Erwartungen und Haltungen von Lehrenden und Lernenden (vgl. Reinmann 2015, S. 134-136), geben jedoch kaum konkrete Handlungshinweise. Sie sind vielmehr rahmend, liefern aber keine praktische Leitlinie für didaktisches Handeln (vgl. Reinmann 2015). Über didaktische Prinzipien dagegen „können einzelne lerntheoretische Annahmen sehr wohl ihren Niederschlag in konkrete didaktische Leitlinien" (Reinmann 2015 S. 135) finden.

Vor allem der normative Anteil in didaktischen Prinzipien verdeutlicht das jeweilige Kriterium für die Methodenauswahl: Bei der Teilnehmendenorientierung sollen die ausgewählten Methoden die Orientierung an den Interessen, den Bedürfnissen sowie Lebenswelten der Teilnehmenden gewährleisten. Dies lässt sich je nach Thema und Teilnehmendengruppe mit ganz unterschiedlichen Methoden realisieren: So kann die Methode ‚Vortrag/Referat' für eine bestimmte Teilnehmendengruppe eine teilnehmendenorientierte Methode darstellen. Diese Teilnehmendengruppe hat aufgrund ihrer Bildungserfahrungen und Erwartungen an die Erwachsenenbildungsveranstaltung an einem Vortrag großes Interesse. Für eine andere Teilnehmendengruppe wäre vielleicht eine andere Methode wie z.B. ‚Lehrgespräch' (vgl. Knoll 2007) teilnehmendenorientierter.

Diese kurzen Beispiele sollen verdeutlichen, dass für die Methodenauswahl nach dem didaktischen Prinzip ‚Teilnehmendenorientierung' Kenntnisse – allgemein im Sinne von empirischen Ergebnissen und/oder auch spezifisch im Sinne von Kenntnissen über die konkrete Teilnehmendengruppe – nötig sind, um die Auswahl begründen zu können. Teilnehmendenorientierung verweist somit auf die Reflexion von Inhalten und Zielen im Planungsprozess der Veranstaltung unter Berücksichtigung der Ausgangsbedingungen der Teilnehmenden. Dieser starke Subjektbezug betont zwar die Lernendenseite, allerdings heißt das nicht, dass Inhalte und Gegenstände des Lernens keine Thematisierung mehr finden bzw. letztlich völlig ausgeblendet werden.

Für die *Angebotsplanung* gilt nun, dass eine Vielzahl von Entscheidungen getroffen werden müssen, in denen sich Annahmen über Lernen, didaktische Modelle und Prinzipien sowie die jeweiligen Rahmenbedingungen auf den verschiedenen didaktischen Ebenen verbinden. Diese gilt es zumindest immer mitzureflektieren, um eine angemessene Veranstaltungsplanung durchzuführen, auch wenn die Entscheidungen auf der konkreten Ebene in der Regel nicht mehr explizit gemacht werden (müssen). Es gibt jedoch eine Reihe von Versuchen, über formalisierte Modelle, Instrumente und Handlungsanreicherungen die Lehrenden in der konkreten Vorbereitung, Durchführung und Nachbereitung von Angeboten zu unterstützen. Zu nennen ist hier beispielsweise das Modell der Angebotsentwicklung nach Schlutz (2006), das auch die Planung mikrodidaktischer Handlungsfelder enthält, wie Abbildung 5 verdeutlicht.

Dieses Modell versucht über zentrale Fragen die Planung anzuleiten und zu konkretisieren. In dem Modell ‚steckt' dabei einerseits die zentrale Achse mit den beiden Polen der Lernenden und der Inhalte (vgl. Abschnitt 2.1), deren Distanzüberbrückung durch ein Lehrangebot unterstützt werden soll. Andererseits fließen bereits theoretische Annahmen ein, wie sie in didaktischen Modellen (vgl. Kapitel 4) und didaktischen Prinzipien (vgl. Kapitel 5) ausgearbeitet wurden. Der Zirkel stellt somit eine Handlungsschleife dar, ist aber zugleich theoretisch rückgebunden. So wird die ‚Spitze' des didaktischen Dreieckes, welche sich auf die Lernenden bezieht, hier ausdifferenziert in die Frage nach dem ‚Wofür?', dem ‚Für wen?' und dem ‚Wozu?', womit spezifische Ausprägungen didaktischer Prinzipien der Zielgruppen- und der Teilnehmendenorientierung und weiterführend auch der Handlungsorientierung (als Situationsorientierung und Kompetenzorientierung) angesprochen sind (vgl. Kapitel 5). Gleiches gilt etwa für die Frage nach dem Inhalt. In die Fragen ‚Wie?' und ‚Womit?' fließen institutionelle Rahmenbedingungen der Mesoebene (vgl. Abschnitt 2.3.1) ein (z.B. Welche Räumlichkeiten wären sinnvoll und welche stehen überhaupt zur Verfügung?) und die Fragen nach den Methoden, die sich erst nach Klärung der Adressat*innen oder Teilnehmenden und der Inhalte angemessen beantworten lassen. Diese Fragen entfalten auch für die Online-Lehre Relevanz und sind im Sinne einer professionellen Planung zu beantworten.

Die in der Abbildung 5 genannten Elemente können auch genutzt werden, um einen Strukturplan (vgl. Schlutz 2006, S. 91) zu entwerfen, der die Planung und Vorbereitung des Angebots noch weiter konkretisieren und inhaltlich füllen kann.

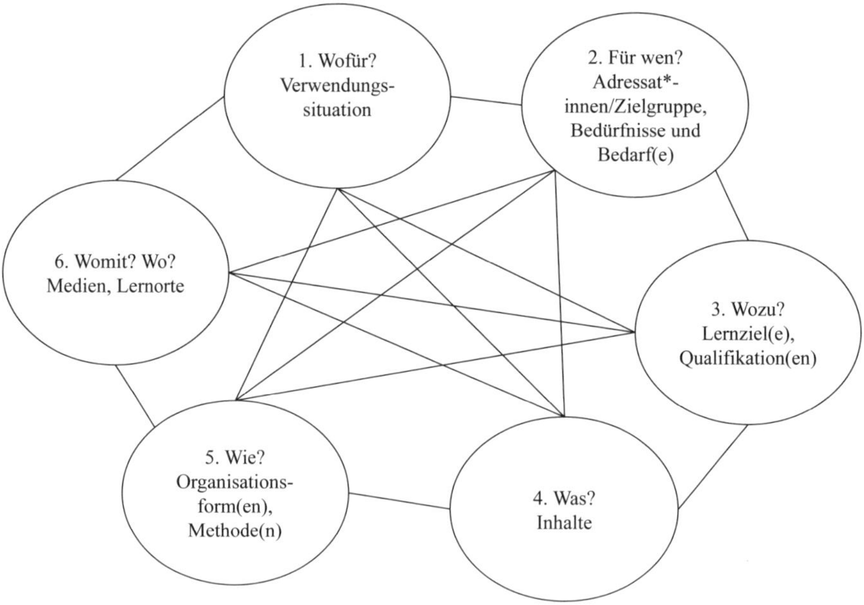

Abbildung 5: Modell der Angebotsentwicklung (erweitert nach Schlutz 2006, S. 78)

Für die *mikrodidaktische Feinplanung* stehen Hilfsmittel wie die bekannte ZIM-Tabelle (**Z**iele-**I**nhalte-**M**ethoden) (vgl. Kaiser 2007) zur Verfügung. Sie kann helfen, eine anfangs immer noch abstrakte Planung bis in die kleinsten Zeiteinheiten (inklusive Pausenzeiten) hinein zu konkretisieren, egal in welchem Setting die Veranstaltung stattfindet. Sie könnte angesichts der dargelegten Argumentation über die Zusammenhänge von Lerntheorien, didaktischen Modellen und didaktischen Prinzipien sowie Methoden um die Reflexion über didaktische Prinzipien (für eine einzelne Sequenz oder die gesamte Lehreinheit) und ihre Implikationen für die Methodenauswahl erweitert werden (vgl. Tabelle 2).

Die oberste Zeile kann dabei zuerst für eine ganze Veranstaltung festgelegt werden (wie sie bspw. oft auch in Angebotsankündigen schon aufgegriffen ist), dann aber auch für jede einzelne Sitzung ausgeführt werden. Die folgenden Zeilen können dann für die Planung sowohl einer einzelnen Seminarsitzung als auch, noch enger, einzelner Abschnitte oder Phasen innerhalb einer Sitzung genutzt werden.

Tabelle 2: Verlaufsplan ZIM-Modell (in Anlehnung an Kaiser 2007, erweiterte eigene Darstellung)

<table>
<tr><td colspan="7">Lehr-/Lern-Ziele der gesamten Einheit:
Teilnehmende (Interessen, Voraussetzungen etc.):
Didaktische Prinzipien:</td></tr>
<tr><th>Zeit</th><th>Lehr-/ Lernziele</th><th>Inhalt/ Thema</th><th>Methoden</th><th>Didaktisches Prinzip</th><th>Material</th><th>Wer? Funktion Lehrende/r</th></tr>
<tr><td></td><td></td><td></td><td></td><td></td><td></td><td></td></tr>
<tr><td>...</td><td>...</td><td>...</td><td>...</td><td>...</td><td>...</td><td>...</td></tr>
</table>

Das Ausfüllen einer solchen Tabelle pro Seminarsitzung ist zumindest für Lehrende mit noch wenig Lehrerfahrung empfehlenswert. Mit wachsender Erfahrung wird die Detailplanung vielleicht weniger explizit und detailliert erfolgen, da die Planungsschritte als implizites Wissen bereits verinnerlicht sind und auch ohne tabellarisches Hilfsmittel bedacht werden. Egal, in welcher Phase der Lehrerfahrungen diese Tabelle genutzt wird, entbindet sie nicht von begründeten Entscheidungen. Sie zeigt im Gegenteil vielmehr, wie viele Detailentscheidungen zu treffen sind, die idealerweise unter Rückgriff auf inhaltlich-themenspezifisches (domänenspezifisches), fachdidaktisches sowie erwachsenenpädagogisches Fachwissen und damit unter Rückgriff auf Lerntheorien, didaktische Modelle und Prinzipien sowie strukturelles Wissen über die institutionellen Rahmenbedingungen erfolgen.

6.2 Zusammenführender Ausblick

Abbildung 6 soll die beschriebenen Zusammenhänge zwischen Lerntheorien, empirischen Analysen und didaktischen Modellen sowie didaktischen Prinzipien verdeutlichen, die jeweils von normativen Bezügen geprägt sind. Dabei sind alle Zusammenhänge eingebettet in vielfältige Kontexte und institutionelle Rahmenbedingungen sowie in Abhängigkeit vom jeweiligen Thema des Angebots und von den jeweiligen Adressat*innen und Teilnehmenden zu begreifen (siehe z.B. das Mehrebenenmodell nach Schrader (2011); auch Kapitel 2). Dieses Spannungsgefüge wird über den Verweis auf die antinomischen Herausforderungen im didaktischen Handeln angedeutet.

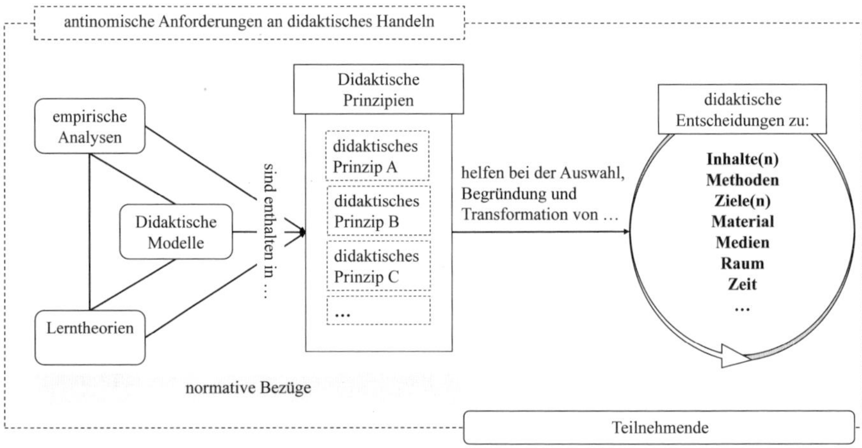

Abbildung 6: Zusammenhänge zwischen Theorien, Modellen, Prinzipien und Methoden (eigene Darstellung)

Die unter den didaktischen Entscheidungen subsumierten Aspekte wurden in den Ausführungen des Lehrbuchs auf die Methodenauswahl fokussiert. Dabei muss zum einen deutlich sein, dass die unterschiedlichen Aspekte sich mit einer Entscheidung gegenseitig beeinflussen. Zum anderen wurde deutlich, dass die Wahl der gleichen Methode mit unterschiedlichen didaktischen Prinzipien begründet werden kann und gleichzeitig, dass mit einem didaktischen Prinzip verschiedene Methoden begründet werden können. Diese Differenzierung bezieht sich natürlich auch auf die anderen erwähnten Aspekte.

Fokussiert auf die Methodenauswahl kann festgehalten werden, dass die Fähigkeit, die Methodenauswahl zu begründen – rückgebunden an didaktische Prinzipien – und auch die Fähigkeit, die didaktischen Prinzipien begründen zu können, für Erwachsenenbildner*innen sowohl für die Planung von Lehre wie für die nachträgliche Analyse der Lehre hilfreich sind. Auch in der Beobachtung einer

Diskursverschiebung hin zur Digitalisierung und dem damit zunehmenden Einsatz von Online-Lehre bleiben dabei die hier aufgezeigten grundlegenden Fragen bestehen. Hierzu bedarf es insgesamt einer professionellen, theoretisch fundierten, erwachsenenpädagogischen Reflexionsfähigkeit. Begründungs- und Argumentationsfähigkeit kann dann in unterschiedlichen Kommunikationssituationen zum Einsatz kommen, z.B. zwischen Lehrenden und Planenden, zu Auftraggebenden oder zu Teilnehmenden.

Abschließend lässt sich noch einmal der hohe Anspruch erwachsenenpädagogischer Tätigkeit reflektieren. Erwachsenenbildung/Weiterbildung zielt darauf ab, Erwachsene bei der Aneignung von für sie relevanten Inhalten zu unterstützen und dafür geeignete Lerngelegenheiten zu schaffen sowie angemessene didaktische Entscheidungen zu treffen. ‚Angemessen' meint dann, sowohl der Struktur der Inhalte als auch den Bedürfnissen und Erfahrungen der Teilnehmenden gerecht zu werden. Angesichts der Vielzahl an Tätigkeitsprofilen und Aufgabenbereichen, der verschiedenen didaktischen Ebenen, die einander beeinflussen und rahmen, und angesichts der antinomischen Anforderungen an die Erwachsenenbildner*innen ist dies ein hochanspruchsvolles Handlungsfeld, für das es weder fertige Rezepte noch einen ‚goldenen Schlüssel' gibt. Die Tätigkeiten innerhalb der jeweiligen Handlungsebene müssen stattdessen immer wieder neu ausgehandelt werden, denn zahlreiche Entscheidungen müssen in Spannungsfeldern zwischen Inhalten und Lernenden, zwischen gesellschaftlichen Bedarfen und individuellen Bedürfnissen, zwischen verschiedenen institutionellen und individuellen Interessen, zwischen Freiwilligkeit und Verpflichtung getroffen werden. Dafür braucht es ein hohes Maß an Professionalität, in die sowohl Kenntnisse über Theorien zu Didaktik und Lernen als auch zu Prinzipen und Methoden eingehen. Hinzu kommen rahmende Kenntnisse über das System ‚Weiterbildung'. Es braucht zudem die Fähigkeit, Theorien und empirische Analysen auch kritisch einzuschätzen. Diese Anforderungen werden vor dem Hintergrund von zu geringen (öffentlichen) Ressourcen, zum Teil auch prekären Beschäftigungslagen und von oft durch Unsicherheit geprägten Entscheidungssituationen an die Erwachsenenbildner*innen gestellt, die gefordert sind, diese Rahmenbedingungen nicht nur auszuhalten, sondern auch aktiv zu gestalten.

Reflexionsaufgaben

(1) Schauen Sie sich ein paar Methodenbücher an. Welche Bezüge zu Lerntheorien, empirischen Ergebnissen, didaktischen Modellen und didaktischen Prinzipien finden Sie? Auf welche Elemente des didaktischen Dreiecks wird eventuell Bezug genommen?

(2) Überlegen Sie, wie Sie die Auswahl der gleichen Methode (z.B. in zwei unterschiedlichen Seminarsettings) mit unterschiedlichen didaktischen Prinzipien begründen könnten.

(3) Erstellen Sie für Ihre nächste Lehrveranstaltung eine Verlaufsplanung mit Begründungen für didaktische Prinzipien und Methoden.

Kommentierte Literatur

Auswahl an Methodenbüchern für das Handlungsfeld ‚Erwachsenenbildung/Weiterbildung'

Arnold, R., Krämer-Stürzl, A. & Siebert, H. (2011). *Dozentenleitfaden. Erwachsenenpädagogische Grundlagen für die berufliche Weiterbildung.* Berlin: Cornelson Scriptor.

Knoll, J. (2007). *Kurs- und Seminarmethoden. Ein Trainingsbuch zur Gestaltung von Kursen und Seminaren, Arbeits- und Gesprächskreisen.* Weinheim und Basel: Beltz Verlag.

Nuissl, E. & Siebert, H. (2013). *Lehren an der VHS. Ein Leitfaden für Kursleitende.* Bielefeld: W. Bertelsmann Verlag.

Perko, G. & Czollek, C. (2008). Gender und Diversity gerechte Didaktik: ein intersektionaler Ansatz. *MAGAZIN erwachsenenbildung.at. Das Fachmedium für Forschung, Praxis und Diskurs,* 3, 07/01-07/25. Verfügbar unter: http://www.erwachsenenbildung.at/magazin/08-3/meb08-3.pdf [07.03.2022].

Siebert, H. (2006). *Methoden für die Bildungsarbeit. Leitfaden für aktivierendes Lernen.* Bielefeld: W. Bertelsmann Verlag.

Waldherr F. & Walter, C. (Hrsg.) (2021). *didaktisch und praktisch. Methoden und Medien für die Präsenz- und Onlinelehre.* Stuttgart: Schäffer-Poeschel Verlag.

7 Literaturverzeichnis

Adam, B., Holle, J. & Köpnick, F. (2021). *Das Methodenbuch für digitalen Unterricht.* Bamberg: beWirken.

Alheit, P. (1990). *Biographizität als Projekt. Der „biographische" Ansatz in der Erwachsenenbildung.* Bremen: Universität Bremen.

Alheit, P. (2010). Identität oder „Biographizität"? Beiträge der neueren sozial- und erziehungswissenschaftlichen Biographieforschung zu einem Konzept der Identitätsentwicklung. In B. Griese (Hrsg.), *Subjekt – Identität – Person? Reflexionen zur Biographieforschung* (S. 219-249). Wiesbaden: VS Verlag für Sozialwissenschaften.

Alheit, P. & Dausien, B. (1985). *Arbeiterbiographien. Zur thematischen Relevanz der Arbeit in proletarischen Lebensgeschichten: Eine exemplarische Untersuchung im Rahmen der „biographischen Methode".* Bremen: Universität Bremen.

Alheit, P. & Dausien, B. (2010). Bildungsprozesse über die Lebensspanne: Zur Politik und Theorie lebenslangen Lernens. In R. Tippelt & B. Schmidt-Hertha (Hrsg.), *Handbuch Bildungsforschung* (S. 713-734). Wiesbaden: VS Verlag für Sozialwissenschaften.

Arnold, R. (1985). *Deutungsmuster und pädagogisches Handeln in der Erwachsenenbildung. Aspekte einer Sozialpsychologie der Erwachsenenbildung und einer erwachsenenpädagogischen Handlungstheorie.* Bad Heilbrunn: Verlag Julius Klinkhardt.

Arnold, R. (2001). Von Lehr-/Lernkulturen – auf dem Weg zu einer Erwachsenendidaktik nachhaltigen Lernens? In U. Heuer, T. Botzat & K. Meisel (Hrsg.), *Neue Lehr- und Lernkulturen in der Weiterbildung* (S. 101-107). Bielefeld: W. Bertelsmann Verlag.

Arnold, R. (2002). Von der Bildung zur Kompetenzentwicklung: Anmerkungen zu einem erwachsenenpädagogischen Perspektivwechsel. *REPORT. Literatur- und Forschungsreport Weiterbildung, 49*, 26-38.

Arnold, R. (2010a). Deutungsmuster. In R. Arnold, S. Nolda & E. Nuissl (Hrsg.), *Wörterbuch Erwachsenenbildung* (S. 63-64). Bad Heilbrunn: Verlag Julius Klinkhardt.

Arnold, R. (2010b). Didaktik – Methodik. In R. Arnold, S. Nolda & E. Nuissl (Hrsg.), *Wörterbuch Erwachsenenbildung* (S. 64-66). Bad Heilbrunn: Verlag Julius Klinkhardt.

Arnold, R., Faulstich, P., Mader, W., Nuissl, E. & Schlutz, E. (2000). *Forschungsmemorandum für die Erwachsenen- und Weiterbildung.* Frankfurt am Main: Deutsches Institut für Erwachsenenbildung.

Arnold, R., Gieseke, W. & Zeuner, C. (Hrsg.) (2009). *Bildungsberatung im Dialog. Band I: Theorie – Empirie – Reflexion. Band II: 13 Wortmeldungen. Band III: Referenzmodelle.* Baltmannsweiler: Schneider Verlag Hohengehren.

Arnold, R. & Gómez Tutor, C. (2007). *Grundlinien einer Ermöglichungsdidaktik: Bildung ermöglichen – Vielfalt gestalten.* Augsburg: ZIEL.

Arnold, R., Krämer-Stürzl, A. & Siebert, H. (2011). *Dozentenleitfaden: erwachsenenpädagogische Grundlagen für die berufliche Weiterbildung.* Berlin: Cornelsen Scriptor.

Arnold, R., Nolda, S. & Nuissl, E. (Hrsg.) (2010). *Wörterbuch Erwachsenenbildung.* Bad Heilbrunn: Verlag Julius Klinkhardt.

Arnold, R. & Schüßler, I. (1998). *Wandel der Lernkultur: Ideen und Bausteine für ein lebendiges Lernen.* Darmstadt: Wissenschaftliche Buchgesellschaft.

Arnold, R. & Schüßler, I. (2003). *Ermöglichungsdidaktik. Erwachsenenpädagogische Grundlagen und Erfahrungen.* Baltmannsweiler: Schneider Verlag Hohengehren.

Arnold, R. & Siebert, H. (1995). *Konstruktivistische Erwachsenenbildung. Von der Deutung zur Konstruktion von Wirklichkeit.* Baltmannsweiler: Schneider Verlag Hohengehren.

Bachmayer, B. & Faulstich, P. (2002). Zeit als Thema der Erwachsenenbildung. *Hamburger Hefte der Erwachsenenbildung,* 1.

Baltes, P. B. & Kliegl, R. (1988). Lernen und Gedächtnis im Alter: Über Plastizität und deren Grenzen. *Natur- und Ganzheitsmedizin,* 2, 39-44.

Baumgartner, L. M. (2001). An Update on Transformational Learning. *New Directions for Adult and Continuing Education,* 89, 15-24.

Baumgartner, P. (2014). *Taxonomie von Unterrichtsmethoden: ein Plädoyer für didaktische Vielfalt.* Münster: Waxmann Verlag.

Beck, U. (1986). *Risikogesellschaft.* Berlin: Suhrkamp.

Beck, U., Giddens, A. & Lash, S. (1996). *Reflexive Modernisierung. Eine Kontroverse.* Berlin: Suhrkamp.

Behrens-Cobet, H. & Reichling, N. (1997). *Biographische Kommunikation. Lebensgeschichten im Repertoire der Erwachsenenbildung.* Neuwied & Kriftel: Luchterhand.

Behringer, F. & Käpplinger, B. (2011). Arbeitsplatznahe Lernformen und Lernortvielfalt in der betrieblichen Weiterbildung. Wachsende Bedeutung in ganz Europa oder deutsches Spezifikum? *BWP – Berufsbildung in Wissenschaft und Praxis,* 1, 15-19.

Bernhard-Skala, C., Bolten-Bühler, R., Koller, J., Rohs, M. & Wahl, J. (Hrsg.) (2021). *Erwachsenenpädagogische Digitalisierungsforschung. Impulse – Befunde – Perspektiven.* Bielefeld: wbv.

Beyer, K. (2014). *Didaktische Prinzipien. Eckpfeiler guten Unterrichts. Ein theoriebasiertes und praxisorientiertes Handbuch in Tabellen für den Unterricht auf der Sekundarstufe II.* Baltmannsweiler: Schneider Verlag Hohengehren.

Blankertz, H. (1972). *Theorien und Modelle der Didaktik.* Weinheim: Juventa.

Bollnow, O. F. (1968). Der Erfahrungsbegriff in der Pädagogik. *Zeitschrift für Pädagogik,* 14, 221-252.

Bolten, R. & Rott, K. J. (2018). Medienpädagogische Kompetenz: Anforderungen an Lehrende in der Erwachsenenbildung. Perspektiven der Praxis. *MedienPädagogik,* 30, 137-153.

Braun, S. (1996). Biographisches Lernen als Methode der Erwachsenenbildung. *REPORT. Literatur- und Forschungsreport Weiterbildung*, 37, 109-115.

Breloer, G. (1980). Aspekte einer teilnehmerorientierten Didaktik der Erwachsenenbildung. In G. Breloer, H. Dauber & H. Tietgens (Hrsg.), *Teilnehmerorientierung und Selbststeuerung in der Erwachsenenbildung* (S. 8-112). Braunschweig: Westermann.

Breloer, G., Dauber, H. & Tietgens, H. (Hrsg.) (1980). *Teilnehmerorientierung und Selbststeuerung in der Erwachsenenbildung*. Braunschweig: Westermann.

Bremer, H. (2006). Wer lernt beim Selbstlernen? Habitus und die heterogene Bildungspraxis sozialer Milieus. *Weiterbildung. Zeitschrift für Grundlagen, Praxis und Trends*, 1, 16-19.

Bremer, H. (2010). Zielgruppen in der Praxis. Erwachsenenbildung im Gefüge sozialer Milieus. *MAGAZIN erwachsenenbildung.at. Das Fachmedium für Forschung, Praxis und Diskurs*, 10, 04/1-04/11.

Brinkmann, M., Kubac, R. & Rödel, S. S. (Hrsg.) (2015). *Pädagogische Erfahrung. Theoretische und empirische Perspektiven*. Wiesbaden: VS Verlag für Sozialwissenschaften.

Brödel, R. (2002). Relationierungen zur Kompetenzdebatte. *REPORT. Literatur- und Forschungsreport Weiterbildung*, 49, 39-47.

Brödel, R. & Bremer, H. (2002). Intermediäres Wissen als Professionswissen. In J. Wittpoth, B. Dewe & G. Wiesner (Hrsg.), *Professionswissen und erwachsenenpädagogisches Handeln. Dokumentation der Jahrestagung 2001 der Sektion Erwachsenenbildung der Deutschen Gesellschaft für Erziehungswissenschaft. Beiheft zum REPORT* (S. 195-206). Bielefeld: W. Bertelsmann Verlag.

Bundesministerium für Bildung und Forschung (Hrsg.) (2016). *Weiterbildungsverhalten in Deutschland 2016. Ergebnisse des Adult Education Survey. AES Trendbericht*. Verfügbar unter: https://www.bmbf.de/pub/Weiterbildungsverhalten_in_Deutschland_2016.pdf [17.02.2018].

Burdukova, G. (2019). *Nachhaltigkeit als Thema in den Programmen und Angeboten der Volkshochschulen im Zeitverlauf. Programmanalysen auf der Basis des digitalen Volkshochschulprogrammarchivs am Deutschen Institut für Erwachsenenbildung*. Verfügbar unter: http://www.die-bonn.de/id/37081 [05.04.2022].

Caffarella, R. & Daffron, S. (2013). *Planning Programs for Adult Learners*. San Francisco: Jossey-Bass.

Cervero, R. M. & Wilson, A. L. (1994). The Politics of Responsibility: A Theory of Program Planning Practice for Adult Education. *Adult Education Quarterly*, 45, 249-268.

Ciupke, P. & Reichling, N. (1996). *„Unbewältigte Vergangenheit" als Bildungsangebot. Das Thema „Nationalsozialismus" in der westdeutschen Erwachsenenbildung 1946 bis 1989*. Frankfurt am Main: Deutsches Institut für Erwachsenenbildung.

Dausien, B. & Alheit, P. (2005). Biografieorientierung und Didaktik. Überlegungen zur Begleitung biographischen Lernens in der Erwachsenenbildung. *REPORT. Literatur- und Forschungsreport Weiterbildung*, (28) 3, 27-36.

David, L. (2018). *Gedanken über das Lehren. Abschied von Rezepten in der Erwachsenenbildung.* Wiesbaden: VS Verlag für Sozialwissenschaften.

de Cuvry, A., Kossack, P. & Zeuner, C. (2009). Strukturmodell zur personenbezogenen Bildungsberatung. In R. Arnold, W. Gieseke, & C. Zeuner (Hrsg.), *Bildungsberatung im Dialog. Referenzmodelle* (S. 135-159). Baltmannsweiler: Schneider Verlag Hohengehren.

Dehnbostel, P., Molzberger, G. & Overwien, B. (2003). *Informelles Lernen in modernen Arbeitsprozessen – dargestellt am Beispiel von Kleinunternehmen der IT-Branche.* Berlin: BBJ-Verlag.

Dewe, B. (2002). Wissen – Kontext: Relevanz und Reflexion. In J. Wittpoth, B. Dewe & G. Wiesner (Hrsg.), *Professionswissen und erwachsenenpädagogisches Handeln. Dokumentation der Jahrestagung 2001 der Sektion Erwachsenenbildung der Deutschen Gesellschaft für Erziehungswissenschaft. Beiheft zum REPORT* (S. 18-28). Bielefeld: W. Bertelsmann Verlag.

Dewey, J. (1958). *Experience and Education.* New York: The Macmillan Company.

Dewey, J. (1989). *Die Erneuerung der Philosophie.* Hamburg: Junius.

DIE Zeitschrift für Erwachsenenbildung (2011). Stiefkind Fachdidaktik, 4.

Dinkelaker, J. (2008). *Kommunikation von (Nicht-)Wissen: Eine Fallstudie zum Lernen Erwachsener in hybriden Settings.* Wiesbaden: VS Verlag für Sozialwissenschaften.

Dinkelaker, J. (2015). Lernen. In J. Dinkelaker & A. v. Hippel (Hrsg.), *Erwachsenenbildung in Grundbegriffen* (S. 49-56). Stuttgart: Kohlhammer Verlag.

Dinkelaker, J. (2021). Zur Bedeutung leiblicher Ko-Präsenz in Bildungsveranstaltungen. Warum digitale Lehre die Interaktion unter Anwesenden nur eingeschränkt simulieren kann. *Hessische Blätter für Volksbildung, 2*, 30-40.

Dinkelaker, J. & Hippel, A. v. (Hrsg.) (2015). *Erwachsenenbildung in Grundbegriffen.* Stuttgart: Kohlhammer Verlag.

Dollhausen, K. (2008). *Planungskulturen in der Weiterbildung. Angebotsplanungen zwischen wirtschaftlichen Erfordernissen und pädagogischem Anspruch.* Bielefeld: W. Bertelsmann Verlag.

Dudeck, A. & Jansen-Schulz, B. (Hrsg.) (2006). *Hochschuldidaktik und Fachkulturen. Gender als didaktisches Prinzip.* Bielefeld: UVW.

Dybowski, G. & Thomssen, W. (1982). *Praxis und Weiterbildung. Untersuchungen über Voraussetzungen und Bedingungen der Weiterbildung von betrieblichen Interessenvertretern.* Bremen: Universität Bremen.

Ecarius, J. (2008). Elementares Lernen und Erfahrungslernen. Handlungsproblematiken und Lernprozesse in biografischen Erzählungen. In K. Mitgutsch, E. Sattler, K. Westphal & I. M. Breinbauer (Hrsg.), *Dem Lernen auf der Spur. Die pädagogische Perspektive* (S. 97-110). Stuttgart: Klett-Cotta.

Egetenmeyer, R. (2008). *Informal learning in betrieblichen Lernkulturen. Eine interkulturelle Vergleichsstudie.* Baltmannsweiler: Schneider Verlag Hohengehren.

Enoch, C. (2011). *Die Wissensdimension in allgemeinen Beratungsansätzen.* Wiesbaden: VS Verlag für Sozialwissenschaften.

Faulstich, P. (1998). Viabilität statt Wahrheit? – Biologie statt Ontologie? *Ethik und Sozialwissenschaften*, (9) 4, 518-520.

Faulstich, P. (2002). Vom selbstorganisierten zum selbstbestimmten Lernen. In P. Faulstich, D. Gnahs, S. Seidel & M. Bayer (Hrsg.), *Praxishandbuch selbstbestimmtes Lernen. Konzepte, Perspektiven und Instrumente für die berufliche Aus- und Weiterbildung* (S. 61-98). Weinheim: Juventa.

Faulstich, P. (2008). Lernen. In H. Faulstich-Wieland & P. Faulstich (Hrsg.), *Erziehungswissenschaft. Ein Grundkurs* (S. 33-57). Reinbek bei Hamburg: Rowohlt-Taschenbuch-Verlag.

Faulstich, P. (2013). *Menschliches Lernen. Eine kritisch-pragmatische Lerntheorie*. Bielefeld: transcript Verlag.

Faulstich, P. (Hrsg.) (2014a). *Lerndebatten. Phänomenologische, pragmatistische und kritische Lerntheorien in der Diskussion*. Bielefeld: transcript Verlag.

Faulstich, P. (2014b). Lernen. Erfahrung – Wahrnehmen und Handeln. In P. Faulstich (Hrsg.), *Lerndebatten. Phänomenologische, pragmatistische und kritische Lerntheorien in der Diskussion* (S. 35-59). Bielefeld: transcript Verlag.

Faulstich, P. & Bayer, M. (Hrsg.) (2006). *Lernwiderstände. Anlässe für Vermittlung und Beratung*. Hamburg: VSA.

Faulstich, P. & Bracker, R. (2015). *Lernen – Kontext und Biographie. Empirische Zugänge*. Bielefeld: transcript Verlag.

Faulstich, P., Gnahs, D., Seidel, S. & Bayer, M. (Hrsg.) (2002). *Praxishandbuch selbstbestimmtes Lernen. Konzepte, Perspektiven und Instrumente für die berufliche Aus- und Weiterbildung*. Weinheim: Juventa.

Faulstich, P. & Grell, P. (2005). Widerständig ist nicht unbegründet – Lernwiderstände in der Forschenden Lernwerkstatt. In P. Faulstich, H. J. Forneck, P. Grell, K. Häßner, J. Knoll & A. Springer (Hrsg.), *Lernwiderstand – Lernumgebung – Lernberatung. Empirische Fundierung zum selbstgesteuerten Lernen* (S. 18-93). Bielefeld: W. Bertelsmann Verlag.

Faulstich, P. & Ludwig, J. (Hrsg.) (2004). *Expansives Lernen*. Baltmannsweiler: Schneider Verlag Hohengehren.

Faulstich, P. & Zeuner, C. (2006). *Erwachsenenbildung. Eine handlungsorientierte Einführung*. Weinheim: Juventa.

Faulstich, P. & Zeuner, C. (2008). *Erwachsenenbildung. Eine handlungsorientierte Einführung in Theorie, Didaktik und Adressaten*. Weinheim: Juventa.

Faulstich, P. & Zeuner, C. (2010). *Bachelor / Master: Erwachsenenbildung* Weinheim: Beltz.

Faulstich-Wieland, H. & Faulstich, P. (2010): *Erziehungswissenschaft. Ein Lehrbuch*. Reinbek bei Hamburg: rowohlts enzyklopädie.

Felden, H. v. (2015) Lernwelten und Transitionen: Übergangsforschung als Lernweltforschung. In S. Schmidt-Lauff, H. v. Felden & H. Pätzold (Hrsg.), *Transitionen in der Erwachsenenbildung. Gesellschaftliche, institutionelle und individuelle Übergänge. Schriftenreihe der Sektion Erwachsenenbildung der Deutschen Gesellschaft für Erziehungswissenschaft* (S. 71-83). Opladen: Verlag Barbara Budrich.

Filipp, S. H. (1981) (Hrsg.). *Kritische Lebensereignisse*. München: Beltz.

Flechsig, K. H. (1983). *Der Göttinger Katalog Didaktischer Modelle. Theoretische und methodologische Grundlagen*. Göttingen: Zentrum für didaktische Studien e. V.

Flechsig, K. H. (1996). *Kleines Handbuch Didaktischer Modelle*. Eichenzell: Neuland.

Flechsig, K.-H. & Haller, H.-D. (1975). *Einführung in didaktisches Handeln*. Stuttgart: Klett.

Fleige, M. (2011). *Lernkulturen in der öffentlichen Erwachsenenbildung. Theorieentwickelnde und empirische Betrachtungen am Beispiel evangelischer Träger*. Münster: Waxmann Verlag.

Fleige, M. (2014). Orte und Räume kultureller Erwachsenenbildung im Kontext von Programmstrukturen. In K. Westphal, U. Stadler-Altmann, S. Schittler & W. Lohfeld (Hrsg.), *Räume kultureller Bildung. Nationale und transnationale Perspektiven* (S. 265-272). Weinheim: Juventa.

Fleige, M., Gassner, J. & Schams, M. (Hrsg.) (2020). *Kulturelle Erwachsenenbildung. Bedeutung, Planung und Umsetzung (Perspektive Praxis)*. Bielefeld: wbv.

Fleige, M., Gieseke, W., Hippel, A. v., Käpplinger, B. & Robak, S. (2019). *Programm- und Angebotsentwicklung in der Erwachsenenbildung/Weiterbildung*. Bielefeld: wbv.

Fleige, M., Gieseke, W., Hippel, A. von & Stimm, M. (2022). *Berufliche Weiterbildung in Volkshochschulen. Zugänge zum lebenslangen Lernen*. Frankfurt am Main: Peter Lang Verlag.

Fleige, M. & Reichart, E. (2014). Statistik und Programmanalyse als Zugänge zur Angebotsforschung. Erkundungen am Beispiel der kulturellen Bildung in der Volkshochschule. In H. Pätzold, H. v. Felden & S. Schmidt-Lauff (Hrsg.), *Programme, Themen und Inhalte der Erwachsenenbildung. Dokumentation der Jahrestagung der Sektion. Erwachsenenbildung der Deutschen Gesellschaft für. Erziehungswissenschaft vom 19. – 21. September 2013 an der Otto-von-Guericke-Universität Magdeburg* (S. 68-87). Baltmannsweiler: Schneider Verlag Hohengehren.

Fleige, M. & Robak, S. (2018). Lehr-Lernkulturen in der Erwachsenenbildung. In R. Tippelt & A. v. Hippel (Hrsg.), *Handbuch Erwachsenenbildung/Weiterbildung* (S. 623-641). Wiesbaden: VS Verlag für Sozialwissenschaften.

Forneck, H. J. (2004). Der verlorene Zusammenhang – Eine Analyse sich auseinander entwickelnder Praktiken der Wissensproduktion. *Hessische Blätter für Volksbildung*, (54) 1, 4-14.

Foucault, M. (2015). *Überwachen und Strafen. Die Geburt des Gefängnisses*. Frankfurt am Main: Suhrkamp.

Frank, S. & Iller, C. (2013). Kompetenzorientierung – mehr als ein didaktisches Prinzip. *REPORT. Zeitschrift für Weiterbildungsforschung*, (36) 4, 32-41.

Fuchs, T. (2007). *Das Gehirn – ein Beziehungsorgan. Eine phänomenologisch-ökologische Konzeption*. Stuttgart: Kohlhammer Verlag.

Fuhr, T. (2010). Lehr-/Lerntheorien. In T. Fuhr, P. Gonon & C. Hof (Hrsg.), *Erwachsenenbildung – Weiterbildung. Handbuch der Erziehungswissenschaft* (S. 379-397). Stuttgart: utb.

Fuhr, T., Gonon, P. & Hof, C. (Hrsg.) (2010). *Erwachsenenbildung – Weiterbildung. Handbuch der Erziehungswissenschaft*. Stuttgart: utb.

Fuhr, T., Gruchel, J., Kirchgäßner, U., Klaiber, S., Laros, A., & Michalek, R. (2015). Lehren. In J. Dinkelaker & A. v. Hippel (Hrsg.), *Erwachsenenbildung in Grundbegriffen* (S. 93-100). Stuttgart: Kohlhammer Verlag.

Geißler, K. A. (2016). *Anfangssituationen: Was man tun und besser lassen sollte*. Weinheim: Beltz.

Giesecke, H. (2007). *Pädagogik als Beruf. Grundformen pädagogischen Handelns*. Weinheim: Juventa.

Gieseke, W. (1989). *Habitus von Erwachsenenbildnern. Eine qualitative Studie zur beruflichen Sozialisation*. Oldenburg: Universität Oldenburg.

Gieseke, W. (1996). *Erfahrungen als behindernde und fördernde Momente im Lernprozess Erwachsener. Antrittsvorlesung am 11.1.1993*. Berlin: Humboldt-Universität zu Berlin.

Gieseke, W. (Hrsg.) (2000). *Programmplanung als Bildungsmanagement? Qualitative Studie in Perspektivverschränkung. Begleituntersuchung des Modellversuchs „Entwicklung und Erprobung eines Berufseinführungskonzepts für hauptberufliche Erwachsenenbildner/innen“*. Recklinghausen: Bitter.

Gieseke, W. (2003). Programmplanungshandeln als Angleichungshandeln. Die realisierte Vernetzung in der Abstimmung von Angebot und Nachfrage. In W. Gieseke (Hrsg.), *Institutionelle Innensichten der Weiterbildung* (S. 189-211). Bielefeld: W. Bertelsmann Verlag.

Gieseke, W. (2006). Programmforschung als Grundlage der Programmplanung unter flexiblen institutionellen Kontexten. In K. Meisel & C. Schiersmann (Hrsg.), *Zukunftsfeld Weiterbildung. Standortbestimmungen für Forschung, Praxis und Politik* (S. 69-88). Bielefeld: W. Bertelsmann Verlag.

Gieseke, W. (2007). *Lebenslanges Lernen und Emotionen. Wirkungen von Emotionen auf Bildungsprozesse aus beziehungstheoretischer Perspektive*. Bielefeld: W. Bertelsmann Verlag.

Gieseke, W. (2008). Forschungsbefunde zum Planungshandeln in der Weiterbildung. Programm und Wissenserschließung, Handlungsmodellierung. *Hessische Blätter für Volksbildung*, (58) 2, S. 126-135.

Gieseke, W. (2010). Erfahrungsorientierung – Erfahrung. In R. Arnold, S. Nolda & E. Nuissl (Hrsg.), *Wörterbuch Erwachsenenbildung* (S. 76-78). Bad Heilbrunn: Verlag Julius Klinkhardt.

Gieseke, W. (2013). *Entwicklung der Erwachsenenbildungswissenschaft*. Kaiserslautern: TU, Zentrum für Fernstudien und Universitäre Weiterbildung.

Gieseke, W. & Gorecki, C. (2000). Programmplanung als Angleichungshandeln – Arbeitsplatzanalyse. In W. Gieseke (Hrsg.), *Programmplanung als Bildungsmanagement? Qualitative Studie in Perspektivverschränkung. Begleituntersuchung des Modellversuchs „Entwicklung und Erprobung eines Berufseinführungskonzepts für hauptberufliche Erwachsenenbildner/innen“* (S. 59-114). Recklinghausen: Bitter.

Gieseke, W. & Heuer, U. (2011). Weiterbildungsentscheidungen und beigeordnete Bildung. In R. Arnold & A. Pachner (Hrsg.), *Lernen im Lebenslauf* (S. 107-127). Baltmannsweiler: Schneider Verlag Hohengehren.

Gieseke, W. & Opelt, K. (2002). *Programmanalyse zur kulturellen Bildung in Berlin/Brandenburg. Erste Fassung.* Verfügbar unter: http://www2.hu-berlin.de/kubi/Kulturelle Bildung Programmanalyse.pdf [03.02.2006].

Gieseke, W. & Opelt, K. (2003). *Erwachsenenbildung in politischen Umbrüchen. Programmforschung Volkshochschule Dresden 1945–1997.* Opladen: Leske+Budrich.

Gieseke, W., Opelt, K., & Ried, S. (2004). *Studienbrief Weiterbildungsberatung.* Kaiserslautern: TU, Zentrum für Fernstudien und Universitäre Weiterbildung.

Gieseke, W., Opelt, K., Stock, H. & Börjesson, I. (2005). *Kulturelle Erwachsenenbildung in Deutschland – Exemplarische Analyse Berlin/Brandenburg.* Münster: Waxmann Verlag.

Gieseke, W., Robak, S. & Wu, M.-L. (Hrsg.) (2009). *Transkulturelle Perspektiven auf Kulturen des Lernens.* Bielefeld: W. Bertelsmann Verlag.

Gieseke, W. & Stimm, M. (2016). *Praktiken der professionellen Bildungsberatung. Innensichten auf die Entscheidungsfindung im Beratungsprozess.* Wiesbaden: VS Verlag für Sozialwissenschaften.

Gillen, J. (2013). Kompetenzorientierung als didaktische Leitkategorie in der beruflichen Bildung – Ansatzpunkte für eine Systematik zur Verknüpfung curricularer und methodischer Aspekte. *bwp@. Berufs- und Wirtschaftspädagogik online,* 24. 1-14. Verfügbar unter: http://www.bwpat.de/ausgabe24/gillen_bwpat24.pdf [01.09.2017].

Glasersfeld, E. v. (1997). *Radikaler Konstruktivismus. Ideen, Ergebnisse, Probleme.* Berlin: Suhrkamp.

Glasersfeld, E. v. (1998). Die radikal-konstruktivistische Wissenstheorie. *Ethik und Sozialwissenschaften,* 4, 503-5011.

Glumpler, E. (2001). Didaktische Prinzipien der Frauenbildungsarbeit. In W. Gieseke (Hrsg.), *Handbuch zur Frauenbildung* (S. 215-224). Opladen: Leske+Budrich.

Gnahs, D. (2002). Potentiale und Gefahren des selbstbestimmten Lernens. In P. Faulstich, D. Gnahs, S. Seidel & M. Bayer (Hrsg.), *Praxishandbuch selbstbestimmtes Lernen. Konzepte, Perspektiven und Instrumente für die berufliche Aus- und Weitebildung,* (S. 99-107). Weinheim: Juventa.

Gnahs, D. (2004). Institutionen als kontaminierte Lernverhältnisse. In Faulstich, P. & Ludwig, J. (Hrsg.), *Expansives Lernen* (S. 92-99). Baltmannsweiler: Schneider Verlag Hohengehren.

Gnahs, D. & Seidl, S. (2002). Überblick über selbstbestimmtes Lernen in der Weiterbildung. In P. Faulstich, D. Gnahs, S. Seidl & M. Bayer (Hrsg.), *Praxishandbuch selbstbestimmtes Lernen. Konzepte, Perspektiven und Instrumente für die berufliche Aus- und Weiterbildung* (S. 13-24). Weinheim: Juventa.

Göhlich, M. (2012). Pädagogische Lerntheorie als Grundlage qualitativer Forschung in der Erwachsenen- und Weiterbildung. In B. Schäffer & O. Dörner

(Hrsg.), *Handbuch Qualitative Erwachsenen- und Weiterbildungsforschung* (S. 25-36). Opladen: Verlag Barbara Budrich.

Göhlich, M., Weber, S., Seitter, W. & Feld, T. C. (Hrsg.) (2010). *Organisation und Beratung. Beiträge der AG Organisationspädagogik.* Wiesbaden: VS Verlag für Sozialwissenschaften.

Göhlich, M. & Zierfas, J. (2007). *Lernen. Ein pädagogischer Grundbegriff.* Stuttgart: Kohlhammer Verlag.

Götz, K. & Häfner, P. (2005). *Didaktische Organisation von Lehr- und Lernprozessen. Ein Lehrbuch für Schule und Erwachsenenbildung.* Augsburg: ZIEL.

Gräsel, C., Mandl, H. & Prenzel, M. (1992). Die Förderung diagnostischen Denkens durch fallbasierte Computerlernprogramme in der Medizin. In U. Glowalla & E. Schoop (Hrsg.), *Hypertext und Multimedia. Informatik aktuell* (S. 323-331). Berlin & Heidelberg: Springer.

Grell, P. (2006). *Forschende Lernwerkstatt. Eine qualitative Untersuchung zu Lernwiderständen in der Weiterbildung.* Münster: Waxmann Verlag.

Grotlüschen, A. (2003). *Widerständiges Lernen im Web – virtuell selbstbestimmt? Eine qualitative Studie über e-learning in der beruflichen Erwachsenenbildung.* Münster: Waxmann Verlag.

Gruschka, A. (2002). *Didaktik. Das Kreuz mit der Vermittlung. Elf Einsprüche gegen den didaktischen Betrieb.* Wetzlar: Büchse der Pandora.

Gudjons, H. & Winkel, R. (Hrsg.) (2006) . *Didaktische Theorien.* Hamburg: Bergmann + Helbig Verlag.

Haberzeth, E. (2010). *Thematisierungsstrategien im Vermittlungsprozess. Empirische Analyse zum Umgang mit Wissen im Planungsprozess von Weiterbildungsangeboten.* Baltmannsweiler: Schneider Verlag Hohengehren.

Haberzeth, E. (2011). Inhaltsorientierung in der Lehre. Das Gelingen guter Lehre entscheidet sich im gemeinsamen Bemühen um das Verstehen der Inhalte. *DIE Zeitschrift für Erwachsenenbildung, 4*, 26-29.

Haberzeth, E. & Sgier, I. (Hrsg.) (2019). *Digitalisierung und Lernen. Gestaltungsperspektiven für das professionelle Handeln in der Erwachsenenbildung und Weiterbildung.* Bern: hep Verlag.

Heller, A. (1981). *Theorie der Gefühle.* Hamburg: VSA Verlag.

Helsper, W. (2021). *Professionalität und Professionalisierung pädagogischen Handelns: Eine Einführung*. Opladen & Toronto: Verlag Barbara Budrich.

Henze, C. (1998). *Ökologische Weiterbildung in Nordrhein-Westfalen – Eine empirische Studie zur Programmplanung und Bildungsrealisation an Volkshochschulen.* Münster: Waxmann Verlag.

Herrle, M. (2007). *Selektive Kontextvariation. Die Rekonstruktion von Interaktionen in Kursen der Erwachsenenbildung auf Basis audiovisueller Daten.* Frankfurt am Main. Johann W. Goethe Universität.

Heuer, U. & Robak, S. (2000). Programmstrukturen in konfessioneller Trägerschaft – exemplarische Programmanalysen. In W. Gieseke (Hrsg.), *Programmplanung als Bildungsmanagement? Qualitative Studie in Perspektivverschränkung.*

Begleituntersuchung des Modellversuchs „Entwicklung und Erprobung eines Berufseinführungskonzepts für hauptberufliche Erwachsenenbildner/innen“ (S. 115-209). Recklinghausen: Bitter.

Hippel, A. v. (2007). *Medienpädagogische Erwachsenenbildung: Eine Analyse von pädagogischem Auftrag, gesellschaftlichem Bedarf und Teilnehmendeninteressen.* Saarbrücken: Landesanstalt Saarland.

Hippel, A. v. (2008). Die Produktklinik – eine Methode zur nachfrageorientierten Planung von Angeboten wissenschaftlicher Weiterbildung. *REPORT. Zeitschrift für Weiterbildungsforschung,* (31) 1, 42-51.

Hippel, A. v. (2010). Erwachsenenbildner an der Schnittstelle zwischen Verwaltung und Pädagogik – eine explorative Analyse der Tätigkeitsfelder von Verwaltungsmitarbeiter/-innen mit pädagogischen Aufgaben. *REPORT. Zeitschrift für Weiterbildungsforschung,* (33) 2, 77-88

Hippel, A. v. (2011). Programmplanungshandeln im Spannungsfeld heterogener Erwartungen: ein Ansatz zur Differenzierung von Widerspruchskonstellationen und professionellen Antinomien. *REPORT. Zeitschrift für Weiterbildungsforschung,* (31) 1, 45-57.

Hippel, A. v. (2016). Programmplanungskulturen in der betrieblichen Weiterbildung. Eine Programmanalyse zu Funktionen betrieblicher Weiterbildungsprogramme. In O. Dörner, C. Iller, H. Pätzold & S. Robak (Hrsg.), *Differente Lernkulturen – regional, national, transnational. Schriftenreihe der Sektion Erwachsenenbildung der Deutschen Gesellschaft für Erziehungswissenschaft.* (S. 139-159). Opladen: Verlag Barbara Budrich.

Hippel, A. v. (2017). Theoretische Perspektiven auf Programmplanung in der Erwachsenenbildung. *Zeitschrift für Weiterbildungsforschung – Report,* 2, 199-209.

Hippel, A. von (2019). Programmplanungsforschung: Forschungsüberblick und Skizze zu einem Kompetenzmodell für Planende. *Hessische Blätter für Volksbildung,* (69)2, 103-121.

Hippel, A. v. & Röbel, T. (2016). Funktionen als akteursabhängige Zuschreibungen in der Programmplanung betrieblicher Weiterbildung. *Zeitschrift für Weiterbildungsforschung – Report,* 1, 61-81.

Hippel, A. v. & Stimm, M. (2020). Typen von Weiterbildungseinrichtungen – Überblick und Ausdifferenzierungen für die Programm- und Organisationsforschung. *Zeitschrift für Weiterbildungsforschung,* https://doi.org/10.1007/s40955-020-00164-1.

Hippel, A. v. & Tippelt, R. (2009). *Fortbildung der WeiterbildnerInnen – eine Analyse der Interessen und Bedarfe aus verschiedenen Perspektiven.* Weinheim: Beltz.

Hippel, A. v., Tippelt, R. & Gebrande, J. (2018). Adressaten-, Teilnehmer- und Zielgruppenforschung in der Erwachsenenbildung. In R. Tippelt & A. v. Hippel (Hrsg.), *Handbuch Erwachsenenbildung/Weiterbildung* (S. 1131-1148). Wiesbaden: VS Verlag für Sozialwissenschaften.

Hof, C. (1999). Prinzipien einer handlungsorientierenden Didaktik. In J. H. Knoll (Hrsg.), *Studienbuch Grundlagen der Weiterbildung* (S. 194-202). Neuwied & Kriftel: Luchterhand.

Hof, C. (2002). Von der Wissensvermittlung zur Kompetenzorientierung in der Erwachsenenbildung? *REPORT Literatur- und Forschungsreport Weiterbildung, 49*, 80-89.

Holm, U. (2003). *Medienerfahrung in Weiterbildungsveranstaltungen. Zur Rolle massenmedialen Hintergrundwissens in der allgemeinen und beruflichen Weiterbildung.* Bielefeld: W. Bertelsmann Verlag.

Holm, U. (2012). *Teilnehmerorientierung als didaktisches Prinzip der Erwachsenenbildung – aktuelle Bedeutungsfacetten.* Verfügbar unter: http://www.die-bonn.de/institut/dienstleistungen/publikationen/texte-online.aspx [15.02.2018].

Holm, U. (2018). Anthropologische Voraussetzungen des Lernens Erwachsener – Lernfähigkeit als Grundlage der Erwachsenenbildung. In R. Tippelt & A. v. Hippel (Hrsg.), *Handbuch Erwachsenenbildung/Weiterbildung* (S. 109-126). Wiesbaden: VS Verlag für Sozialwissenschaften.

Holzkamp, K. (1995). *Lernen. Subjektwissenschaftliche Grundlegung.* Frankfurt am Main & New York: Campus Verlag.

Holzkamp, K. (2004). Wider den Lehr-Lern-Kurzschluß. Interview zum Thema „Lernen". In P. Faulstich & J. Ludwig (Hrsg.), *Expansives Lernen* (S. 29-38). Baltmannsweiler: Schneider Verlag Hohengehren.

Hörster, R. (1995). Pädagogisches Handeln. In H.-H. Krüger & W. Helsper (Hrsg.), *Einführung in die Grundbegriffe und Grundfragen der Erziehungswissenschaft* (S. 35-42). Stuttgart: utb.

Kade, J. (1985). *Gestörte Bildungsprozesse. Empirische Untersuchung zum pädagogischen Handeln und zur Selbstorganisation in der Erwachsenenbildung.* Bad Heilbrunn: Verlag Julius Klinkhardt.

Kade, J. & Seitter, W. (1996). *Lebenslanges Lernen – Mögliche Bildungswelten.* Opladen: Leske+Budrich.

Kade, S. (1992). *Arbeitsplananalyse: Altersbildung.* Frankfurt am Main: Deutsches Institut für Erwachsenenbildung.

Kade, S. (2001). *Selbstorganisiertes Alter – Lernen in „reflexiven Milieus".* Bielefeld: W. Bertelsmann Verlag.

Kade, S. (2006). *Altern und Bildung. Eine Einführung.* Bielefeld: W. Bertelsmann Verlag.

Kaiser, A. (1985). *Sinn und Situation: Grundlinien einer Didaktik der Erwachsenenbildung.* Bad Heilbrunn: Verlag Julius Klinkhardt.

Kaiser, A. (1991). Prinzipien einer Didaktik der Erwachsenenbildung. In H. Tietgens (Hrsg.), *Didaktische Dimensionen der Erwachsenenbildung* (S. 78-89). Frankfurt am Main: Deutsches Institut für Erwachsenenbildung.

Kaiser, A. (2007). Didaktische und methodische Planung von Kursen: Erstellen einer Strukturplanung. In A. Kaiser, V. Buddenberg, K. Hohenstein, C. Holzapfel, M. Uemminghaus & M. Wolter (Hrsg.), *Kursplanung, Lerndiagnose und*

Lernerberatung. Handreichung für die Bildungspraxis (S. 15-28). Bielefeld: W. Bertelsmann Verlag. Verfügbar unter: https://www.pedocs.de/volltexte/2010/2565/pdf/Kaiser_Didaktische_und_methodische_Planung_von_Kursen_2007_D_A.pdf [03.05.2018].

Kaiser, A. (2011). Individuelle Komponenten des Lernens Erwachsener. Fuhr, T., Gonon, P. & Hof, C. (Hrsg.) (2011). *Erwachsenenbildung – Weiterbildung. Handbuch der Erziehungswissenschaft* (S. 91-110). Stuttgart: utb.

Kaiser, A. & Kaiser, R. (1998). *Studienbuch Pädagogik. Grund- und Prüfungswissen.* Berlin: Cornelsen Scriptor.

Käpplinger, B. (2007). *Abschlüsse und Zertifikate in der Weiterbildung.* Bielefeld: W. Bertelsmann Verlag.

Käpplinger, B. (2008). Programmanalysen und ihre Bedeutung für pädagogische Forschung [34 Absätze]. *Forum Qualitative Sozialforschung / Forum: Qualitative Social Research,* (9) 1, Art. 37, Verfügbar unter: http://nbn-resolving.de/urn:nbn:de:0114-fqs0801379 [03.05.2018].

Käpplinger, B. (2011). Methodische Innovationen durch neue Nutzungen und Kombinationen einer alten Methode. Das Beispiel der Programmanalyse. *REPORT. Zeitschrift für Weiterbildungsforschung,* (34) 1, 36-44.

Käpplinger, B. (2017). Generationen von Geflüchteten und Generationen von institutionellen Antworten der Volkshochschulen. Eine historische Programmanalyse. In O. Dörner, C. Iller, H. Pätzold, J. Franz & B. Schmidt-Hertha (Hrsg.), *Biografie, Lebenslauf, Generation. Perspektiven der Erwachsenenbildung* (S. 99-113). Opladen: Verlag Barbara Budrich.

Käpplinger, B., Klein, R. & Haberzeth, E. (Hrsg.) (2013). *Weiterbildungsgutscheine. Wirkungen eines Finanzierungsmodells in vier europäischen Ländern.* Bielefeld: W. Bertelsmann Verlag.

Kaschuba, G. (2005). Theoretische Grundlagen einer geschlechtergerechten Didaktik. Begründungen und Konsequenzen. *REPORT. Literatur- und Forschungsreport Weiterbildung,* (28)1, S. 67-74. Verfügbar unter: https://www.die-bonn.de/doks/kaschuba0501.pdf [07.03.2022].

Kastrup, J. & Kuhlmeier, W. (2013). Leitlinien für die didaktische Gestaltung der Berufsbildung für eine nachhaltige Entwicklung an Beispielen aus Ernährung und Hauswirtschaft. *Haushalt in Bildung & Forschung,* (2)1, 55-65.

Kejcz, Y., Monshausen, K.-H., Nuissl, E. & Paatsch, H. U. (1979-1981). *Das Bildungsurlaubsversuchs- und Entwicklungsprogramm (BUVEP). Endbericht Band 1-8.* Heidelberg: AfeB-Verlag.

Kemper, R. & Klein, M. (1998). *Lernberatung. Gestaltung von Lernberatung in der beruflichen Weiterbildung.* Baltmannsweiler: Schneider Verlag Hohengehren.

Kerres, M. (2012). *Mediendidaktik. Konzeption und Entwicklung mediengestützter Lernangebote.* München: Oldenbourg Wissenschaftsverlag.

Kerres, M. & Buntins, K. (2020). Erwachsenenbildung in der digitalen Welt: Handlungsebenen der digitalen Transformation. *Hessische Blätter für Volksbildung,* 3, 11-23.

Keupp, H., Ahbe, T., Gmür, W., Höfer, R., Mitzscherlich, B., Kraus, W. & Straus, F. (1999). *Identitätskonstruktionen. Das Patchwork der Identitäten in der Spätmoderne.* Reinbek bei Hamburg: Rowohlt-Taschenbuch-Verlag.

Klafki, W. (1972). *Studien zur Bildungstheorie und Didaktik.* Weinheim: Beltz

Klafki, W. (2007). *Neue Studien zu Bildungstheorie und Didaktik.* Weinheim: Beltz.

Klein, R. & Reutter, G. (Hrsg.) (2005). *Die Lernberatungskonzeption – Grundlagen und Praxis.* Baltmannsweiler: Schneider Verlag Hohengehren.

Knoll, J. (2007). *Kurs- und Seminarmethoden. Ein Trainingsbuch zur Gestaltung von Kursen und Seminaren, Arbeits- und Gesprächskreisen.* Weinheim: Beltz.

Kohli, M. (1985). Die Institutionalisierung des Lebenslaufs. Historische Befunde und theoretische Argumente. *Kölner Zeitschrift für Soziologie und Sozialpsychologie, 37,* 1-29.

Koller, H.-C. (2012). *Bildung anders denken. Einführung in die Theorie transformatorischer Bildungsprozesse.* Stuttgart: Kohlhammer Verlag.

Koller, H.-C. (2016). Ist jede Transformation als Bildungsprozess zu begreifen? Zur Frage der Normativität des Konzepts transformatorischer Bildungsprozesse. In D. Verständig, J. Holze & R. Biermann (Hrsg.), *Von der Bildung zur Medienbildung* (S. 149-161). Wiesbaden: VS Verlag für Sozialwissenschaften.

Koller, H.-C. (2017). *Grundbegriffe, Theorien und Methoden der Erziehungswissenschaft. Eine Einführung.* Stuttgart: Kohlhammer Verlag.

König, E. (2002). Qualitative Forschung im Bereich subjektive Theorien. In E. König & P. Zedler (Hrsg.), *Qualitative Forschung. Grundlagen und Methoden* (S. 55-69). Weinheim: Beltz.

Körber, K., Kuhlenkamp, D., Peter, R., Schlutz, E., Schrader, J. & Wilckhaus, F. (1995). *Das Weiterbildungsangebot im Land Bremen. Strukturen und Entwicklungen in einer städtischen Region. Untersuchung im Auftrag der Strukturkommission Weiterbildung des Senats der Freien Hansestadt Bremen. Ergebnisse der Kommissionsarbeit.* Bremen: Universität Bremen.

Kraft, S. (2001). Die Sicht der Lernenden. In S. Dietrich (Hrsg.), *Selbstgesteuertes Lernen in der Weiterbildungspraxis. Ergebnisse und Erfahrungen aus dem Projekt SeGeL* (S. 230-236). Bielefeld: W. Bertelsmann Verlag.

Kraft, S. (2018). Berufsfeld Weiterbildung. In R. Tippelt & A. v. Hippel (Hrsg.), *Handbuch Erwachsenenbildung/Weiterbildung* (S. 1109-1128). Wiesbaden: VS Verlag für Sozialwissenschaften.

Kraus, K. (2014). Work-Life-Balance als Thema der Erwachsenenbildung: Ambivalenzen und Perspektiven. *Forum Erwachsenenbildung,* 3, 17-20.

Kron, F. W. (2008) *Grundwissen Didaktik.* Basel & München: Ernst Reinhardt Verlag.

Kronauer, M. (Hrsg.) (2010). *Inklusion und Weiterbildung Reflexionen zur gesellschaftlichen Teilhabe in der Gegenwart.* Bielefeld: wbv.

Kuypers, H.-W. (1985). Didaktisch-methodische Realisierung von Unterrichtsinhalten. In H.-D. Raapke & W. Schulenberg, *Didaktik der Erwachsenenbildung* (S. 92-104). Stuttgart: Kohlhammer Verlag.

Kuypers, H.-W. & Leinendecker, B. (1982). *Erwachsenenbildung in der Praxis*. Bad Heilbrunn: Verlag Julius Klinkhardt.

Lassnigg, L. (2010). Zielgruppen und Lebensphasen. Programmatische Überlegungen für die Entwicklung und Umsetzung einer LLL-Strategie. *MAGAZIN erwachsenenbildung.at. Das Fachmedium für Forschung, Praxis und Diskurs*, 10, 05/01-05/11.

Lehner, M. (2012): *Didaktische Reduktion*. Bern: Haupt Verlag.

Leimeister, J. M. & David, K. (Hrsg.) (2019). *Chancen und Herausforderungen des digitalen Lernens. Methoden und Werkzeuge für innovative Lehr-Lern-Konzepte*. Wiesbaden: Springer-Verlag.

Lencer, S. & Strauch, A. (2016). *Das GRETA-Kompetenzmodell für Lehrende in der Erwachsenen- und Weiterbildung*. Verfügbar unter: https://www.die-bonn.de/doks/2016-erwachsenenbildung-02.pdf [03.05.2018].

Ludwig, J. (2000). *Lernende verstehen: Lern- und Bildungschancen in betrieblichen Modernisierungsprojekten*. Bielefeld: W. Bertelsmann Verlag.

Ludwig, J. (2004). Vermitteln – verstehen – beraten. In P. Faulstich & J. Ludwig (Hrsg.), *Expansives Lernen* (S. 112-126). Baltmannsweiler: Schneider Verlag Hohengehren.

Ludwig, J. (2005). Modelle subjektorientierter Didaktik. *REPORT Literatur- und Forschungsreport Weiterbildung*, (28) 1, 75-80.

Ludwig, J. (2010). Die Welt im Kurs. Zum Verhältnis von Exklusion und Lernprozessen in der Alphabetisierung. *Hessische Blätter für Volksbildung*, (60) 3, 255-263.

Ludwig, J. (Hrsg.) (2012a). *Lernen und Lernberatung. Alphabetisierung als Herausforderung für die Erwachsenendidaktik*. Bielefeld: W. Bertelsmann Verlag.

Ludwig, J. (2012b). Lehr-, Lernsettings. In B. Schäffer & D. Dörner (Hrsg.), *Handbuch Qualitative Erwachsenen- und Weiterbildungsforschung* (S. 516-529). Opladen: Verlag Barbara Budrich.

Ludwig, J. (2014). Subjektwissenschaftliche Lerntheorie und empirische Bildungsprozessforschung. In P. Faulstich (Hrsg.), *Lerndebatten. Phänomenologische, pragmatistische und kritische Lerntheorien in der Diskussion* (S. 181-202). Bielefeld: transcript Verlag.

Ludwig, J. (2018). Lehr-Lerntheoretische Ansätze in der Erwachsenenbildung. In R. Tippelt & A. v. Hippel (Hrsg.), *Handbuch Erwachsenenbildung/Weiterbildung* (S. 257-274). Wiesbaden: VS Verlag für Sozialwissenschaften.

Mader, A. (1998). Multimedia als Angebot. Programmanalyse ausgewählter Einrichtungen. In A. Nispel, F. Strang & F. Hagedorn (Hrsg.), *Pädagogische Innovation mit Multimedia* (S. 51-76). Frankfurt am Main: Deutsches Institut für Erwachsenenbildung.

Mader, A. (2000). *Berufliche Weiterbildung 2000: Innovative Themen und Trends in der beruflichen Bildung: Eine VHS-Programmplananalyse des Frühjahrsemesters 2000*. Bonn: Deutscher VolkshochschulVerband.

Mader, W. (1989). Autobiographie und Bildung – Zur Theorie und Praxis der „Guided Autobiography". In E. M. Hoerning & H. Tietgens (Hrsg.), *Erwachse-*

nenbildung. Interaktion mit der Wirklichkeit (S. 145-154). Bad Heilbrunn: Verlag Julius Klinkhardt.

Mader, W. (1997). Von der zerbrochenen Einheit des Lehrens und Lernens. In E. Nuissl, C. Schiersmann & H. Siebert (Hrsg.), *Pluralisierung des Lehrens* (S. 61-81). Bad Heilbrunn: Verlag Julius Klinkhardt.

Mader, W. (Hrsg.) (1991). *Zehn Jahre Erwachsenenbildungswissenschaft*. Bad Heilbrunn: Verlag Julius Klinkhardt.

Mager, R. (1973). *Zielanalyse*. Weinheim: Beltz.

Maier-Gutheil, C. (2009). *Zwischen Beratung und Begutachtung. Pädagogische Professionalität in der Existenzgründungsberatung*. Wiesbaden: VS Verlag für Sozialwissenschaften.

Marotzki, W. (1990). *Entwurf einer strukturalen Bildungstheorie. Biographietheoretische Auslegung von Bildungsprozessen in hochkomplexen Gesellschaften*. Weinheim: Deutscher Studien Verlag.

Marx, C., Goeze, A. & Schrader, J. (2014). Pädagogisch-psychologisches Wissen zur Gestaltung von Lehr-Lernsituationen: (Wie) unterscheidet es sich in Erwachsenenbildung/Weiterbildung und Schule? *Hessische Blätter für Volksbildung*, (64) 3, 238-251.

Mayer, M. (2011). *Beratungsarbeit im ‚Zwischen'. Professionalisierungswege der Weiterbildungsberatung für Frauen*. Opladen: Verlag Barbara Budrich.

Meisel, K. & Feld, T. C. (2009). *Veränderungen gestalten. Organisationsentwicklung und -beratung in Weiterbildungseinrichtungen*. Münster: Waxmann Verlag.

Meueler, E. (1993). *Die Türen des Käfigs*. Stuttgart: Klett- Cotta.

Meuser, M. (2006). Deutungsmusteranalyse. In R. Bohnsack, W. Marotzki & M. Meuser (Hrsg.), *Hauptbegriffe Qualitativer Sozialforschung* (S. 31-33). Opladen: Verlag Barbara Budrich.

Meuser, M. & Sackmann, R. (1992). Zur Einführung: Deutungsmusteransatz und empirische Wissenssoziologie. In M. Meuser & R. Sackmann (Hrsg.), *Analyse sozialer Deutungsmuster. Beiträge zur empirischen Wissenssoziologie* (S. 9-37). Pfaffenweiler: Centaurus-Verlagsgesellschaft.

Meyer-Drawe, K. (1982). Lernen als Umlernen. In W. Lippitz & K. Meyer-Drawe (Hrsg.), *Lernen und seine Horizonte. Phänomenologische Konzeptionen menschlichen Lernens* (S. 19-43). Frankfurt am Main: Cornelsen Verlag.

Meyer-Drawe, K. (1996). Vom anderen lernen. In M. Borelli & J. Ruhloff (Hrsg.), *Deutsche Gegenwartspädagogik, Band 2* (S. 85-98). Baltmannsweiler: Schneider Verlag Hohengehren.

Meyer-Drawe, K. (2015). *Diskurse des Lernens*. München: Wilhelm Fink

Mezirow, J. (1981). A Critical Theory of Adult Learning and Education. *Adult Education Quarterly*, (32) 1, 3-24.

Mezirow, J. (1997). *Transformative Erwachsenenbildung*. Baltmannsweiler: Schneider Verlag Hohengehren.

Möller, C. (2006). Die curriculare Didaktik. Oder: Der lernzielorientierte Ansatz. In H. Gudjons & R. Winkel (Hrsg.), *Didaktische Theorien* (S. 75-92). Hamburg: Bergmann + Helbig Verlag.

Molzberger, G. (2007). *Rahmungen informellen Lernens: Zur Erschließung neuer Lern- und Weiterbildungsperspektiven.* Wiesbaden: VS Verlag für Sozialwissenschaften.

Müller, A. (2005). *Weiterbildungsberatung: Qualitative Analyse von Interaktions- und Prozessverläufen situativer und biographieorientierter Weiterbildungsberatungsgespräche.* Berlin: Rhombos-Verlag.

Nittel, D. (1990). Ein Arbeitsleben in Paradoxien – Wovon Supervision mit hauptberuflichen pädagogischen Mitarbeitern an Volkshochschulen ausgehen sollte. In E. Fuchs-Brüninghoff (Hrsg.), *Supervision in der Erwachsenenbildung* (S. 31-46). Frankfurt am Main: Pädagogische Arbeitsstelle des Deutschen Volkshochschul-Verbandes.

Nittel, D. (2000). *Von der Mission zur Profession? – Stand und Perspektive der Verberuflichung in der Erwachsenenbildung.* Bielefeld: W. Bertelsmann Verlag.

Nittel, D. (2010). Biographie. In R. Arnold, S. Nolda und E. Nuissl (Hrsg.), *Wörterbuch Erwachsenenbildung* (S. 49-50). Bad Heilbrunn: Verlag Julius Klinkhardt.

Nohl, A.-M. (2016). Bildung und transformative learning. Eine Parallelaktion mit Konvergenzpotentialen. In D. Verständig, J. Holze & R. Biermann (Hrsg.), *Von der Bildung zur Medienbildung.* (S. 161-177). Wiesbaden: VS Verlag für Sozialwissenschaften.

Nolda, S. (1996). *Interaktion und Wissen. Eine qualitative Studie zum Lehr-/Lernverhalten in Veranstaltungen der allgemeinen Erwachsenenbildung.* Frankfurt am Main: Deutsches Institut für Erwachsenenbildung.

Nolda, S. (2001). Vom Verschwinden des Wissens in der Erwachsenenbildung. *Zeitschrift für Pädagogik,* (47) 1, 101-120.

Nuissl, E. (2018) Ordnungsgrundsätze der Erwachsenenbildung in Deutschland. In R. Tippelt & A. v. Hippel (Hrsg.), *Handbuch Erwachsenenbildung/Weiterbildung* (S. 499-520). Wiesbaden: VS Verlag für Sozialwissenschaften.

Nuissl, E. & Siebert, H. (2013). *Lehren an der VHS. Ein Leitfaden für Kursleitende.* Bielefeld: W. Bertelsmann Verlag.

Ostendorf, H. (2005). *Steuerung des Geschlechterverhältnisses durch eine politische Institution. Die Mädchenpolitik der Berufsberatung.* Opladen: Verlag Barbara Budrich.

Ott, M. (2009). Bildungsarbeit im Auftrag der aktivierenden Arbeitsmarktpolitik. Feststellen von „(In)Kompetenzen" in Praktiken des Profiling. *Hessische Blätter für Volksbildung,* (59) 4, 366-374.

Pachner, A. (2018). Lehren in der Erwachsenen- und Weiterbildung. In R. Tippelt & A. v. Hippel, (Hrsg.), *Handbuch Erwachsenenbildung/Weiterbildung* (S. 1439-1456). Wiesbaden: VS Verlag für Sozialwissenschaften.

Pätzold, H. (2004). *Lernberatung und Erwachsenenbildung.* Baltmannsweiler: Schneider Verlag Hohengehren.

Pekrun, R. (1988). *Emotion, Motivation und Persönlichkeit.* München: Psychologie-Verlags-Union.

Perko, G. & Czollek, C. (2008). Gender und Diversity gerechte Didaktik: ein intersektionaler Ansatz. *MAGAZIN erwachsenenbildung.at. Das Fachmedium für*

Forschung, Praxis und Diskurs, 3, 07/01-07/25. Verfügbar unter: http://www.erwachsenenbildung.at/magazin/08-3/meb08-3.pdf [07.03.2022].

Peters, R. (2004). *Erwachsenenbildungs-Professionalität. Ansprüche und Realitäten.* Bielefeld: W. Bertelsmann Verlag.

Pietraß, M. (2020). Bildung in Bewegung. Neue Lernpotenziale digitaler Medien. In I. v. Ackeren, H. Bremer, F. Kessl, H. – C. Koller, N. Pfaff, C. Rotter, D. Klein, U. Salaschek (Hrsg.), *Bewegungen. Beiträge zum 26. Kongress der Deutschen Gesellschaft für Erziehungswissenschaft* (S. 325-336). Opladen: Verlag Barbara Budrich.

Quilling, E. & Nicolini, H. J. (2009). *Erfolgreiche Seminargestaltung. Strategien und Methoden in der Erwachsenenbildung.* Wiesbaden: VS Verlag für Sozialwissenschaften.

Raapke, H.-D. & Schulenberg, W. (Hrsg.) (1985). *Didaktik der Erwachsenenbildung.* Stuttgart: Kohlhammer Verlag.

Raithel, J., Dollinger, B. & Hörmann, G. (2009). *Einführung Pädagogik.* Wiesbaden: VS Verlag für Sozialwissenschaftlichen.

Reckwitz, A. (2006). *Das hybride Subjekt. Eine Theorie der Subjektkulturen von der bürgerlichen Moderne zur Postmoderne.* Weilerswist: Velbrück Wissenschaft.

Reich, K. (1998). Thesen zur konstruktivistischen Didaktik. *Pädagogik,* (50) 7/8, 43-46.

Reich-Claassen, J. & Hippel, A. v. (2018). Programm- und Angebotsplanung in der Erwachsenenbildung. In R. Tippelt & A. v. Hippel (Hrsg.), *Handbuch Erwachsenenbildung/Weiterbildung* (S. 1403-1424). Wiesbaden: VS Verlag für Sozialwissenschaften.

Reinmann, G. (2015). *Studientext: Didaktisches Design.* Hamburg: Universität Hamburg. Verfügbar unter: http://gabi-reinmann.de/wp-content/uploads/2013/05/Studientext_DD_Sept2015.pdf [03.05.2018].

Reinmann-Rothmeier, G., Mandl, H. & Prenzel, M. (1997). Qualitätssicherung bei multimedialen Lernumgebungen. In H. F. Friedrich, G. Eigeler, H. Mandl, F. Schott, W. Schnotz & N. M. Seel (Hrsg.), *Lernen in multimedialen Lernumgebungen in der betrieblichen Weiterbildung* (S. 267-333). Weinheim: Beltz.

Reischmann, J. (1993). Erfassung von Weiterbildungs-Wirkungen: Probleme und Möglichkeiten. *Grundlagen der Weiterbildung,* 4, 199-206.

Reischmann, J. (2003). *Weiterbildungs-Evaluation. Lernerfolge messbar machen.* Neuwied & Kriftel: Luchterhand.

Reischmann, J. (2004). Kompetenz lehren? Der kompetenzorientiere Ansatz in der Andragogik zwischen Didaktik und Organisationsentwicklung. In J. Reischmann (2016). *Andragogik. Beiträge zur Theorie und Didaktik* (S. 153-176.). Augsburg: ZIEL.

Reischmann, J. (2005) The day after tomorrow. Didaktische Überlegungen zur andragogischen Wertschhöpfungskette. *REPORT Literatur und Forschungsreport Weiterbildung,* (28) 3, 54-62.

REPORT. Literatur- und Forschungsreport Weiterbildung (2002). Kompetenzentwicklung statt Bildungsziele?, 49.

REPORT. Zeitschrift für Weiterbildungsforschung (2013). Kompetenzen, (36) 1.

REPORT. Zeitschrift für Weiterbildungsforschung (2014). Kompetenzen im Erwachsenenalter – Befunde aus der Bildungsforschung, (37) 3.

Rieger-Goertz, S. (2008). *Geschlechterbilder in der Katholischen Erwachsenenbildung.* Bielefeld: W. Bertelsmann Verlag.

Riesen, K. van (2007). Gender als didaktisches Prinzip. *Internationalisierung, Vielfalt und Inklusion in Hochschulen,* (1)1. Verfügbar unter: https://0a59654b-c029-4e59-a817-d92d38cf7998.filesusr.com/ugd/7bac3c_563cd919068 74c409a7236d130f9e3d4.pdf [25.03.2022].

Robak, S. & Fleige, M. (2012). Angebotsstrukturen kultureller Bildung in der EEB und Übergänge zu anderen Bildungsbereichen: Befunde und Interpretationen. *Forum Erwachsenenbildung,* 4, 48-53.

Robak, S., Fleige, M., Sterzik, L., Seifert, J., Teichmann, A.-K. & Krueger, A. (2015b). *Die Konstitution Kultureller Bildungsräume. Fünf überregionale Institutionen der non-formalen Kulturellen (Erwachsenen-) Bildung: Bildungsangebotsentwicklungen, innovative Impulse, Planungsspielräume. Langfassung. Recherche und Analyse im Auftrag des Rates für Kulturelle Bildung, durchgeführt an der Leibniz Universität Hannover und der Humboldt-Universität zu Berlin im Zeitraum April–Juni 2015.* Verfügbar unter: www.rat-kulturelle-bildung.de/fileadmin/user_upload/pdf/RFKB_RechercheRobakFleige_ES.pdf [03.05.2018].

Robak, S. & Petter, I. (2014). *Programmanalyse zur interkulturellen Bildung in Niedersachsen.* Bielefeld: W. Bertelsmann Verlag.

Robak, S., Rippien, H., Heidemann, L. & Pohlmann, C. (Hrsg.) (2015a). *Bildungsurlaub – Planung, Programm, Partizipation. Eine Studie zur Perspektivverschränkung.* Frankfurt am Main: Peter Lang Verlag.

Robinsohn, S. B. (1972). Innovation im Erziehungswesen und ein Curriculum für Lehrerbildung. *Bildung und Erziehung,* (25) 1,1-17.

Röhrig, P. (2016). Der bildungstheoretische Ansatz in der Erwachsenenbildung. In R. Tippelt & A. v. Hippel (Hrsg.), *Handbuch Erwachsenenbildung/Weiterbildung* (S. 235-256). Wiesbaden: VS Verlag für Sozialwissenschaften.

Rohs, M. (Hrsg.) (2004). *Lernberatung in der beruflich-betrieblichen Weiterbildung. Konzepte für und Praxisbeispiele für die Umsetzung.* Münster: Waxmann Verlag.

Rupp, R. (2022). *Online-Seminare bewegt gestalten. Mit Schwung durch den Online-Marathon.* Wiesbaden: essentials.

Sander, W. (2013). *Politik entdecken – Freiheit leben. Didaktische Grundlagen politischer Bildung.* Schwalbach am Taunus: Wochenschau Verlag.

Schäffter, O. (1981). *Zielgruppenorientierung in der Erwachsenenbildung. Aspekte einer erwachsenenpädagogischen Planungs- und Handlungskategorie.* Braunschweig: Westermann.

Schäffter, O. (1997). Reflexive Wissenschaft: die Praxis des Kontextwechsels. Zur intermediären Funktion von Weiterbildungsforschung. *REPORT. Literatur- und Forschungsreport Weiterbildung,* 40, 33-47.

Schäffter, O. (2001). *Weiterbildung in der Transformationsgesellschaft. Zur Grundlage einer Theorie der Institutionalisierung*. Baltmannsweiler: Schneider Verlag Hohengehren.

Schäffter, O. (2003). Die Reflexionsfunktion der Erwachsenenbildung in der Transformationsgesellschaft. Institutionstheoretische Überlegungen zur Begründung von Ermöglichungsdidaktik. In R. Arnold & I. Schüßler (Hrsg.), *Ermöglichungsdidaktik. Erwachsenenpädagogische Grundlagen und Erfahrungen* (S. 48-62). Baltmannsweiler: Schneider Verlag Hohengehren.

Schetsche, M. (2000). *Wissenssoziologie sozialer Probleme. Grundlegung einer relativistischen Problemtheorie*. Wiesbaden: Westdeutscher Verlag.

Schick, A. (2020). *Ökologische Bildung in der Evangelischen Erwachsenenbildung Bayern – zwischen Programm und Realität. Oder: Warum wächst der Mangold vor dem Evangelischen Bildungswerk?!* Hamburg: Dr. Kovac.

Schiersmann, C. (1983). Theoretische Begründungen und didaktische Prinzipien eines integrierten, arbeitsbezogenen Weiterbildungsmodells – unter besonderer Berücksichtigung der Lebenssituation von Frauen. In D. Görs & W. Voigt (Hrsg.), *Berufliche Weiterbildung in der Diskussion* (S. 177-191). Bremen: Universität Bremen.

Schiersmann, C. (2006). *Profile lebenslangen Lernens. Weiterbildungserfahrungen und Lernbereitschaft der Erwerbsbevölkerung*. Bielefeld: W. Bertelsmann Verlag.

Schlüter, A. & Berkels, B. (2012). Erwachsenenbildung, Gender und Didaktik. In M. Kampshoff & C. Wiepcke (Hrsg.), *Handbuch Geschlechterforschung und Fachdidaktik* (S. 429-441). Wiesbaden: Springer VS.

Schlutz, E. (1984). *Sprache, Bildung und Verständigung*. Bad Heilbrunn: Verlag Julius Klinkhardt.

Schlutz, E. (2006). *Bildungsdienstleistungen und Angebotsentwicklung*. Münster: Waxmann Verlag.

Schrader, J. (2003). Berufliche Weiterbildung zwischen Öffentlichkeit und Privatheit. *REPORT. Literatur- und Forschungsreport Weiterbildung*, (26) 1, 142-152.

Schrader, J. (2008). *Lerntypen bei Erwachsenen. Empirische Analysen zum Lernen und Lehren in der beruflichen Weiterbildung*. Bad Heilbrunn: Verlag Julius Klinkhardt.

Schrader, J. (2010a). Teilnehmerorientierung. In R. Arnold, S. Nolda & E. Nuissl (Hrsg.), *Wörterbuch Erwachsenenbildung* (S. 284-285). Bad Heilbrunn: Verlag Julius Klinkhardt.

Schrader, J. (2010b). Fortbildung von Lehrenden der Erwachsenenbildung: Notwendig? Sinnvoll? Möglich? In J. Schrader, R. Hohmann & S. Hartz (Hrsg.), *Mediengestützte Fallarbeit. Konzepte, Erfahrungen und Befunde zur Kompetenzentwicklung von Erwachsenenbildnern* (S. 25-68). Bielefeld: W. Bertelsmann Verlag.

Schrader, J. (2011). *Struktur und Wandel der Weiterbildung*. Bielefeld: W. Bertelsmann Verlag.

Schrader, J. & Ioannidou, A. (2010). Ziele, Inhalte und Strukturen der Erwachsenenbildung im Spiegel von Programmanalysen. In T. Fuhr, P. Gonon & C. Hof

(Hrsg.), *Erwachsenenbildung – Weiterbildung. Handbuch der Erziehungswissenschaft* (S. 259-269). Stuttgart: utb.

Schrader, J. & Schöb, S. (2016). Die Planung von Lehr-Lern-Einheiten mit digitalen Medien: Konzepte und Befunde. *Zeitschrift für Weiterbildungsforschung – Report, 3*, 331-347.

Schreiber-Barsch, S. (2015). Teilhabe, Inklusion, Partizipation. In J. Dinkelaker & A. v. Hippel (Hrsg.), *Erwachsenenbildung in Grundbegriffen* (S. 191-198). Stuttgart: Kohlhammer Verlag.

Schreyögg, B. (2015). *Emotionen im Coaching. Kommunikative Muster der Beratungsinteraktion.* Wiesbaden: VS Verlag für Sozialwissenschaften.

Schründer-Lenzen, A. (1997). Triangulation und idealtypisches Verstehen in der (Re-)Konstruktion subjektiver Theorien. In B. Friebertshäuser & A. Prengel (Hrsg.), *Handbuch Qualitative Forschungsmethoden in der Erziehungswissenschaft* S. (107-117). Weinheim: Juventa.

Schüßler, I. (1998). *Deutungslernen. Erwachsenenbildung im Modus der Deutung. Eine explorative Studie zum Deutungslernen in der Erwachsenenbildung.* Baltmannsweiler: Schneider Verlag Hohengehren.

Schüßler, I. (2003). Ermöglichungsdidaktik – eine didaktische Theorie? In R. Arnold & I. Schüßler (Hrsg.), *Ermöglichungsdidaktik. Erwachsenenpädagogische Grundlagen und Erfahrungen* (S. 76-97). Baltmannsweiler: Schneider Verlag Hohengehren.

Schüßler, I. (2010). Methoden der Erwachsenenbildung. In T. Fuhr, P. Gonon & C. Hof (Hrsg.), *Erwachsenenbildung – Weiterbildung. Handbuch der Erziehungswissenschaft* (S. 449-461). Stuttgart: utb.

Schüßler, I. (2012). Konstruktivistische Grundlagen qualitativer Erwachsenenbildungsforschung. In B. Schäffer & O. Dörner (Hrsg.), *Handbuch qualitative Erwachsenen- und Weiterbildungsforschung* (S. 75-88). Opladen: Verlag Barbara Budrich.

Schwanitz, D. (2002). *Bildung. Alles was man wissen muss.* München: Goldmann.

Seitter, W. (2013). *Profile konfessioneller Erwachsenenbildung in Hessen. Eine Programmanalyse.* Wiesbaden: VS Verlag für Sozialwissenschaften.

Siebert, H. (1982). Programmplanung als didaktisches Handeln. In E. Nuissl (Hrsg.), *Taschenbuch der Erwachsenenbildung* (S. 100-121). Baltmannsweiler: Burgbücherei Schneider.

Siebert, H. (1985). Curriculumsplanung und Teilnehmerorientierung. In H.-D. Raapke & W. Schulenberg (Hrsg.), *Didaktik der Erwachsenenbildung* (S 62-74). Stuttgart: Kohlhammer Verlag.

Siebert, H. (1994). Lernen als Konstruktion von Lebenswelten. *REPORT. Literatur- und Forschungsreport Weiterbildung, 35*, 115-116.

Siebert, H. (1998). *Konstruktivismus. Konsequenzen für Bildungsmanagement und Seminargestaltung.* Frankfurt am Main: Deutsches Institut für Erwachsenenbildung.

Siebert, H. (1999). Replik auf Peter Faulstichs Kritik am Radikalen Konstruktivismus. *REPORT. Literatur- und Forschungsreport Weiterbildung, 44*, 112-116.

Siebert, H. (2000). *Didaktisches Handeln in der Erwachsenenbildung. Didaktik aus konstruktivistischer Sicht.* Neuwied & Kriftel: Luchterhand.

Siebert, H. (2003a). *Didaktisches Handeln in der Erwachsenenbildung. Didaktik aus konstruktivistischer Sicht.* Neuwied & Kriftel: Luchterhand.

Siebert, H. (2003b). Konstruktivistische Leitlinien einer Ermöglichungsdidaktik. In R. Arnold & I. Schüßler (Hrsg.), *Ermöglichungsdidaktik. Erwachsenenpädagogische Grundlagen und Erfahrungen* (S. 37-47). Baltmannsweiler: Schneider Verlag Hohengehren.

Siebert, H. (2005). Didaktik – mehr als die Kunst des Lehrens. *REPORT. Literatur- und Forschungsreport Weiterbildung,* (28) 3, 9-17.

Siebert, H. (2006a). *Theorien für die Praxis.* Bielefeld: W. Bertelsmann Verlag.

Siebert, H. (2006b). *Methoden für die Bildungsarbeit. Leitfaden für aktivierendes Lernen.* Bielefeld: W. Bertelsmann Verlag.

Siebert, H. (2012a). *Didaktisches Handeln in der Erwachsenenbildung. Didaktik aus konstruktivistischer Sicht.* Augsburg: ZIEL.

Siebert, H. (2012b). *Lernen und Bildung Erwachsener.* Bielefeld: W. Bertelsmann Verlag.

Siebert, H. & Gerl, H. (1975). *Lehr- und Lernverhalten bei Erwachsenen.* Braunschweig: Westermann.

Sork, T. J. (2000). Planning educational Programs. In A. Wilson & E. R. Hayes (Hrsg.), *Handbook of Adult and Continuing Education* (S. 171-190). San Francisco: Jossey-Bass.

Stanik, T. (2016a). *Beratung in der Weiterbildung als institutionelle Interaktion.* Frankfurt am Main: Peter Lang Verlag.

Stanik, T. (2016b). Mikrodidaktische Planungen von Lehrenden in der Erwachsenenbildung. Theoretische und empirische Annäherungen an ein Forschungsdesiderat. *Zeitschrift für Weiterbildungsforschung – Report,* 3, 317-330.

Stichweh, R. (1996). Professionen in einer funktional differenzierten Gesellschaft. In A. Combe & W. Helsper (Hrsg.), *Pädagogische Professionalität. Untersuchungen zum Typus pädagogischen Handelns* (S. 49-69). Frankfurt am Main: Suhrkamp.

Terhart, E. (1986). Überlegungen zu den Grenzen der Didaktisierbarkeit von Bildungsprozessen. Ein Beitrag zur Didaktik der Erwachsenenbildung. *REPORT. Literatur- und Forschungsreport Weiterbildung,* 17, 112-125.

Terhart, E. (1999). Konstruktivismus und Unterricht. Gibt es einen neuen Ansatz in der Allgemeinen Didaktik? *Zeitschrift für Pädagogik,* (45) 5, 629-647.

Terhart, E. (2008). Allgemeine Didaktik: Traditionen, Neuanfänge, Herausforderungen. *Zeitschrift für Erziehungswissenschaft, Sonderheft,* 9, 13-34.

Terhart, E. (2009). *Didaktik. Eine Einführung.* Stuttgart. Reclam.

Tietgens, H. (1975). Vorbemerkungen. In W. Schulenberg, H. D. Schmitz & F. Wiebecke (Hrsg.), *Transformationsprobleme der Weiterbildung* (S. 7-17). Braunschweig: Westermann.

Tietgens, H. (1978). Warum kommen wenig Industriearbeiter in die Volkshochschule? In W. Schulenberg (Hrsg.), *Erwachsenenbildung* (S. 98-174). Darmstadt: Wissenschaftliche Buchgesellschaft.

Tietgens, H. (1980). Teilnehmerorientierung als Antizipation. In G. Breloer, H. Dauber & H. Tietgens (Hrsg.), *Teilnehmerorientierung und Selbststeuerung in der Erwachsenenbildung* (S. 177-235). Braunschweig: Westermann.

Tietgens, H. (1981). *Die Erwachsenenbildung.* München: Juventa.

Tietgens, H. (1982). Angebotsplanung. In E. Nuissl (Hrsg.), *Taschenbuch der Erwachsenenbildung.* (S. 122-144). Baltmannsweiler: Burgbücherei Schneider.

Tietgens, H. (1992a). *Reflexionen zur Erwachsenendidaktik.* Bad Heilbrunn: Verlag Julius Klinkhardt.

Tietgens, H. (Hrsg.) (1992b). *Didaktische Dimensionen der Erwachsenenbildung. Band 1-3.* Frankfurt am Main: Pädagogische Arbeitsstelle des Deutschen Volkshochschul-Verbandes.

Tippelt, R. (2018). Sozialer Wandel und Erwachsenenbildung seit den 1980er-Jahren. In R. Tippelt & A. v. Hippel (Hrsg.) *Handbuch Erwachsenenbildung/Weiterbildung* (S. 89-108). Wiesbaden: VS Verlag für Sozialwissenschaften.

Tippelt, R., Barz, H., Hippel, A. v., Baum, D. & Reich, J. (2008). *Weiterbildung und soziale Milieus in Deutschland. Milieumarketing implementieren.* Bielefeld: W. Bertelsmann Verlag.

Tippelt, R. & Hippel, A. v. (2005). Lebenslagen – Lebensphasen – Lebensstile. Entgrenzungen der Teilnehmerschaft. *DIE Zeitschrift für Erwachsenenbildung,* 1, 33-36.

Tippelt, R. & Hippel, A. v. (Hrsg.) (2018a). *Handbuch Erwachsenenbildung/Weiterbildung.* Wiesbaden: VS Verlag für Sozialwissenschaften.

Tippelt, R. & Hippel, A. v. (2018b) Einleitung. In R. Tippelt & A. v. Hippel (Hrsg.), *Handbuch Erwachsenenbildung/Weiterbildung* (S. 1-16). Wiesbaden: VS Verlag für Sozialwissenschaften.

Ulich, Dieter (1989). *Das Gefühl. Eine Einführung in die Emotionspsychologie.* München: Psychologie-Verlags-Union.

Venth, A. (2005). Wenn Gender auf Didaktik trifft ... *REPORT. Literatur- und Forschungsreport Weiterbildung,* (28)3, 46-53. Verfügbar unter: https://www.die-bonn.de/doks/venth0501.pdf [07.03.2022].

Waldherr, F. & Walter, C. (Hrsg.) (2021). *didaktisch und praktisch. Methoden und Medien für die Präsenz- und Onlinelehre.* Stuttgart: Schäffer-Poeschel Verlag.

Walgenbach, K. (2014). *Heterogenität – Intersektionalität – Diversity in der Erziehungswissenschaft.* Opladen & Toronto: Verlag Barbara Budrich.

Watson, J. B. (1913). Psychology as the behaviorist views it. *Psychological Review,* 20, 158-177.

Weidenmann, B. (2011). *Erfolgreiche Kurse und Seminare: Professionelles Lernen mit Erwachsenen.* Weinheim: Beltz.

Weinberg, J. (1991). Didaktische Reduktion und Rekonstruktion. In H. Tietgens (1992). *Didaktische Dimensionen der Erwachsenenbildung* (S. S. 128-148). Frankfurt am Main: Pädagogische Arbeitsstelle des Deutschen Volkshochschul-Verbandes.

Weinberg, J. (1999). Lernkultur – Begriff, Geschichte, Perspektiven. In Arbeitsgemeinschaft Qualitäts-Entwicklungs-Management (Hrsg.), *Kompetenzentwick-*

lung, 99. Aspekte einer neuen Lernkultur. Argumente, Erfahrungen, Konsequenzen (S. 81–143). Münster: Waxmann Verlag.

Weinberg, J. (2000). *Einführung in das Studium der Erwachsenenbildung.* Bad Heilbrunn: Verlag Julius Klinkhardt.

Weis, M. (2005). *Lernen im Modus der Selbstverständigung. Methodologische Reflexionen und empirische Erkenntnisse zum subjektiven Lernhandeln.* Münster: Waxmann Verlag.

Wiater, W. (2012). *Unterrichtsprinzipien.* Donauwörth: Auer.

Witt, S. (2015). *Anfangssituationen. Der DIE-Wissensbaustein für die Praxis.* Verfügbar unter: https://www.die-bonn.de/wb/2015-anfangssituationen-01.pdf [03.05.2018].

Wittpoth, J. (1994). *Rahmungen und Spielräume des Selbst: ein Beitrag zur Theorie der Erwachsenensozialisation im Anschluß an George H. Mead und Pierre Bourdieu.* Frankfurt am Main: Verlag Moritz Diesterweg.

Zeuner, C. (2004). Didaktisches Handeln und Institutionalisierung. *Grundlagen der Weiterbildung Praxishilfen. Ergänzungslieferung,* 1-22.

Zeuner, C. (2012). ´Transformative Learning`: Ein lerntheoretisches Konzept in der Diskussion. In H. v. Felden, C. Hof & S. Schmidt-Lauff (Hrsg.), *Erwachsenenbildung und Lernen. Dokumentation der Jahrestagung der Sektion Erwachsenenbildung der Deutschen Gesellschaft für Erziehungswissenschaft vom 22. bis 24. September 2011 an der Universität Hamburg* (S. 93-104). Baltmannsweiler: Schneider Verlag Hohengehren.

Zeuner, C. (2014). „Transformative Learning" als theoretischer Rahmen der Erwachsenenbildung und seine forschungspraktischen Implikationen. In P. Faulstich (Hrsg.), *Lerndebatten. Phänomenologische, pragmatische und kritische Lerntheorien in der Diskussion* (S. 99-131). Bielefeld: transcript Verlag.

Zeuner, C. & Faulstich, P. (2009). *Erwachsenenbildung – Resultate der Forschung. Entwicklung, Situation und Perspektiven.* Weinheim: Beltz.

Sachwortregister

Adressat*innen-, Teilnehmenden- und Zielgruppenforschung 12, 14, 88
Adressat*innenorientierung 86, 87, 88, 89
Angebotsplanung 17, 19, 24, 28, 30, 32, 81, 89, 109
Antinomien 102, 103

Behaviorismus 17, 39, 40, 41
beigeordnete Bildung 10
bildungstheoretische Didaktik 58, 74
bildungstheoretischer Ansatz 38, 44, 45, 46, 58, 59, 64
Biografie 13, 48, 49, 52, 71, 72, 90, 91, 92
biografischer Ansatz 18
Biografizität 48, 49, 58, 71

Charakteristika der EB/WB 9, 10, 11, 12, 14, 15

Deutungsmuster 27, 52, 53, 54
didaktische Analyse 62
didaktische Entscheidungen 19, 22, 23, 24, 25, 27, 28, 29, 30, 32, 79, 80, 109-113
didaktische Handlungsebenen 11, 15, 17, 19, 23, 24, 26, 81, 84, 102
didaktische Modelle 17, 18, 57, 79, 81, 106, 108, 109, 111, 112
didaktische Prinzipien 15, 79-103, 105, 106, 107, 108, 110, 111, 112
didaktische Reduktion 59, 70, 96
didaktische Rekonstruktion und Transformation 96
didaktisches Dreieck 21, 22, 33, 39, 60, 63, 66, 72, 74, 92, 94, 102, 110

Emotionen 13, 51, 52, 54
Erfahrungen 34, 44, 48, 49, 50, 52, 53, 54, 72, 90-94, 97, 113
Exemplarität 96, 101

Forschungsstränge 12, 14, 19, 32

Gender 82, 83, 85
Gestaltung von Lernmöglichkeiten 80, 82, 83, 90

Handlungsorientierung 82, 84, 85, 94, 98-101, 108, 110

Inhaltsauswahl 65, 74, 96, 97, 98
Inhaltsorientierung 82, 84, 94, 97, 103

Kognitivismus 39, 41, 42
kompetenzorientierte Didaktik 58, 66, 99
Kompetenzorientierung 75, 82, 99, 101, 110
Konstruktivismus 39, 42, 43, 51, 58, 63, 74
konstruktivistische Didaktik 63

Lebensweltorientierung 92, 94
Lehren 19, 20, 21, 22, 25, 27, 28, 33, 35, 37, 48, 58, 66, 90, 96
Lehr-Lernforschung 9, 12, 13, 101
Lehr-Lernkurzschluss 33, 48, 73, 81
Lehr-Lernziele 33, 75, 80, 81, 111
Lernbegründungen 47
Lernen 17, 19, 20, 21, 22, 25, 26, 28, 32, 33, 34
Lernformen 13
Lernkulturen 26, 27, 32, 66

Lerntheorien 37, 38, 39, 42, 44, 51, 52, 53, 54, 58, 71, 73, 79, 84, 91, 99, 112

Mehrebenenmodelle 23, 25, 26, 27
mesodidaktische Handlungsfelder 11, 12, 14, 15, 22, 24, 32, 85, 88, 89
Methoden 93, 97, 99, 101, 102, 105-114
Methodenauswahl 79, 93, 99, 105, 106, 107, 108, 110, 112, 113
Methodik 16, 19, 35, 79, 107
mikrodidaktische Handlungsfelder 11, 12, 14, 16, 22, 24, 25, 27, 28, 30, 32, 33, 34

Neuropsychologie 39, 41, 42

Online-Lehre 16, 25, 106, 107, 108, 110, 113
Organisationsforschung 14

Phänomenologie 44, 45, 49, 46
Planung selbstbestimmten Lernens 58, 73, 75
Praxisorientierung 99
Professionsforschung 14
Programm(planungs)forschung 14, 25, 28, 31, 32, 89
Programmplanung 11, 15, 22, 24, 27, 28, 29, 30, 31, 85, 86, 88, 89
Programmplanungsmodelle 29, 30

Rollenprofile 10, 11, 81

Sachorientierung 82, 85
Strukturplan 110
subjektorientierte Didaktik 73, 74
subjektwissenschaftliche Lerntheorie 44, 46, 47, 51, 58, 75, 98

Tätigkeitsbereiche 11, 81
Teilnehmendenorientierung 79, 80, 82, 83, 84, 88, 89, 90, 91, 92, 93, 94, 102, 109, 110

Verlaufsplanung 111, 114

Weiterbildungsberatung(sforschung) 11, 13, 25
Wissenschaftsorientierung 82, 94, 97

Zielgruppenorientierung 30, 82, 85, 86, 87, 88
ZIM-Modell 111